Ausgestaltung und Verzicht erbrechtlicher Teilhabe - Die Rechte Angehöriger zwischen gesetzlichen Vorgaben, Autonomie und richterlicher Entscheidungsgewalt

Europäische Hochschulschriften Recht

European University Studies in Law

Publications Universitaires Européennes de Droit

Band/Volume 6245

Hannah Roggendorf

Ausgestaltung und Verzicht erbrechtlicher Teilhabe - Die Rechte Angehöriger zwischen gesetzlichen Vorgaben, Autonomie und richterlicher Entscheidungsgewalt

Eine rechtsvergleichende Studie zum deutschen und englischen Recht

PETER LANG

Bibliografische Information der Deutschen Nationalbibliothek
Die Deutsche Nationalbibliothek verzeichnet diese Publikation in der Deutschen Nationalbibliografie; detaillierte bibliografische Daten sind im Internet über http://dnb.d-nb.de abrufbar.

Zugl.: Marburg, Univ., Diss., 2020.

D 4
ISSN 0531-7312
ISBN 978-3-631-84042-9 (Print)
E-ISBN 978-3-631-85266-8 (E-PDF)
E-ISBN 978-3-631-85267-5 (EPUB)
E-ISBN 978-3-631-85268-2 (MOBI)
DOI 10.3726/b18309

Peter Lang – Berlin · Bern · Bruxelles · New York · Oxford · Warszawa · Wien

Diese Publikation wurde begutachtet.

www.peterlang.com

Vorwort

Die vorliegende Arbeit wurde im Sommersemester 2020 von der Juristischen Fakultät der Philipps-Universität Marburg als Dissertation angenommen.

Mein erster und ganz herzlicher Dank gilt meiner Doktormutter Prof. Dr. Christine Budzikiewicz für die Betreuung der Arbeit. Mit vielen konstruktiven Anregungen und Ratschlägen hat sie mich stets ermuntert, aufgeworfene Problemstellungen weiter zu verfolgen und mich dabei kritisch mit meiner eigenen Position auseinander zu setzen. Während meiner Zeit als wissenschaftliche Mitarbeiterin an ihrem Lehrstuhl hat sie darüber hinaus in besonderem Maße für eine konstruktive Lern- und Arbeitsatmosphäre gesorgt.

Ein weiter Dank gilt Prof. Dr. Tobias Helms, der das Zweitgutachten der Arbeit erstellte.

Ich bedanke mich zudem beim Max-Planck-Institut für Internationales und Ausländisches Privatrecht in Hamburg. Hier konnte ich im April und Mai 2014 in den umfassenden Bibliotheksbeständen des Instituts Originalquellen zum englischen Recht zu recherchieren und einzusehen. Ein besonderer Dank gilt auch Prof. Dr. Jens Scherpe, der es mir im März 2015 ermöglichte, während eines Forschungsaufenthaltes an der University of Cambridge noch einmal vertieft zum englischen Recht zu recherchieren. Ich danke auch der Stiftung Vorsorge e.V., die den Forschungsaufenthalt durch ein Reisekostenstipendium förderte. Ohne das Studium der Literatur zum englischen Recht im Original, wäre die Erarbeitung der rechtsvergleichenden Perspektive nicht möglich gewesen.

Wesentlich für die Entstehung der Arbeit waren auch der fachliche Austausch mit Kolleginnen und Kollegen am Lehrstuhl sowie die Unterstützung, die ich von meiner Familie und von Freunden erhalten habe. Sie haben mich mit viel Verständnis und mit aufmunternden Worten durch die Höhen und Tiefen meiner Promotion begleitet. Ein besonderer Dank gilt hier meinen Eltern, die mich bis heute in allen meinen Vorhaben unterstützen.

Berlin, im Dezember 2020
Hannah Roggendorf

Inhaltsverzeichnis

Einleitung

1 Erbrechtliche Teilhabe – Eine Einführung

Der Grundsatz, dass zumindest ein Teil des Vermögens im Erbfall auf die Verwandten übergeht, hat in Deutschland eine lange Tradition. In Anknüpfung an diese Rechtspraxis wurde schließlich auch das moderne Pflichtteilsrecht in das BGB aufgenommen.[1] Es hat sich in dieser Grundstruktur bis heute erhalten.[2]

Dem gegenüber steht die Testierfreiheit des Erblassers. Sie ist die erbrechtliche Ausprägung der lebzeitigen Verfügungsbefugnis über das eigene Vermögen.[3] Entscheidend ist zunächst, dass ein Erblasser seine Angehörigen mittels Testament vollständig enterben darf. Der Pflichtteil ändert die durch den Erblasser vorgegebene Erbeinsetzung nicht, und der Pflichtteilsberechtigte erhält nur einen Ausgleichsanspruch gegen die Erben (vgl. 2303 BGB).

Im Gegensatz zu Deutschland wird England als eine Rechtsordnung zitiert, in der die Testierfreiheit das wesentliche Gebot des Erbrechts ist, das zeitweise sogar ohne Einschränkungen galt.[4] In einer Gesamtbetrachtung, die auch funktionale Äquivalente in den Blick nimmt, lässt sich jedoch feststellen, dass auch in England der Schutz familiärer Teilhabe am Nachlass eine wesentliche Rolle spielt. Teilweise wurde dies nicht mit erbrechtlichen Mitteln, sondern durch *trusts* umgesetzt.[5] Mit Inkrafttreten des Inheritance (Family Provision) Act 1938 wurde für erbrechtliche Teilhaberechte naher Angehöriger auch wieder eine eigenständige gesetzliche Grundlage geschaffen. In der weiteren Rechtsentwicklung wurden diese Regelungen dann sukzessive ausgedehnt.[6] Die heutige Regelung findet sich im Inheritance (Provision for Family and Dependants) Act 1975. Kernbestandteil ist seit Einführung der Regelungen ein Antragsrecht auf Beteiligung am Nachlass (*family provision*) für Ehe- und Lebenspartner (ss (1) (a)

---

1 Motive zu dem Entwurfe eines Bürgerlichen Gesetzbuches für das Deutsche Reich - Band V - Erbrecht, 1888, S. 382.

2 Vgl. *Röthel*, in: Anderson/Arroyo i Amayuelas (Hrsg.), The law of succession: testamentary freedom, 2011, S. 157, 163.

3 *Muscheler*, Erbrecht, 2010, S. 138.

4 *Kerridge*, in: Anderson/Arroyo i Amayuelas (Hrsg.), The law of succession: testamentary freedom, 2011, S. 129, 145.

5 *Kerridge*, in: Anderson/Arroyo i Amayuelas (Hrsg.), The law of succession: testamentary freedom, 2011, S. 129, 145.

6 Vgl. *Dainow*, Cornell Law Quaterly 1940, 337, 338.

und (b) I (PFD) Act 1975) und Kinder (s 1 (1) (c) I (PFD) Act 1975). Im Zuge der weiteren Reformen wurden allerdings auch Antragsrechte für nichteheliche Lebenspartner (s 1 (1) (ba) I (PFD) Act 1975), Stief- und Pflegekinder (s 1 (1) (d) I (PFD) Act 1975) und andere Personen, die vom Erblasser unterhalten wurden (s 1 (1) (d) I (PFD) Act 1975), eingeführt.

Familiäre Teilhaberechte und Testierfreiheit sind damit zwei Prinzipien des Erbrechts, die in der deutschen und der englischen Rechtsordnung nebeneinander stehen. Gleichzeitig schützen sie miteinander konkurrierende Interessen. Der Pflichtteil und *family provision* verwirklichen eine Beteiligung naher Angehöriger am Nachlass auch gegen den Willen des Erblassers, während die Testierfreiheit grade der Verwirklichung des Erblasserwillens dient. Dabei entsteht eine gewisse Dualität, die dazu führt, dass keiner der Grundsätze absolut verwirklicht werden kann. Vielmehr geht es um einen Ausgleich zwischen den Interessen des Erblassers, frei über sein Vermögen verfügen zu können, und den Interessen der Angehörigen, am Nachlass beteiligt zu werden. Das Ergebnis ist eine Koexistenz beider Prinzipien, wobei der Erblasser im Wesentlichen frei in seiner Entscheidung bleibt, enterbten Angehörigen aber unter bestimmten Voraussetzungen ein Anspruch gegen den Erben oder den Nachlass zusteht.

2 Problemstellung

Bei der Ausgestaltung der erbrechtlichen Vermögensnachfolge kommt es in der Praxis zu einer Überlagerung vielschichtiger sozialer und wirtschaftlicher Interessen. Die Erbenstellung wird von vielen als Fortsetzung der zuvor gelebten Familienbeziehung empfunden, sodass eine Beteiligung am Nachlass eine über den wirtschaftlichen Wert hinausreichende emotionale und soziale Bedeutung hat.[7] Vererben ist damit Transfer materieller Güter und Ausdruck sozialer Verbindung in einem. Doch gerade bei größeren Vermögen gibt es auch sehr klare wirtschaftliche Interessen. Beispielsweise wenn ein Unternehmen Gegenstand der Erbmasse ist, mag es geboten scheinen, das Vermögen des Erblassers als wirtschaftliche Einheit zu erhalten. Ansprüche von Familienangehörigen könnten zum falschen Zeitpunkt eine ungewollte Zersplitterung herbeiführen oder zumindest erhebliche Liquiditätsengpässe verursachen.[8]

Die durch das Erbrecht vorgegebene Dualität zwischen familiärer Teilhabe und Testierfreiheit erscheint im Vergleich stark vereinfacht, und spiegelt die tatsächliche Komplexität der unterschiedlichen Interessen nur im Ansatz wider.

---

7 Vgl.: *Beckert*, in: Röthel (Hrsg.), Reformfragen des Pflichtteilsrechts, 2007, S. 1, 6 f.

8 *Röthel*, in: dies. (Hrsg.), Verträge in der Unternehmerfamilie, 2014, S. 9, 14 f.

Der Erblasser kann zwar grundsätzlich mittels Testament zunächst eine individuelle, für seine Situation passende Erbfolge festlegen. Dies findet jedoch seine Grenze im Pflichtteilsrecht. Der als einfache Quote ausgestaltete Pflichtteil ist im Einzelfall rigide und unflexibel. Soll auch der Pflichtteil angepasst werden, so bleibt nur ein Verzichtsvertrag mit dem Pflichtteilsberechtigten.

Doch auch Möglichkeiten einer privatautonomen Ausgestaltung sind nicht ohne Risiko. Es lassen sich verschiedene Beispiele anführen, in denen eine vertragliche Vereinbarung dazu genutzt wird, um die Interessen einer Partei zu Lasten der anderen einseitig durchzusetzen. Beispielsweise werden Eheverträge oder Angehörigenbürgschaften einer gerichtlichen Inhaltskontrolle nach § 138 BGB unterzogen, um zu verhindern, dass es zu einer einseitigen Benachteiligung kommt.[9]

Darüber hinaus wird durch eine Betonung der privatautonomen Gestaltungsmöglichkeiten die Problematik einer interessengerechten Vermögensnachfolge vor allem verlagert. Es obliegt nunmehr den Beteiligten selbst tätig zu werden und ihre Interessen wahrzunehmen.[10] Fast im Kontrast dazu steht die Beobachtung, dass nur ein kleiner Bruchteil der Bevölkerung auch tatsächlich ein Testament gemacht oder einen Erbvertrag geschlossen hat.[11]

Erbrechtliche Regelungen, die hinsichtlich einer interessengerechten Ausgestaltung der Vermögensnachfolge überwiegend auf eine Eigeninitiative der Beteiligten setzen, ignorieren damit die Lebensrealität der Betroffen. Daraus ergibt sich die grundlegende Frage, inwieweit die erbrechtlichen Vorgaben zur familiären Vermögensteilhabe die sehr unterschiedlichen wirtschaftlichen und sozialen Interessen der Beteiligten berücksichtigen.

2.1 Gesellschaftlicher Wandel des Familienbilds

Ein wesentliches, vorgelagertes Problem ist zunächst die Überlegung, wessen Interessen im Rahmen der erbrechtlichen Vermögensnachfolge relevant sind. Ein primärer Ansatz im deutschen Erbrecht ist, neben der Autonomie des Erblassers vor allem die Position der Familie zu schützen und zu stärken. Doch grade

---

9 BVerfG NJW 2001, 2248; BGH NJW 2008, 3426; BGH NJW 2009, 2671, 3426; BGH NJW 2013, 1359.

10 Vgl. *Martiny*, in: Verhandlungen des 64. Deutschen Juristentages, 2002, S. A 11-118, 66.

11 In Deutschland gaben 2007 bei einer Umfrage des Deutschen Forums für Erbrecht zu der Fragestellung: „*Haben Sie ein Testament errichtet oder einen Erbvertrag geschlossen?*" nur 25,8 % der Befragten an, einen Erbvertrag oder ein Testament gemacht zu haben. http://de.statista.com/statistik/daten/studie/2313/umfrage/testament-oder-erbvertrag-vorhanden/ (zugegriffen am 26. April 2016).

das gesellschaftliche Familienbild ist einem enormen Wandel unterworfen. Eine Ursache sind hier zunächst demographische Veränderungen.[12] Ein weiterer Faktor ist jedoch auch die zunehmende Pluralität gesellschaftlicher Werte und die daraus resultierende Akzeptanz unterschiedlicher Familienformen.[13]

Die hohe soziale Relevanz des Erbrechts führt schließlich dazu, dass eine Konformität zwischen erbrechtlicher Teilhabe und tatsächlich gelebter Familienbeziehung gefordert wird. Gerade nichtformalisierten Familienformen, wie der nichtehelichen Lebensgemeinschaft, wird oft eine gesetzliche Rechtsstellung verwehrt und auf die Regelungsmöglichkeiten der gewillkürten Erbfolge verwiesen.[14] Eine darüber hinausgehende Berücksichtigung ‚sozialer' Familienmitglieder wird vor allem in Hinblick auf die Rechtsklarheit und Rechtssicherheit der erbrechtlichen Regelungen abgelehnt, da diese nicht ausreichend rechtlich umschreibbar seien.[15] Hinzu kommt, dass die statusrechtliche Familie auch im Erbrecht unter dem besonderen Schutz der Verfassung steht.[16]

Neue Familienkonzepte fanden im Erbrecht vor allem dann Berücksichtigung, wenn diese zu einer rechtlichen Beziehung erstarkten. Zu denken ist hier sowohl an die rechtliche Anerkennung gleichgeschlechtlicher Lebenspartner[17] beziehungsweise seit 2017 gleichgeschlechtlicher Ehepartner[18] als auch an die erbrechtliche Berücksichtigung nichtehelicher Kinder[19].

---

12 *Martiny*, in: Verhandlungen des 64. Deutschen Juristentages, 2002, S. A 11-118, 16.

13 *Martiny*, in: Verhandlungen des 64. Deutschen Juristentages, 2002, S. A 11-118, 15; vgl. auch: *Peuckert*, Familienformen im sozialen Wandel, ^{8}2012, S. 19ff: ausführlich dazu, in welcher Form sich verschiedene Lebensentwürfe von dem klassisch bürgerlichen Ideal der Familie abgrenzen.

14 *Röthel*, JZ 2011, 222, 225 f.

15 *Muscheler*, Erbrecht, 2010, S. 184 f.

16 BVerfGE 112, 332, 355.

17 Gesetz zur Beendigung der Diskriminierung gleichgeschlechtlicher Gemeinschaften: Lebenspartnerschaften vom 16. Februar 2001, BGBl 2001 Teil I, 266.

18 Gesetzesentwurf Drucksache-BT 18/6665 und 18/12989; Abstimmungsergebnis vom 30.06.2017 Plenarprotokoll 18/224, 25117; Beschluss des Bundesrates Drucksache-BR 539/17 vom 07.07.2017; Ausfertigung des Gesetzes zur Einführung des Rechts auf Eheschließung für Personen gleichen Geschlechts am 20.07.2017; BGBl 2017 Teil I, 2787.

19 Erbrechtsgleichstellungsgesetz vom 19.12.1998, BGBl 1997 Teil I, 2986.

2.2 Zulässigkeit und Überprüfbarkeit privatautonomer Entscheidungen

Um die Interessen der Familienangehörigen im Erbfall besser zu berücksichtigen, wird in der Literatur eine Verstärkung des Schutzes für pflichtteilsberechtigte Familienmitglieder gefordert. Es wird kritisiert, dass der Ausgleich zwischen den Wünschen des Erblassers und dem Pflichtteilsberechtigten auch im Rahmen einer vertraglichen Vereinbarung tendenziell zulasten des Pflichtteilsberechtigten getroffen wird.

In der jüngsten Rechtsprechung lässt sich ein sehr offensichtliches Beispiel für einen Pflichtteilsverzichtsvertrag finden, der die Interessen des Pflichtteilsberechtigten auf unzulässige Weise beeinträchtigt: Gegenstand der Entscheidung des OLG Hamm vom 8. November 2016[20] war ein Pflichtteilsverzicht zwischen einem Vater und seinem aus erster Ehe stammenden Sohn. Der Sohn lebte im Wesentlichen bei seiner Mutter. Der Vater hatte eine langjährige Lebensgefährtin und eine weitere Tochter aus dieser Beziehung. Der Sohn verließ die Schule ohne das zunächst angestrebte Fachabitur und begann eine Ausbildung in dem Unternehmen des Vaters. Nach seinem 18. Geburtstag trat dieser an seinen Sohn heran, um einen Erb- und Pflichtteilsverzicht zu vereinbaren. Als Gegenleistung wurde ein Sportwagen unter der Bedingung versprochen, dass der Sohn das 25. Lebensjahr erreicht und die Gesellenprüfung sowie im Anschluss daran die Meisterprüfung mit der Note 1 besteht. Etwas später brach der Sohn die Ausbildung in dem Unternehmen seines Vaters ab und setzte seine Schulausbildung fort. Er versuchte, auf dem Klageweg geltend zu machen, dass sein Pflichtteilsverzicht nichtig sei.

Im Vorfeld der Entscheidung hatte sich die juristische Literatur vermehrt mit dem Pflichtteilsverzicht auseinandergesetzt.[21] Oft wird ein solcher Pflichtteilsverzicht zwischen Eltern und Kindern zu einem Zeitpunkt geschlossen, zu dem der Verzichtende noch von seinen Eltern ökonomisch und psychisch abhängig ist.[22]

Ausgangspunkt der Überlegung ist dabei regelmäßig, dass der mündige Bürger seine Verhältnisse privatautonom nach seinen Vorstellungen regelt.[23] Von

---

20 OLG Hamm NJW 2017, 576, 577.

21 Grundlegend *Dutta*, AcP 209 (2009), 760 ff.; *Röthel*, in: Limmer (Hrsg.), Gestaltungspraxis und Inhaltskontrolle, 2014, S. 49 ff.; *Röthel*, in: dies. (Hrsg.), Verträge in der Unternehmerfamilie, 2014, S. 9 ff.; anderer Ansicht mittlerweile *Lange*, ErbR 2017, 397 ff.

22 *Röthel*, AcP 212 (2012), 157, 192.

23 *Neuner*, Allgemeiner Teil des bürgerlichen Rechts, [12]2020, S. 9.

dieser Gestaltungsfreiheit werden auch einige speziell familiäre Angelegenheiten erfasst: In der Ehe steht es den Partnern frei, den Güterstand zu wählen (§ 1408 BGB) und Unterhaltsvereinbarungen (§ 1585c BGB) zu treffen. Im Erbrecht gibt es den Erbvertrag, den Erb- und den Pflichtteilsverzicht (§ 2346 Abs. 1 und 2 BGB). Es hat sich jedoch zunehmend das Bewusstsein entwickelt, dass Privatautonomie im Rahmen der Familie einen anderen Stellenwert einnimmt als unter Fremden. So hat sich zunächst bei Bürgschaftsverträgen zugunsten naher Angehöriger eine richterliche Vertragskontrolle im Rahmen des § 138 BGB herausgebildet.[24] Auch für Eheverträge haben BVerfG und BGH mit der Kernbereichslehre ein System aus gerichtlicher Inhalts- und Ausübungskontrolle entwickelt.[25] Während der Zugewinnausgleich, der Ehegattenunterhalt und Unterhalt wegen Erwerbslosigkeit, Ausbildung und zur Aufstockung weitgehend zur Disposition stehen, können Unterhaltstatbestände wegen Alters oder Kinderbetreuung und der Versorgungsausgleich nicht ausgeschlossen werden, sofern dadurch eine einseitige Benachteiligung eines der Ehepartner entsteht.[26] Bei der Beurteilung wird auch auf eine emotionale Zwangssituation abgestellt (etwa eine bestehende Schwangerschaft bei Vertragsschluss), welche die Entscheidungsfindung eines Vertragspartners beeinträchtigt.[27]

In der Literatur werden verschiedene Lösungswege erwogen, um auch den Pflichtteilsverzicht mit einer gerichtlichen Inhaltskontrolle zu untermauern. Eine mittlerweile schon mehrfach untersuchte Frage ist zunächst, ob sich die Grundsätze der Inhaltskontrolle für Eheverträge direkt auf den Pflichtteilsverzicht übertragen lassen.[28] Andere Überlegungen zielen darauf, den Pflichtteilsverzicht anhand grundlegender Rechtsprinzipien, die auf die Sondersituation eines Vertragsschlusses im Familienrecht eingehen sollen, einer Überprüfung zu unterziehen.[29] Darüber hinaus wird vorgeschlagen, im Rahmen einer Gesetzesänderung, beispielsweise durch die Einführung von nachträglichen Lösungsrechten, die formalen Anforderungen für Pflichtteilsverzichtsverträge

---

24 BGH NJW 2009, 2671.

25 BVerfG NJW 2001, 2248; BGH NJW 2008, 3426; BGH NJW 2013, 1359.

26 BGHZ 158, 81, 97f; Palandt/*Ellenberger*, § 138 BGB Rn. 47.

27 BGH, NJW 2008, 3426.

28 *Wachter*, ZErb 2004, 238 ff.; *Wachter*, ZErb 2004, 306 ff.; *Kühle*, Die gerichtliche Überprüfung von Erb- und Pflichtteilsverzichtsverträgen im Spiegel ehevertraglicher Inhaltskontrolle, 2011; *Aldinger*, Die Übertragbarkeit der Inhaltskontrolle von Eheverträgen auf Pflichtteilsverzichtsverträge, 2012.

29 *Dutta*, AcP 209 (2009), 760 ff; *Röthel*, in: dies. (Hrsg.), Verträge in der Unternehmerfamilie, 2014, S. 9, 55–75.

zu erhöhen, um dem Verzichtenden die Möglichkeit zu geben, sich eine unabhängige Meinung zum Vertrag zu bilden.[30] In der Rechtsprechung finden sich nur einzelne Urteile, die sich mit der Wirksamkeit eines Pflichtteilsverzichtes auseinandersetzen.[31] Das OLG Hamm hat zuletzt klargestellt, dass in dem zuvor dargestellten Fall eine Nichtigkeit nach § 138 BGB vorliegt.[32] Ein verfestigtes Konzept dazu, wie generell mit Pflichtteilsverzichtsverträgen zu verfahren ist, gibt es in der Rechtsprechung allerdings nicht.

3 Rechtsvergleichende Bezüge

Auf der Suche nach Lösungsansätzen wird in einigen Fällen auf das englische Recht verwiesen, das aufgrund der grundsätzlich anderen Struktur für die aufgeworfenen Fragen andere Lösungen findet.[33] Zunächst haben die Vorschriften zur erbrechtlichen Teilhabe im Inheritance (Provision for Family and Dependants) Act 1975 einen sehr hohen Flexibilisierungsgrad erreicht und berücksichtigen auch nicht formalisierte Beziehungen des Erblassers (vgl. s 1 (1) (ba), (d) und (e)). Hinzu kommt, dass *family provisions* in der gesetzlichen Ausgestaltung grundsätzlich auf eine Unterhaltsbedürftigkeit des Antragstellers ausgerichtet sind. Der Unterhaltsbezug ermöglicht bei einem Aufeinandertreffen gegenläufiger Interessen einen Interessensausgleich durch richterliche Ermessensentscheidung.

Doch auch zur Vertragskontrolle werden im englischen Recht Lösungsalternativen gesucht.[34] Die Diskussion um familiäre Verträge im englischen Recht befasst sich in erster Linie mit dem Ehevertrag. Lange wurden solche Verträge als dem Wesen der Ehe entgegenstehend und somit als sittenwidrig erachtet.[35] Erst kürzlich wurde mit *Radmacher v Granatino* nun die grundsätzliche

30 *Röthel*, NJW 2012, 337 ff.; *Röthel*, in: Limmer (Hrsg.), Gestaltungspraxis und Inhaltskontrolle, 2014, S. 49, 63–67; *Röthel*, in: dies. (Hrsg.), Verträge in der Unternehmerfamilie, 2014, S. 9, 50–53.

31 OLG Hamm, ZEV 2000, 507; OLG Nürnberg, ZEV 2003, 514; OLG München MittBayNot 2006, 428; LG Ravensburg, ZEV 2008, 598.

32 OLG Hamm NJW 2017, 576, 577.

33 *Dutta*, FamRZ 2011, 1829 ff.; *Pintens*, FamRZ 2003, 417, 422; *Röthel*, RabelsZ 2012, 131 ff.

34 *Röthel*, in: dies. (Hrsg.), Verträge in der Unternehmerfamilie, 2014, S. 9, 39; *Werner*, in: Röthel (Hrsg.), Verträge in der Unternehmerfamilie, 2014, S. 133 ff.

35 *Miles*, in: Scherpe (Hrsg.), Marital agreements and private autonomy in comparative perspective, 2012, S. 89, 96.

Berücksichtigung von Eheverträgen anerkannt.[36] Trotzdem haben die Familiengerichte sich weitreichende Kontrollmöglichkeiten vorbehalten.[37] In Bezug auf *family provision* sind die vertraglichen Gestaltungsmöglichkeiten noch wesentlich stärker eingeschränkt.[38]

Doch auch das allgemeine Vertragsrecht in England kennt Besonderheiten für Verträge im familiären Umfeld. Im familiären Umfeld muss für eine Vertragsbindung der Rechtsbindungswille der Parteien gesondert nachgewiesen werden.[39] Darüber hinaus können Verträge, die aufgrund von Einflussnahme zustande gekommen sind, auf Grund von *undue influence* für nichtig erklärt werden.[40] Hier rückt insbesondere die Beziehung zwischen den Vertragsparteien in den Mittelpunkt.[41]

4 Gang der Untersuchung

4.1 Ziel der Untersuchung

Die bisher entwickelten Lösungsansätze haben gemeinsam, dass immer nur ein Teilaspekt der Problematik behandelt wird. Grade im Fall der erbrechtlichen Teilhabe ist jedoch eine Lösung gefragt, die die Einzelaspekte insgesamt zum Ausgleich bringt. Es ist nicht auszuschließen, dass eine besondere Schutzbedürftigkeit des Pflichtteilsberechtigten mit dem Interesse des Erblassers, auf eine komplexe Familiensituation zu reagieren, zusammenfällt.[42] Nimmt man nur eines der beiden Problemfelder in den Blick, besteht die Gefahr einer einseitigen Lösung. Die folgende Arbeit soll in einer umfassenden Darstellung die Teilaspekte der Problemstellung systematisieren und in einer Gesamtdarstellung ein Lösungskonzept erarbeiten. Wesentlicher Bestandteil der Arbeit ist dabei die

---

36 [2011] 1 A.C. 534.

37 *Hyman v Hyman* [1929] P. 1.

38 *Miles*, in: Scherpe (Hrsg.), Marital agreements and private autonomy in comparative perspective, 2012, S. 89, 103.

39 *Balfour v Balfour* [1919] 2 K.B. 571.

40 *Allcard v Skinner* (1887) 36 Ch. D. 145.

41 Vgl. *Royal Bank of Scotland v Etridge* (No. 2) [2002] 2 A.C. 773, 798.

42 Vgl. OLG Hamm NJW 2017, 576: Es wird eine grundsätzliche Schutzbedürftigkeit des Klägers festgestellt. Gleichzeitig ist zu beobachten, dass es sich bei den familiären Verhältnissen der Beteiligten um eine Patchworkkonstellation handelt. Vgl. ebenfalls BVerfGE 112, 332, 345: Das BVerfG stellt eine besondere Relevanz des Pflichtteils nichtehelicher Kinder fest, da ansonsten die Gefahr eines kompletten Ausschlusses aus der Familie bestehe.

Kontextualisierung einzelner Rechtsinstitute sowohl im nationalen Rahmen als auch in der rechtsvergleichenden Betrachtung.

Ziel ist die Entwicklung eines systematischen Verständnisses der erbrechtlichen Teilhabe und ihrer Ausgestaltung durch gesetzliche Vorgaben, privatautonomes Handeln und richterliche Entscheidung. Gegenstand der Untersuchung sind dabei in erster Linie Formen zwingender Nachlassteilhabe, der Pflichtteil (Teil A: I.3) im deutschen Recht und *family provision* im englischen Recht (Teil B: II), die durch Ausführungen zum gesetzlichen Erbrecht ergänzt werden (Teil A: I.2; Teil B: I.4). Ein besonderer Untersuchungsschwerpunkt liegt dann auf der privatautonomen Ausgestaltung der erbrechtlichen Teilhabe zu Lebzeiten des Erblassers (Teil A: V und VI; Teil B: III). Nicht Gegenstand der Untersuchung sind Änderungen und Anpassungen der erbrechtlichen Teilhabe, die nach dem Erbfall privatautonom durch die Beteiligten vereinbart werden.[43]

4.2 Aufbau der Arbeit

Ausgangspunkt ist hierbei in Teil A der Arbeit eine Analyse des deutschen Rechts, beginnend mit der Darstellung der Testierfreiheit, des gesetzlichen Erbrechts der Familie und des Pflichtteilsrechts als wesentliche Grundsätze des deutschen Erbrechts (Teil A: 1). Das zweite Kapitel befasst sich dann mit bestehenden Möglichkeiten, die Pflichtteilslast durch einseitige Maßnahmen des Erblassers oder durch Vertrag zu reduzieren (Teil A: 2). Die Herausforderungen, die sich für das Pflichtteilsrecht durch eine Fortentwicklung des Familienbildes ergeben, werden im dritten Kapitel erörtert (Teil A: 3). Im vierten Kapitel soll am Beispiel der Unternehmensnachfolge noch einmal die unterschiedliche Interessenlage im Erbgang erörtert werden (Teil A: 4). Das fünfte Kapitel analysiert die Grenzen, die einer erbrechtlichen Gestaltung zulasten der Familie gesetzt sind (Teil A: 5). Hier wird zunächst auf das grundsätzliche Konzept der Privatautonomie im deutschen Recht eingegangen (Teil A: 5.1) und daran anknüpfend der Gestaltungsspielraum des Erblassers im Rahmen der testamentarischen (Teil A: 5.2) und vertraglichen Gestaltungsmöglichkeit (Teil A: 5.3) untersucht. Das sechste Kapitel dient der Auseinandersetzung mit der Möglichkeit, eine systematische Inhaltskontrolle für Pflichtteilsverzichtsverträge zu entwickeln (Teil A: 6). Ausgangspunkt sind hier verschiedene in der rechtswissenschaftlichen Literatur erörterte Ansätze, insbesondere eine Übertragung der Kernbereichslehre (Teil A: 6.2) und die Entwicklung einer generellen Kontrolle statusbezogener

43 Zur Abgrenzung siehe BeckOGK/*Everts*, § 2346 BGB Rn. 23 ff.

Verträge (Teil A: 6.3). Weitere Aspekte der Analyse sind der Schutzauftrag des Staates zugunsten der Familie (Teil A: 6.4) sowie die wirtschaftliche und soziale Überforderung, die der Abschluss eines Pflichtteilsverzichtes im Einzelfall darstellt (Teil A: 6.5).

In Teil B der Arbeit soll schließlich das englische Recht analysiert werden, auch hier im ersten Kapitel ausgehend von den Prinzipien der Testierfreiheit und der gesetzlichen Erbfolge (Teil B: 2). Ergänzend wird auf Rechtsinstitute aus anderen Rechtsgebieten eingegangen, die wesentliche erbrechtliche Funktionen übernommen haben oder übernehmen (Teil B: 1.2 und 3). Im zweiten Kapitel soll dann die Einschränkung der Testierfreiheit durch die *family provision* sowohl in der historischen Entwicklung als auch in der derzeitigen Ausgestaltung dargestellt werden (Teil B: 2). Im dritten Kapitel wird untersucht, inwieweit die familiäre und soziale Verpflichtung des Erblassers eine Grenze der Privatautonomie in England sein kann (Teil B: 3). Dabei wird auch auf Konzepte konsensualer Gestaltung im familiären Umfeld, insbesondere durch vertragliche Vereinbarungen, eingegangen.

Die Analyse der beiden Rechtsgebiete soll in Teil C zusammengeführt und ausgewertet werden und die im Gesamtverlauf der Arbeit entwickelten Ergebnisse sollen abschließend in Thesen zusammengefasst werden.

Teil A Deutsches Recht

1 Familiäre Beteiligung am Erbe in Deutschland

1.1 Gewillkürte Erbfolge

Ausgangspunkt der Überlegung, wer am Vermögen einer Person nach dessen Tod beteiligt werden soll, ist die Prämisse, dass jeder Erblasser grundsätzlich selbst entscheiden kann. Die Privatautonomie gestattet es, im Leben über das eigene Vermögen selbst zu bestimmen.[44] Im Rahmen der Testierfreiheit setzt sich die Entscheidungsmöglichkeit des Einzelnen für den Todesfall fort.[45] Als wesentliches Prinzip des Erbrechts ist die Testierfreiheit auch Teil der verfassungsrechtlichen Erbrechtsgarantie in Art. 14 Abs. 1 GG.[46]

Im Rahmen der §§ 1937 ff BGB stellt das deutsche Erbrecht jedem frei, selbst zu bestimmen, an wen das zu Lebzeiten angesammelte Vermögen im Todesfall übergehen soll. Bei dieser Entscheidung kann sich der Erblassers allein auf seine eigene Vorstellung berufen: Er braucht seine Entscheidung nicht zu begründen,[47] und auch engste Angehörige und Familienmitglieder haben kein eigenes Recht darauf, durch Testament zum Erbe berufen zu werden.[48]

In ihrer modernen Ausprägung erfasst die Testierfreiheit die Freiheit des Erblassers zu entscheiden, ob eine gewillkürte Festlegung der Erbfolge erfolgen soll, die materielle Freiheit die Erbfolge inhaltlich zu gestalten, und die formale Freiheit, den Typus der Verfügung selbst zu bestimmen.[49] Möglich ist es zunächst, die Erbfolge einseitig festzulegen(§ 1937 BGB), entweder durch ein Testament (§§ 2231 ff BGB) oder durch eine letztwillige Verfügung in einem Erbvertrag (§ 2278 Abs. 2 BGB). Verstärkt wird der Freiheitsgrundsatz dadurch, dass der Erblasser seine Testierentscheidung jederzeit rückgängig machen kann (§§ 2253 ff BGB) oder durch eine andere ersetzen kann (vgl. § 2255 BGB).[50] Eine weitere Möglichkeit der gewillkürten Erbfolge ist der Erbvertrag (§ 1941 BGB).

---

44 .*Muscheler*, Erbrecht, 2010, S. 138.

45 *Muscheler*, Erbrecht, 2010, S. 138.

46 BVerfGE 112, 332, 249.

47 MünchKomm/*Leipold*, § 1937 BGB Rn. 51; BeckOK/*Müller-Christmann*, § 1937 BGB Rn. 12.

48 Vgl.: *Lange*, Erbrecht, ^{2}2017, S. 163.

49 *Muscheler*, Erbrecht, 2010, S. 192.

50 *Bydlinski*, System und Prinzipien des Privatrechts, 1996, S. 404 f.

Hierbei entsteht eine vertragliche Bindung des Erblassers, die in Hinblick auf vertragliche Verfügungen nicht einseitig aufhebbar ist (§ 2278 BGB, §§ 2289, ff BGB). Eine Sonderstellung nimmt das gemeinschaftliche Testament (§§ 2265 ff BGB, § 10 Abs. 4 LPartG) zwischen Ehegatten oder Lebenspartnern ein. Wechselbezügliche Verfügungen sind in ihrer Wirksamkeit zunächst voneinander abhängig und nach dem Tod eines Partners nicht mehr widerrufbar (vgl. §§ 2270, 2271 BGB).

Die Testierfreiheit hat eine sehr lange Rechtstradition und lässt sich schon im römischen Recht finden, wo die gewillkürte Erbfolge zeitweise sogar der Regelfall war.[51] Im germanischen Rechtskreis kam es dann ab dem 4. Jahrhundert zu einer zunehmenden Verbreitung des Testamentes durch den wachsenden Einfluss der christlichen Kirchen.[52] Mit der Rezeption des römischen Rechtes im 12. Jahrhundert setzte sich die gewillkürte Erbfolge schließlich flächendeckend durch.[53] Im Ergebnis wurde die Testierfreiheit damit als Ausgangspunkt des erbrechtlichen Vermögensübergangs gewertet, welcher zunehmend als durch den Erblasserwillen legitimiert betrachtet wurde.[54]

An dieser grundsätzlichen Auffassung änderte sich bis zur Entstehung des BGB zum Ende des 19. Jahrhunderts nichts. Die erste Kommission setzte die Testierfreiheit in ihren Beratungen zum BGB ganz selbstverständlich als gegeben vorausaus.[55] Wohl auch um kritische Stimmen zu besänftigen, wurde im zweiten Entwurf die testamentarische Erbfolge hinter der gesetzlichen eingeordnet, allerdings ohne grundlegend etwas an der rechtlichen Ausgestaltung zu ändern.[56] Im Gegensatz zur Legitimität des Pflichtteilsrechtes wurde die Testierfreiheit zumindest im Grundsatz bis heute nicht mehr angezweifelt.[57]

1.2 Gesetzliches Familienerbrecht

Macht der Erblasser von der Möglichkeit, ein Testament zu errichten, keinen Gebrauch, bestimmt sich die Erbfolge nach dem Prinzip des Familienerbrechts. In den Ursprüngen geht die Vermögensnachfolge der Familie schon

51 *Bauer*, Die innere Rechtfertigung des Pflichtteilsrechts, 2008, S. 16.
52 *Bauer*, Die innere Rechtfertigung des Pflichtteilsrechts, 2008, S. 26 f.
53 *Bauer*, Die innere Rechtfertigung des Pflichtteilsrechts, 2008, S. 35.
54 *Meyersburg*, in: Verhandlungen des 14. Deutschen Juristentages, 1878, S. 50, 50–52.
55 *Schröder*, Abschaffung oder Reform des Erbrechts, 1981, S. 145.
56 *Schröder*, Abschaffung oder Reform des Erbrechts, 1981, S. 49.; vgl. auch *Gierke*, Der Entwurf eines bürgerlichen Gesetzbuchs und das deutsche Recht, 1889, S. 506.
57 *Kroppenberg*, Privatautonomie von Todes wegen, 2008, S. 3.

auf die Sippenordnung im germanischen Recht zurück[58] und ist damit neben der Testierfreiheit ein ähnlich traditionsreicher Grundsatz der deutschen Erbrechtsordnung.

Heute ist das Familienerbrecht fester Bestandteil der in Art 14 Abs. 1 GG normierten Erbrechtsgarantie.[59] Es muss auch als Teil des verfassungsrechtlichen Schutzes der Familie nach Art. 6 GG verstanden werden.[60] Zur gesetzlichen Erbfolge sind zunächst die Verwanden des Erblassers nach §§ 1924 ff BGB berufen. Daneben tritt dass Ehegattenerbrecht nach § 1931 BGB, beziehungsweise das Erbrecht des eingetragenen Lebenspartners nach § 10 Abs. 1 und Abs. 2 LPartG.

Insgesamt lässt sich festhalten, dass das gesetzliche Erbrecht auf den familienrechtlichen Status der Beteiligten Bezug nimmt.[61] Außen vor bleiben in der gesetzlichen Erbfolge vor allem nichteheliche Formen des Zusammenlebens sowie Stief- und Patchwork-Konstellationen.[62] Eine Ausweitung auf diese und andere Personen und Personengruppen ist zwar zumindest theoretisch denkbar,[63] wird im Ergebnis aber dahingehend abgelehnt, dass nichtformalisierte Familienformen nur schwer definierbar seien, und dies in der Folge zu erheblichen Rechtsunsicherheiten in der Anwendung führen würden.[64]

In diesen Fällen steht es aber den Beteiligten offen, die Erbfolge mittels Testament an ihre individuelle Situation anzupassen.[65] Die Testierfreiheit geht dem Prinzip der Familienerbfolge vor (vgl. § 1937 BGB).[66] Damit bleibt es dem Erblasser überlassen, inwieweit er die Erbfolge an seine Lebenswirklichkeit anpassen möchte. Dies gibt ihm die Möglichkeit nichteheliche Lebenspartner oder Stiefkinder in die Erbfolge aufzunehmen, auch wenn diese im Rahmen der gesetzlichen Erbfolge keine Berücksichtigung finden würden.

---

58 *Bauer*, Die innere Rechtfertigung des Pflichtteilsrechts, 2008, S. 23.

59 BVerfG, Beschluss vom 14. Dezember 1994, 1 BvR 720/90 = BVerfGE 91, 346, Rn. 49: für eine angemessene Beteiligung des Ehegatten wird dabei insbesondere auf die lange Rechtstradition und den mutmaßlichen Willen des Erblassers abgestellt.

60 Maunz/Dürig/*Papier*, Art 14 GG Rn. 411.

61 *Röthel*, in: Lipp/Röthel/Windel (Hrsg.), Familienrechtlicher Status und Solidarität, 2008, S. 85, 89; *Muscheler*, Erbrecht, 2010, S. 184.

62 *Röthel*, in: Lipp/Röthel/Windel (Hrsg.), Familienrechtlicher Status und Solidarität, 2008, S. 85, 109; vgl. auch *Röthel*, JZ 2011, 222, 225.

63 *Röthel*, in: Lipp/Röthel/Windel (Hrsg.), Familienrechtlicher Status und Solidarität, 2008, S. 85, 110; *Muscheler*, Erbrecht, 2010, S. 183.

64 *Muscheler*, Erbrecht, 2010, S. 184

65 *Röthel*, JZ 2011, 222, 225 f.

66 *Lange*, Erbrecht, ^{2}2017, S. 163.

Gleichzeitig beinhaltet der Grundsatz des Familienerbrechts noch keine Garantie, tatsächlich am Erbe beteiligt zu werden. Auch engste Angehörige können mittels Testament vollständig enterbt werden. Ein Anrecht auf eine Erbenstellung oder darauf, anderweitig (testamentarisch) bedacht zu werden, sieht das Gesetz grade nicht vor.[67] Ebenso wenig gibt es ein aus anderen Rechtsordnungen bekanntes Noterbrecht mit einer unentziehbaren Erbenstellung als konsequenteste Ausgestaltung eines Familienerbrechtes.[68]

1.3 Pflichtteilsrecht

Soweit Abkömmlinge, Ehe- oder Lebenspartner und Eltern durch den Erblasser von der gesetzlichen Erbfolge ausgeschlossen werden, können diese im Erbfall den Pflichtteil fordern (Vgl. § 2303 BGB; § 10 Abs. 6 LPartG). Dieser sichert engen Angehörigen eine (wirtschaftliche) Mindestbeteiligung am Nachlass und überbrückt den harten Kontrast zwischen Testierfreiheit und Familienerbrecht.[69] Es spiegelt dabei das der gesetzlichen Erbfolge zugrunde liegende Verwandtenerbrecht.[70]

1.3.1 Tradition erbrechtlicher Teilhabe

Schon das klassische römische Recht schuf mit einem formellen Noterbrecht für Haussöhne Regeln, die die Unbegrenztheit der Testierfreiheit eindämmten.[71] Um einen Haussohn zu enterben, musste dieser namentlich im Testament erwähnt werden.[72] Etwa zur Zeit der Republik wurde mit der *querele inofficiosi testamenti* ein Anfechtungsrecht übergangener Erben eingeführt, die damit geltend machen konnten, dass die (formal wirksame) Enterbung pflichtwidrig war.[73] Es handelte sich hierbei zunächst um ein in der Sittlichkeit begründetes

---

67 *Lange*, Erbrecht, ^{2}2017, S. 163.

68 So schon: *Schmitt*, in: Schubert (Hrsg.), Die Vorlagen der Redaktoren für die erste Kommission zur Ausarbeitung des Entwurfs eines Bürgerlichen Gesetzbuches, 1984, 55.

69 *Bydlinski*, System und Prinzipien des Privatrechts, 1996, S. 404.

70 *Martiny*, in: Verhandlungen des 64. Deutschen Juristentages, 2002, S. A 11-118, 14.

71 *Kroppenberg*, in: Basedow/Hopt/Zimmerman (Hrsg.), Handwörterbuch des Europäischen Privatrechts, 2009, S. 1156, 1157; Staudinger/*Otte*, Einleitung zu §§ 2303 ff Rn. 2; *Bauer*, Die innere Rechtfertigung des Pflichtteilsrechts, 2008, S. 19.

72 *Babusiaux*, Wege zur Rechtsgeschichte, 2015, S. 196.

73 *Babusiaux*, Wege zur Rechtsgeschichte, 2015, S. 224.

Rechtsinstitut,[74] denn die Enterbung nächster Angehöriger widersprach dem allgemeinen Pflichtgefühl.[75]

Wesentlich später, im 6. Jahrhundert, wurde das römische Erbrecht durch Justinian reformiert und dabei die Position übergangener Erben gestärkt.[76] Wurde ein Noterbe mit einer zu geringen Summe bedacht, konnte er eine Ergänzung des Erbteils bis zu einem Viertel des Nachlasses beantragen.[77] Auch die vollständige Enterbung des Noterben wurde noch einmal beschränkt.[78] Es kam somit zumindest zu einer grundlegenden Anerkennung des Rechtes auf Erbeinsetzung.[79] Die Reformen Justinians werden zwar nicht mehr als Bestandteil des klassischen römischen Rechtes verstanden,[80] die Gesetzbücher Justinians bildeten jedoch die Grundlage für die Rezeption des römischen Rechtes in Europa.[81] Damit wurde ein Noterbrecht naher Angehöriger auch fester Bestandteil des auf das römische Recht zurückzuführenden Gemeinen Rechtes in Deutschland.[82] In der germanischen Rechtstradition kam es in Deutschland zu einer im Ergebnis ähnlichen Entwicklung: Die Testierfreiheit wurde durch die kirchliche Rechtsprechung verbreitet.[83] Sie blieb jedoch auf einen Freiteil beschränkt, und der Rest des Nachlasses fiel den Verwandten zu.[84]

In der Folge war zu Beginn der Arbeiten am BGB im 19. Jahrhundert eine zwangsweise Mindestbeteiligung der nächsten Familienangehörigen am Nachlass in allen Partikularrechtsordnungen Deutschlands vorgesehen.[85] Hier

---

74 *Babusiaux*, Wege zur Rechtsgeschichte, 2015, S. 224; vgl hierzu auch *Schmitt*, in: Schubert (Hrsg.), Die Vorlagen der Redaktoren für die erste Kommission zur Ausarbeitung des Entwurfs eines Bürgerlichen Gesetzbuches, 1984, 55.

75 *Babusiaux*, Wege zur Rechtsgeschichte, 2015, S. 224.

76 *Zimmermann*, in: Reid/Waal/Zimmermann (Hrsg.), Exploring the law of succession, 2007, S. 25, 39 ff.

77 *Zimmermann*, in: Röthel (Hrsg.), Reformfragen des Pflichtteilsrechts, 2007, 109.

78 *Zimmermann*, in: Röthel (Hrsg.), Reformfragen des Pflichtteilsrechts, 2007, 111.

79 *Zimmermann*, in: Röthel (Hrsg.), Reformfragen des Pflichtteilsrechts, 2007, 113.

80 Vgl. *Zimmermann*, in: Reid/Waal/Zimmermann (Hrsg.), Exploring the law of succession, 2007, S. 25, 39.

81 *Zimmermann*, in: Röthel (Hrsg.), Reformfragen des Pflichtteilsrechts, 2007, 108.

82 *Bongartz*, Noterben, Noterbrecht, 2. Aufl. (2004 ff).

83 Siehe oben S. 18.

84 *Bongartz*, Noterben, Noterbrecht, 2. Aufl. (2004 ff).

85 Vgl. Motive zu dem Entwurfe eines Bürgerlichen Gesetzbuches für das Deutsche Reich - Band V - Erbrecht, 1888, S. 382: Die 1 Kommission lehnte eine Abweichung von der bestehenden Rechtspraxis vor dem Hintergrund ab, dass für eine Rechtsänderung keine ausreichende Begründung vorliege und konsequenterweise eine

bemühte sich *Schmitt* bei der Ausarbeitung seines ersten Entwurfs an die unterschiedlichen Ausgestaltungen anzuknüpfen, um eine einheitliche Lösung zu erarbeiten.[86]

Das Ergebnis war – im Gegensatz zum klassischen Noterbrecht – ein schuldrechtlicher Anspruch gegen die Erben auf die Hälfte der gesetzlichen Erbquote (vgl. § 1975, 1978 BGBE1).[87] In dieser grundsätzlichen Ausgestaltung hat sich das Pflichtteilsrecht bis heute erhalten (vgl. § 2303 Abs. 1 BGB). Es wird in dieser Ausgestaltung heute sogar als Bestandteil der verfassungsrechtlichen Gewährleistung des Art. 14 Abs. 1 BGB in Verbindung mit Art 6 Abs. 1 GG betrachtet.[88] Die verfassungsrechtliche Gewährleistung des Erbrechtes erstreckt sich dabei auf eine unentziehbare und bedarfsunabhängige Teilhabe am Nachlass.[89] Pflichtteilsberechtigt sind heute Abkömmlinge, Eltern und Ehe- sowie Lebenspartner (vgl. § 2303 BGB; für eingetragene Lebenspartner § 10 Abs. 6 LPartG).

1.3.2 Funktionale Bedeutung

Die Verfasser des BGB beschränkten sich zunächst darauf, die schon bestehenden Regelungen zu vereinheitlichen.[90] Eine funktionale Einordung war schon zu diesem Zeitpunkt umstritten. Gerade in Hinblick auf die Bedeutung des Erblasserwillens wurde die Betonung des Familienerbrechtes und auch die Legitimation des Pflichtteils wiederholt in Zweifel gezogen.[91] In der Folge hat sich eine Vielzahl, zum Teil „*heterogener*“[92], Begründungsansätze entwickelt, die das Pflichtteilsrecht funktional einordnen und begründen. Auch das BVerfG bestätigt und legitimiert das Pflichtteilsrecht grundsätzlich in seiner jetzigen

---

Rechtsvereinheitlichung angestrebt werde; vgl ebenfalls *Meyersburg*, in: Verhandlungen des 14. Deutschen Juristentages, 1878, S. 50, 50 ff.

86 Vgl.: *Schmitt*, in: Schubert (Hrsg.), Die Vorlagen der Redaktoren für die erste Kommission zur Ausarbeitung des Entwurfs eines Bürgerlichen Gesetzbuches, 1984, S. 645 ff.

87 Vgl. auch *Röthel*, in: Anderson/Arroyo i Amayuelas (Hrsg.), The law of succession: testamentary freedom, 2011, S. 157, 163.

88 BVerfGE 112, 332, 349 f; *Otte*, AcP 202 (2002), 317, 326 f.

89 BVerfGE 112, 332, 350.

90 Motive zu dem Entwurfe eines Bürgerlichen Gesetzbuches für das Deutsche Reich - Band V - Erbrecht, 1888, S. 382.

91 *Meyersburg*, in: Verhandlungen des 14. Deutschen Juristentages, 1878, S. 50, 64 ff; *Dauner-Lieb*, FF 2001, 78, 79.

92 So die grundsätzliche Kritik von *Dauner-Lieb*, FF 2001, 78, 79.

Ausgestaltung und Funktion als bedarfsunabhängige Mindestbeteiligung naher Familienangehöriger.[93]

1.3.3 Innerfamiliäre Solidarität

Bei dem Versuch, den bedarfsunabhängigen Pflichtteil zu legitimieren, fällt zunächst – fast schlagwortartig – der Begriff der innerfamiliären Solidarität.[94] Allgemein kann man darunter den innerfamiliären Zusammenhalt und das Füreinander-Einstehen in der Familie verstehen.[95] Ein präziser Rechtsbegriff ist dies allerdings noch nicht.[96] Relevant ist der Gedanke im Pflichtteilsrecht insoweit, als es um den Transfer vermögenswerter Leistungen zwischen Familienangehörigen geht.[97]

Das BVerfG versteht unter familiärer Solidarität die zwischen dem Erblasser und seinen Kindern bestehende lebenslange Gemeinschaft.[98] Als solche steht sie unter dem verfassungsrechtlichen Schutz des Art 6 Abs. 1 GG.[99] Die familiäre Solidarität entsteht dabei schon durch die mittels Abstammung entstehenden familienrechtlichen Beziehungen.[100] Sie wird dann jedoch regelmäßig durch das Zusammenleben in der Familie untermauert.[101] Hieraus ergibt sich eine umfassende Pflicht zur gegenseitigen Sorge.[102]

1.3.4 Schutz der aus Eltern und Kindern bestehenden Familiengemeinschaft

In diesem Zusammenhang kommt dem Pflichtteilsrecht nach verfassungsrechtlicher Rechtsprechung zunächst eine klare familienschützende Funktion im Rahmen des Art. 6 Abs. 1 GG zu.[103] Geschützt werden soll die Kernfamilie aus

---

93 BVerfGE 112, 332.

94 *Röthel*, in: Lipp/Röthel/Windel (Hrsg.), Familienrechtlicher Status und Solidarität, 2008, S. 85; vgl. auch *Dutta*, AcP 209 (2009), 760, 767.

95 *Martiny*, in: Verhandlungen des 64. Deutschen Juristentages, 2002, S. A 11-118, 11.

96 *Martiny*, in: Verhandlungen des 64. Deutschen Juristentages, 2002, S. A 11-118, 12.

97 *Martiny*, in: Verhandlungen des 64. Deutschen Juristentages, 2002, S. A 11-118, 12.

98 BVerfGE 112, 332, 352 f.

99 BVerfGE 112, 332, 352.

100 BVerfGE 112, 332, 353; siehe dazu auch die Ausführungen von *Bydlinski*, System und Prinzipien des Privatrechts, 1996, S. 407.

101 BVerfGE 112, 332, 353.

102 BVerfGE 112, 332, 353.

103 BVerfGE 112, 332, 355.

Eltern und Kindern in *„materiell-wirtschaftlicher“* und in *„immateriell-persönlicher“* Hinsicht. Als unverzichtbarer Mindestanteil am Nachlass schützt das Pflichtteilsrecht auch und grade dann, wenn Einzelne ohne Pflichtteil von einer erbrechtlichen Teilhabe völlig ausgeschlossen werden.[104]

Wird die Familie aus Eltern und Kind insoweit als besonderes Schutzgut der Verfassung betrachtet, kann ein Pflichtteilsrecht auch abmildern, wenn Dritte den Erblasser zu Verfügungen veranlassen, die die Familienbeziehung unberücksichtigt lassen.[105] Der besondere Schutz der Eltern-Kind Beziehung kommt auch darin zum Ausdruck, dass das BVerfG den Schutz gerade auch auf Familiensituationen ausdehnt, in denen es zu einer Entfremdung zwischen den Familienmitgliedern gekommen ist.[106] Die Teilhabeberechtigung richtet sich nach dieser Wertung nicht nur nach der gelebten sozialen Beziehung, sondern stellt auf das statusrechtliche Familienverhältnis ab.

Ohne Pflichtteilsrecht könnte der Erblasser eigenmächtig rechtsverbindliche Regelungen zu treffen, die seine Familie hinzunehmen hat, so zwingt das Pflichtteilsrecht die Beteiligten zumindest zu grundlegenden Absprachen.[107] Eine immer noch mögliche Ungleichbehandlung wird zumindest *„relativiert“*.[108] Dies entspricht insbesondere dem verfassungsrechtlichen Gebot aus Art. 6 Abs. 5 GG, nichteheliche Kinder (bei denen eine Entfremdung besonders wahrscheinlich ist) erbrechtlich gleichzustellen, welches sich ohne Pflichtteilsrecht kaum realisieren lässt.[109]

1.3.5 Teilhabefunktion

1.3.5.1 Teilhabegerechtigkeit

Konkreter wird die Funktion des Pflichtteilsrechtes dann, wenn auf die solidarische Vermögensbeteiligung enger Familienmitglieder abgestellt wird.[110] Immer dann, wenn der Erblasser die ökonomische Basis seines Vermögens nicht selbst erwirtschaftet hat, kommt über die Beteiligung der Familienmitglieder eine gewisse Teilhabegerechtigkeit zustande.[111] Die ideellen und materiellen

---

104 BVerfGE 112, 332, 355.
105 *Dutta*, AcP 209 (2009), 760, 767.
106 BVerfGE 112, 332, 353.
107 *Otte*, AcP 202 (2002), 317, 352.
108 *Otte*, AcP 202 (2002), 317, 353.
109 *Otte*, AcP 202 (2002), 317, 353; BVerfGE 112, 332, 345.
110 BVerfGE 112, 332, 353, 354.
111 *Dutta*, AcP 209 (2009), 760, 767.

Beiträge anderer Familienmitglieder am Aufbau des Erblasservermögens sollen in der Aufteilung durch das Pflichtteilsrecht pauschal zur Abgeltung gebracht werden.[112] Soweit es darum geht, eine Teilhabegerechtigkeit jenseits quantifizierbarer Eigenbeiträge der Pflichtteilsempfänger zu begründen, finden sich verschiedene zum Teil divergierende Erklärungsansätze.

1.3.5.1.1 Familienvermögen

Teilweise wird der Pflichtteil konzeptionell unter den Begriff des Familienvermögens gefasst, welches nicht dem Einzelnen alleine, sondern von vornherein der Familie zustehe.[113] Eine scharfe Trennung der Vermögenssphären sei im Familienkontext ohnehin schwer möglich.[114] Schon *Hegel* prägte den Begriff des Familienvermögens grundlegend[115] und statuiert daran anschließend eine sittliche Schranke der Testiergewalt des Einzelnen.[116] In der jüngeren Diskussion werden alternativ die Subventionen des modernen Sozialstaats angeführt, die grade eine familiäre Vermögensbildung begünstigen, wie es etwa durch Kindergeld oder Kinderfreibeträge geschieht, um die These vom Familienvermögen aufrecht zu erhalten. [117] Vielfach ist eine primäre Zielrichtung staatlicher Subventionierung allerdings in erster Linie ein Ausgleich der durch die Familiengründung entstehenden wirtschaftlichen Nachteile.[118]

1.3.5.1.2 Güterrechtliche Überlegungen

In einigen Punkten werden darüber hinaus Parallelen zum Teilhabegedanken im Güterrecht gezogen.[119] Pflichtteilsrecht und Güterrecht sind an verschiedenen Punkten miteinander verwoben. Zunächst sind schon die vom Ehegatten zu erwartende Erbquote und damit auch die Pflichtteilsquote durch den Güterstand beeinflusst. Bei Gütertrennung erbt der Ehegatte so viel wie ein Kind, mindestens aber ein Viertel, im Rahmen der anderen Güterstände grundsätzlich ein

---

112 *Dutta*, AcP 209 (2009), 760, 767; BVerfGE 122, 332, 353.

113 *Leipold*, JZ 2010, 802, 805.

114 *Dutta*, Warum Erbrecht?, S. 403.

115 *Hegel, Georg Wilhelm Friedrich*, Grundlinien der Philosophie des Rechts, ^{3}1952, § 170–170.

116 *Hegel, Georg Wilhelm Friedrich*, Grundlinien der Philosophie des Rechts, ^{3}1952, § 180–180

117 Siehe ausführlich: *Otte*, AcP 202 (2002), 317, 345.

118 *Osterloh-Konrad*, in: Beck/Osterloh-Konrad (Hrsg.), Unternehmensnachfolge, 2009, S. 39, 58.

119 *Dutta*, AcP 209 (2009), 760, 769.

Viertel (§ 1931 Abs. 1 und 4 BGB). Sind keine Nachkommen, aber Verwandte der zweiten Ordnung oder Großeltern neben dem Ehepartner zur Erbfolge berufen, so erhält der Ehegatte die Hälfte des Nachlasses (§ 1931 Abs. 1 BGB). In allen anderen Fällen erbt der Ehepartner alleine (§ 1931 Abs. 2 BGB).

Noch augenscheinlicher wird der Zusammenhang zwischen Güterstand und Pflichtteil im Rahmen des gesetzlichen Güterstandes der Zugewinngemeinschaft. Der Zugewinnausgleich soll nach Beendigung der Ehe einen typisierenden Ausgleich für wechselseitige Beiträge zum jeweiligen Vermögen des anderen gewährleisten.[120] Nach § 1371 Abs. 1 BGB erfolgt im Erbfall ein erbrechtlicher Ausgleich über eine Erhöhung der gesetzlichen Erbquote. Daraus folgt mittelbar auch eine Erhöhung des Pflichtteils (vgl. § 2303 BGB). In diesem Fall übernimmt der Erbteil oder der Pflichtteil die Funktionen des Ehegüterrechtes.[121]

Dem Pflichtteilsrecht kommt damit eine familienrechtlich begründbare Teilhabefunktion zumindest insoweit zu, als ein güterrechtlicher Ausgleich nach § 1371 Abs. 1 BGB über eine Erhöhung der Erbquote und des Pflichtteils stattfindet. Doch steht dem überlebenden Ehegatten im Rahmen des § 1371 Abs. 2 und 3 BGB ein Wahlrecht zu, den Zugewinnausgleich nach güterrechtlichen Regelungen durchzuführen. In diesem Fall kann der Ehegatte zusätzlich noch den kleinen, nicht erhöhten Pflichtteil verlangen (§ 1371 Abs. 3 BGB).

Damit kann nicht einmal im gesetzlichen Güterstand grundsätzlich davon ausgegangen werden, dass der Pflichtteil eine Teilhabegerechtigkeit an einem wechselseitig aufgebauten Vermögen sichert. Teilweise wird darüber hinaus auch gerade der güterstandsrechtliche Ausgleich im Wege des Erbrechtes als Systembruch kritisiert, der zu unlogischen Ergebnissen führe.[122] Die Tatsache, dass die Erhöhung des Erbteils unabhängig davon eintritt, ob der Erblasser einen höheren Zugewinn auch tatsächlich erzielt hat, löst die Regelung gänzlich aus dem System des Zugewinns heraus.[123] Letztendlich handelt es sich um eine pauschale Besserstellung des Ehegatten,[124] aus der sich keine grundsätzliche güterrechtliche Relevanz des Pflichtteils ableiten lässt.

120 *Dutta*, AcP 209 (2009), 760, 770; vgl. auch BGH NJW 2004 930, 943.
121 Vgl. BeckOK/*Scheller*, § 1371 BGB Rn. 1.
122 *Leipold*, AcP 180 (1980), 160, 176.
123 *Leipold*, AcP 180 (1980), 160, 176.
124 *Leipold*, AcP 180 (1980), 160, 176.

1.3.5.1.3 Ausweitung auf andere Konstellationen

Das Verhältnis zwischen dem Erblasser und den Pflichtteilsberechtigten ist vielgestaltig.[125] Gerade eine tatsächliche Produktionsgemeinschaft innerhalb der Familie wird sich nur noch selten finden lassen.[126] Selbstverständlich sind auch heute Szenarien denkbar, in denen erwachsene Kinder gemeinsam mit ihren Eltern eine Lebensgemeinschaft formen, in der ein einheitlicher Vermögensstamm die Lebensgrundlage bildet.[127] Von derartigen Sonderkonstellationen auf verallgemeinerbare Rechtsprinzipien zu schließen, ist jedoch problematisch.

Hinzu kommt, dass in diesen Sondersituationen nichterbrechtliche Ausgleichmechanismen weit präzisere und damit grundsätzlich vorzugswürdige Lösungen ergeben. Zu nennen wären dabei insbesondere vertragsrechtliche, gesellschaftsrechtliche und bereicherungsrechtliche Ansprüche.[128] Sie haben für Ehepartner im Rahmen des Nebengüterrechtes, namentlich durch die Ehegatteninnengesellschaft und die unbenannte Zuwendung sowie den familienrechtlichen Kooperationsvertrag, ihre besondere Ausprägung erfahren.[129] Auch im Verhältnis zwischen Kindern und Eltern werden mit der unbenannten Zuwendung vergleichbare binnenrechtliche Ausgleichsansprüche richterlich anerkannt.[130] Infrage kommen insbesondere bereicherungsrechtliche Ansprüche, wenn im Rahmen einer gemeinsamen Wohngemeinschaft Beiträge geleistet wurden, die über das zur gemeinsamen Lebensführung notwendige hinausgehen.[131] Die Vielgestaltigkeit der hier möglichen Ausgleichsansprüche zeigt, dass eine pauschale Abgeltung im Rahmen des Pflichtteilsrechts in vielen Fällen keine adäquate Lösung für tatsächlich geleistete Beiträge liefern kann.

1.3.5.2 Beitragsunabhängige Teilhabe

In der einfachgesetzlichen Ausgestaltung ist der Pflichtteil als pauschale Beteiligung vorgesehen (vgl. § 2303 BGB) und damit unabhängig von etwaigen Beiträgen zum Vermögen des Erblassers.[132] Auch in diesen Fällen ist die Teilhabe

125 *Dutta*, AcP 209 (2009), 760, 771.

126 *Dutta*, AcP 209 (2009), 760, 771; *Röthel*, ZEV 2006, 8, 11 zu Ehegatten siehe auch: *Leipold*, AcP 180 (1980), 160, 176.

127 Vgl. hierzu dass Fallbeispiel in *Aldinger*, Die Übertragbarkeit der Inhaltskontrolle von Eheverträgen auf Pflichtteilsverzichtsverträge, 2012, S. 177.

128 *Dutta*, AcP 209 (2009), 760, 773.

129 *Grziwotz*, in: Brambring (Hrsg.), Beck'sches Notar-Handbuch, [6]2015, 43.

130 BGH NJW 2013, 2025.

131 BGH NJW 2013, 2025.

132 *Dutta*, AcP 209 (2009), 760, 765.

am Nachlass eine Funktion des Pflichtteilsrechtes.[133] Sie bedarf als solche jedoch grundsätzlich der Rechtfertigung.[134]

Das BVerfG knüpft hierbei an die Familie als unauflösliche Solidargemeinschaft an, welche eine entsprechende rechtliche Bindung der Beteiligten rechtfertigt.[135] Auch wenn Erblasser und Pflichtteilsberechtigter einander entfremdet sind, sichere das Pflichtteilsrecht dann eine der rechtlichen Familienbeziehung entsprechende Mindestbeteiligung.[136] Die Solidarität der Familie und der darin wurzelnde Schutzgedanke werden durch die erbrechtliche Teilhabe verwirklicht, die wiederum auch als eigenständige Funktion des Pflichtteilsrechts gewertet werden könne.[137]

Schmitt trägt in seinem Teilentwurf noch einen anderen Begründungsansatz vor, in dem er auf eine Selbstbindung des Erblassers verweist, welche dieser im Rahmen seiner Verwandtschaftsbeziehung eingehe.[138] So ziehe etwa die Eheschließung nicht nur persönliche, sondern auch vermögensrechtliche Konsequenzen nach sich.[139] Ähnlich sei auch die Zeugung von Kindern zu werten.[140] Diese Argumentation soll zunächst einer Erbrechtsvorstellung entgegentreten, die allein auf der Testierfreiheit beruht.[141] In späteren, weiterführenden Ausführungen des Selbstbindungstopos tritt zunehmend stärker die soziale und emotionale Bedeutung des Erbrechtes der Familie in den Vordergrund.[142]

Im Ergebnis lässt sich das derzeitige Pflichtteilsrecht damit auch unabhängig von einer Vorstellung von einem Familienvermögen rechtfertigen. Dies gilt umso mehr, als eine beitrags- und bedarfsunabhängige Beteiligung auch

---

133 *Dutta*, AcP 209 (2009), 760, 771.

134 *Dutta*, AcP 209 (2009), 760, 766.

135 BVerfGE 122, 332, 353; siehe auch schon oben S. 25.

136 BVerfGE 122, 332, 354.

137 *Dutta*, AcP 209 (2009), 760, 766.

138 *Schmitt*, in: Schubert (Hrsg.), Die Vorlagen der Redaktoren für die erste Kommission zur Ausarbeitung des Entwurfs eines Bürgerlichen Gesetzbuches, 1984, 54.

139 *Schmitt*, in: Schubert (Hrsg.), Die Vorlagen der Redaktoren für die erste Kommission zur Ausarbeitung des Entwurfs eines Bürgerlichen Gesetzbuches, 1984, 54.

140 *Schmitt*, in: Schubert (Hrsg.), Die Vorlagen der Redaktoren für die erste Kommission zur Ausarbeitung des Entwurfs eines Bürgerlichen Gesetzbuches, 1984, 54.

141 Vgl. *Schmitt*, in: Schubert (Hrsg.), Die Vorlagen der Redaktoren für die erste Kommission zur Ausarbeitung des Entwurfs eines Bürgerlichen Gesetzbuches, 1984, 52, 54; *Otte*, AcP 202 (2002), 317, 351f, vgl. auch *Dutta*, AcP 209 (2009), 760, 774.

142 *Schmitt*, in: Schubert (Hrsg.), Die Vorlagen der Redaktoren für die erste Kommission zur Ausarbeitung des Entwurfs eines Bürgerlichen Gesetzbuches, 1984, 55:

vom BVerfG vorausgesetzt wurde und als solche in den Begriff der Erbrechtsgarantie des Art. 14 GG aufgenommen wurde.[143]

Mit der Vorgabe, dass Kinder des Erblassers im Erbfall angemessen am Vermögen ihrer Eltern zu beteiligen sind, setzt das Bundesverfassungsgericht der weiteren Rechtsentwicklung des Pflichtteilsrechtes einschneidende grundrechtliche Überlegungen entgegen,[144] wobei für eine Ausdifferenzierung auch unter Berücksichtigung der Ansichten des BVerfG noch Raum bleibt.[145]

1.3.6 Unterhaltsfunktion

Schon im Umfeld der Beratungen zum BGB im 19. Jahrhundert stellte sich die Frage, inwieweit das Pflichtteilsrecht eine Unterhaltsfunktion zugunsten der nächsten Angehörigen ausübt oder ausüben sollte.[146] Teilweise wurde schon zu diesem Zeitpunkt eine nachlebzeitige Unterhaltspflicht als einzige Begründung für eine Einschränkung der Testierfreiheit gewertet.[147] Zeitnah wurde dieses Argument auch in der Judikatur zu einzelnen Teilrechtsordnungen aufgegriffen.[148]

Planck regte in diesem Zusammenhang eine Ausdifferenzierung der gesetzlichen Regelungen an, um etwaige Unterhaltslücken nach dem Tod des Erblassers zu berücksichtigen. Ganz konkret schlug er einen nichtdispositiven Unterhaltsanspruch gegen den Nachlass als gesetzliches Vermächtnis vor.[149] Zumeist wurde eine Vererblichkeit der unterhaltsrechtlichen Pflichten im Rahmen der Beratungen mit der Begründung abgelehnt, dass den Betroffenen regelmäßig ein Pflichtteilsrecht zustehe.[150]

Der Entwurf eines Erbrechtes beschränkte sich also im Wesentlichen auf eine Vereinheitlichung der bestehenden Regelungen, ohne auf eine

143 BVerfGE 112, 332, 355 ff.
144 BVerfGE 122, 332, 355.
145 *Leipold*, JZ 2010, 802, 805.
146 Vgl. *Schmitt*, in: Schubert (Hrsg.), Die Vorlagen der Redaktoren für die erste Kommission zur Ausarbeitung des Entwurfs eines Bürgerlichen Gesetzbuches, 1984, 49.
147 *Meyersburg*, in: Verhandlungen des 14. Deutschen Juristentages, 1878, S. 50, 65.
148 RGZ 69, 247.
149 *Planck*, in: Schubert (Hrsg.), Die Vorlagen der Redaktoren für die erste Kommission zur Ausarbeitung des Entwurfs eines Bürgerlichen Gesetzbuches, 1984, S. 1335.
150 Motive zu dem Entwurfe eines Bürgerlichen Gesetzbuches für das Deutsche Reich - Band IV - Familienrecht, 1888, S. 711; siehe auch *Jakobs/Schubert* (Hrsg.), Die Beratungen des Bürgerlichen Gesetzbuchs, 1989, S. 271.

unterhaltsrechtliche Verknüpfung einzugehen.[151] Dies entsprach auch den politischen Vorgaben des Bundes, die bestehende Rechtslage zu vereinheitlichen, ohne eine grundlegende Reform durchzuführen.[152] Nicht zuletzt hielt *Schmitt* die in diesem Zusammenhang vorgetragenen Konzepte für unausgereift.[153]

Der anstelle *Schmitts* als bayrischer Vertreter in die 2. Kommission entsandte *Jacubezky* versuchte indes eine Regelung zu finden, die die (bedarfsunabhängige) familienerbrechtliche Komponente des Pflichtteilsrechtes noch erheblich stärker betonte[154] und die damit einer Anknüpfung an unterhaltsrechtliche Überlegungen diametral entgegenlief. Von einer Änderung der durch die 1. Kommission ausgearbeiteten Grundsätze des Pflichtteilsrechts wurde jedoch bis zum Inkrafttreten des BGB abgesehen.[155] Auch seither hat die Grundstruktur des Pflichtteils keine Änderung erfahren. Stattdessen blieb der Pflichtteil in der grundsätzlichen Ausgestaltung als schuldrechtlicher Anspruch gegen den Erben bis heute erhalten.[156]

Zumindest soweit sich eine tatsächliche Bedürftigkeit der Hinterbliebenen feststellen lässt, wird bis heute eine Unterhaltsfunktion des Pflichtteils in der rechtswissenschaftlichen Literatur diskutiert.[157] Gelegentlich wird darüber hinaus sogar von einer latenten bedarfsunabhängigen Versorgungsfunktion zugunsten der nächsten Angehörigen gesprochen.[158] Dem BVerfG wurde die faktisch unterhaltssichernde Funktion des Pflichtteilsrechtes zwar vorgetragen.[159] Die Entscheidungsgründe stützen sich indes stärker auf eine bedarfsunabhängige Teilhabe.[160]

151 Vgl. Motive zu dem Entwurfe eines Bürgerlichen Gesetzbuches für das Deutsche Reich - Band V - Erbrecht, 1888, S. 7; 382.

152 *Schröder*, Abschaffung oder Reform des Erbrechts, 1981, S. 75 f.

153 Vgl. *Schmitt*, in: Schubert (Hrsg.), Die Vorlagen der Redaktoren für die erste Kommission zur Ausarbeitung des Entwurfs eines Bürgerlichen Gesetzbuches, 1984, S. 50.

154 *Jakobs/Schubert* (Hrsg.), Die Beratung des Bürgerlichen Gesetzbuchs, 1987, S. 1827.

155 *Jakobs/Schubert* (Hrsg.), Die Beratung des Bürgerlichen Gesetzbuchs, 1987, S. 1827.

156 Siehe oben S. 20.

157 *Dutta*, AcP 209 (2009), 760, 775; *Aldinger*, Die Übertragbarkeit der Inhaltskontrolle von Eheverträgen auf Pflichtteilsverzichtsverträge, 2012, S. 115; *Kühle*, Die gerichtliche Überprüfung von Erb- und Pflichtteilsverzichtsverträgen im Spiegel ehevertraglicher Inhaltskontrolle, 2011, S. 116; kritisch *Röthel*, ZEV 2006, 8, 10; *Martiny*, in: Verhandlungen des 64. Deutschen Juristentages, 2002, S. A 11-118, 67.

158 Vgl.: *Dutta*, Warum Erbrecht?, S. 403.

159 BVerfGE 112, 332, 339, 343, 345.

160 BVerfGE 112, 332, 353.

1.3.6.1 Verzahnung mit lebzeitigen Unterhaltspflichten

Unterhalt ist zunächst ein aus dem Familienrecht entlehntes Konzept, das im Wesentlichen dadurch gekennzeichnet ist, dass Angehörige sich einander gegenseitig nach Maßgabe der jeweiligen Bedürfnisse und im Rahmen der vorhandenen Leistungsfähigkeit unterstützen.[161] Die Ansprüche zwischen Verwandten (§§ 1601ff BGB), Ehegatten (§ 1360 BGB), Lebenspartnern (§ 5 LPartG) und Geschiedenen (§§ 1569ff BGB; sowie § 16 LPartG) entspringen ebenso wie das Pflichtteilsrecht dem Gedanken der Solidarität innerhalb einer Familie.[162]

Allerdings erlischt eine Vielzahl von Unterhaltsansprüchen mit dem Tod des Unterhaltsschuldners, insbesondere der Unterhalt zwischen Verwandten in gerader Linie (§ 1615 BGB), zwischen Ehegatten (§ 1360a BGB i.V.m. § 1615 BGB) oder eingetragenen Lebenspartnern (§ 5 LPartG i.V.m. § 1360a BGB, § 1615 BGB). Beobachten lässt sich in diesem Zusammenhang eine wechselseitige Verzahnung zwischen Unterhaltsrecht und Pflichtteilsrecht.[163] Im Regelfall haben Personen, die ihren Unterhaltsanspruch durch den Tod des Unterhaltspflichtigen verlieren, selbst einen Pflichtteilsanspruch gegen dessen Nachlass.[164] Wird er durch einen näheren Verwandten vom Pflichtteilsrecht ausgeschlossen, so ist zumindest eine indirekte Partizipation möglich, weil der Pflichtteilsempfänger wiederum selbst auf Verwandtenunterhalt in Anspruch genommen werden kann. [165]

Eine weitere Verschränkung zwischen Unterhaltsrecht und Erbrecht ergibt sich aus § 1371 Abs. 4 BGB.[166] Die Norm beschäftigt sich mit der Problematik, dass der pauschalierte Zugewinnausgleich nach § 1371 Abs. 1 BGB die Erbteile der Abkömmlinge des Erblassers schmälert, ohne dass sie im Rahmen des gesetzlichen Erbrechtes am Nachlass des Stiefelternteils beteiligt würden.[167] Der von § 1371 Abs. 1 BGB profitierende Stiefelternteil wird nach Abs. 4 verpflichtet,

161 Vgl. MünchKomm/*Langheine*, Vorbemerkungen zu §§ 1601 ff Rn. 1.

162 *Martiny*, in: Verhandlungen des 64. Deutschen Juristentages, 2002, S. A 11-118, 13; *Kühle*, Die gerichtliche Überprüfung von Erb- und Pflichtteilsverzichtsverträgen im Spiegel ehevertraglicher Inhaltskontrolle, 2011, S. 107; vgl. auch *Planck*, in: Schubert (Hrsg.), Die Vorlagen der Redaktoren für die erste Kommission zur Ausarbeitung des Entwurfs eines Bürgerlichen Gesetzbuches, 1984, S. 1271.

163 *Dutta*, AcP 209 (2009), 760, 776

164 *Dutta*, AcP 209 (2009), 760, 776

165 *Kühle*, Die gerichtliche Überprüfung von Erb- und Pflichtteilsverzichtsverträgen im Spiegel ehevertraglicher Inhaltskontrolle, 2011, S. 112.

166 *Kühle*, Die gerichtliche Überprüfung von Erb- und Pflichtteilsverzichtsverträgen im Spiegel ehevertraglicher Inhaltskontrolle, 2011, S. 108.

167 Erman/*Budzikiewicz*, § 1371 BGB Rn. 18.

den Stiefkindern aus dem zusätzlich erhaltenen Viertel Mittel zur Ausbildung zu gewähren.

1.3.6.2 Pauschalierte Ausgestaltung des Pflichtteilsrechts

In der konkreten Ausgestaltung weicht der Pflichtteil dann sehr stark von der Unterhaltspflicht unter Lebenden ab.[168] Die pauschale Quotenlösung verzichtet sowohl auf eine konkrete Bedarfsanalyse als auch auf eine konkrete Feststellung der Leistungsfähigkeit.[169] Aus diesem Grund lehnte schon *von Schmitt* eine Unterhaltsfunktion des Pflichtteils in der konkreten Ausgestaltung eindeutig ab.[170]

Dem lässt sich entgegenhalten, dass der erbrechtliche Pflichtteil zumindest teilweise eine andere Zielsetzung als lebzeitige Unterhaltsansprüche verfolgt.[171] Ein über den Bedarf hinausreichender Pflichtteil ist zunächst ein Ausdruck der zuvor erörterten Teilhabefunktion des Pflichtteils (vgl. oben: Abschnitt e)), welche als solche eine parallele Unterhaltsfunktion nicht ausschließt.[172] Darüber hinaus werde eine pflichtteilsrechtliche Verteilung nach dem „*Gießkannenprinzip*" auch der besonderen Anforderung einer Aufteilung im Erbrecht gerecht, denn oft lasse sich eine zukünftige Entwicklung der Bedürftigkeit einzelner abstrakt unterhaltsbedürftiger Personen im Erbfall nur schwer feststellen.[173]

1.3.6.3 Fortbestehende Unterhaltsansprüche

In der weiteren Betrachtung lässt sich allerdings auch feststellen, dass einige familienrechtliche Unterhaltsansprüche nach dem Tod des Erblassers fortbestehen. Dies betrifft zunächst den Unterhaltsanspruch aus Anlass der Geburt nicht miteinander verheirateter Eltern (§ 1615l BGB), welcher auch nach dem Tod des Unterhaltspflichtigen besteht (§ 1615l Abs. 3 S. 2 BGB). Gleiches trifft grundsätzlich auch auf den Geschiedenenunterhalt und die Unterhaltsansprüche für Ehe oder Lebenspartner zu, die nach § 1933 BGB bzw. § 10 Abs. 3 LPartG von

---

168 *Dutta*, AcP 209 (2009), 760, 776.

169 *Dutta*, AcP 209 (2009), 760, 777.

170 *Schmitt*, in: Schubert (Hrsg.), Die Vorlagen der Redaktoren für die erste Kommission zur Ausarbeitung des Entwurfs eines Bürgerlichen Gesetzbuches, 1984, S. 54.

171 *Dutta*, AcP 209 (2009), 760, 776; siehe auch *Martiny*, in: Verhandlungen des 64. Deutschen Juristentages, 2002, S. A 11-118, 67: Das Pflichtteilsrecht sei auch als Versorgungsinstitut gedacht.

172 *Dutta*, AcP 209 (2009), 760, 776.

173 *Dutta*, AcP 209 (2009), 760, 777.

der gesetzlichen Erbfolge ausgeschlossen sind (§ 1586b BGB; § 16 LPartG i.V.m. § 1586b BGB).

Diese Beispiele demonstrieren, dass Pflichtteilsrecht und Unterhalt zwei Alternativen der Versorgung Hinterbliebener sind: Keiner der Unterhaltsberechtigten ist gesetzlicher Erbe. Damit entstehen auch keine Pflichtteilsansprüche nach § 2303 BGB.[174] Dies zeigt sich umso mehr dadurch, dass der Unterhalt von geschiedenen Ehe- oder Lebenspartnern auf die Höhe des hypothetischen Pflichtteils beschränkt ist (§ 1586b Abs. 2 BGB; § 16 LPartG i.V.m. § 1586b Abs. 2 BGB).[175]

1.3.6.4 Unterhaltsfunktion als Nebenfolge

Deutlich wird, dass eine Unterhaltsfunktion alleine nicht ausreicht, um das Pflichtteilsrecht als Institution zu rechtfertigen.[176] Auch das BVerfG betont stärker den Schutz der Familie und den Grundsatz der bedarfsunabhängigen Beteiligung. In dieser Hinsicht ist zumindest der Kindespflichteil auch weiterhin bedarfsunabhängig auszugestalten.[177] Befürworter einer Unterhaltsfunktion berufen sich daher darauf, dass die Versorgung der nächsten Angehörigen durch den Pflichtteil zumindest als „*willkommene Nebenfolge*" anerkannt werden müsse.[178] Zumindest faktisch lässt sich festhalten, dass bei einem konkreten Bedarf eine Versorgung des Pflichtteilsempfängers auch über den Pflichtteil gewährleistet wird.[179]

1.3.6.5 Kritik am bestehenden Pflichtteilsrecht

Eine darüber hinausgehende Bedeutung erhält die Unterhaltsfunktion mit der Forderung, das Pflichtteilsrecht zu reformieren und nur bei bestehender

---

174 *Dutta*, AcP 209 (2009), 760, 776.

175 *Dutta*, AcP 209 (2009), 760, 776.

176 *Dutta*, AcP 209 (2009), 760, 778. Schon *Schmitt* verwies in seinen Begründungen zum Entwurf des BGB auf die Ausgestaltung des Pflichtteilsrechtes, welche dem Versorgungsgedanken des Unterhaltsrechts zuwider läuft: *Schmitt*, in: Schubert (Hrsg.), Die Vorlagen der Redaktoren für die erste Kommission zur Ausarbeitung des Entwurfs eines Bürgerlichen Gesetzbuches, 1984, S. 54.

177 BVerfGE 122, 332, 354.

178 *Dutta*, Warum Erbrecht?, S. 209; vgl. *Otte*, AcP 202 (2002), 317, 340; anderer Auffassung *Münch*, ZEV 2008, 571, 578.

179 Vgl. *Dutta*, AcP 209 (2009), 760, 775.

Unterhaltspflicht der Eltern einen Anspruch zu gewähren.[180] Dem steht jedoch die grundlegende Entscheidung des BVerfG entgegen, dass durch das Pflichtteilsrecht Kindern eine angemessene bedarfsunabhängige Teilhabe zu gewähren ist.[181] Gleichzeitig betont das BVerfG aber auch den weiten Spielraum, den die von ihm dargelegten Grundsätze bei der Umsetzung lassen,[182] sodass immer noch zumindest die Möglichkeit einer funktionalen Ausdifferenzierung bleibt.[183]

Andererseits wird die mögliche Unterhaltsfunktion des Pflichtteils auch mit der Intention vertreten, den Pflichtteilsberechtigten stärker in seiner Rechtsposition zu schützen. Schon *Planck* schlug in seinem Vorentwurf zum BGB vor, im Falle eines Erbverzichtes dem Verzichtenden einen subsidiären unerziehbaren Unterhaltsanspruch gegen den Nachlass zukommen zu lassen.[184] In der rechtlichen Diskussion in Bezug auf eine richterliche Kontrolle von Pflichtteilsverzichtsverträgen wurde zumindest gefordert, den Verzichtenden im Falle eines konkreten Unterhaltsbedarfs stärker zu schützen.[185]

1.3.7 Umverteilung

Nimmt man den gesellschaftlichen Gesamtkontext in den Blick, so sollen die Pflichtteilsansprüche dazu führen, dass das Vermögen innerhalb der Gesellschaft verteilt wird und so einer Vermögenskonzentration entgegen gewirkt wird.[186] Dieser (teilweise als kommunistisch gebrandmarkten) Vorstellung trat *von Schmitt* schon bei der Erstellung seines Vorentwurfs des BGB offen entgegen.[187] Die Ausgestaltung als schuldrechtlicher Anspruch in Abgrenzung zur

---

180 Zugunsten einer stärkeren Ausdifferenzierung etwa *Dauner-Lieb*, FF 2001, 78, 80; vgl. auch *Meyersburg*, in: Verhandlungen des 14. Deutschen Juristentages, 1878, S. 50, 65; *Bruns*, in: Verhandlungen des 14. Deutschen Juristentages, 1878, S. 72, 82.

181 BVerfGE 122, 332, 354.

182 BVerfGE 122, 322, 355.

183 *Leipold*, JZ 2010, 802, 805.

184 *Planck*, in: Schubert (Hrsg.), Die Vorlagen der Redaktoren für die erste Kommission zur Ausarbeitung des Entwurfs eines Bürgerlichen Gesetzbuches, 1984, S. 1335.

185 *Wachter*, ZErb 2004, 238, 245; ausführliche Darstellung bei *Dutta*, AcP 209 (2009), 760 ff; vgl. auch *Kühle*, Die gerichtliche Überprüfung von Erb- und Pflichtteilsverzichtsverträgen im Spiegel ehevertraglicher Inhaltskontrolle, 2011, S. 201.

186 *Dutta*, AcP 209 (2009), 760, 764; *Röthel*, ZEV 2006, 8, 11.

187 *Schmitt*, in: Schubert (Hrsg.), Die Vorlagen der Redaktoren für die erste Kommission zur Ausarbeitung des Entwurfs eines Bürgerlichen Gesetzbuches, 1984, S. 57.

pflichtmäßigen Beteiligung als Erbe wurde sogar explizit gewählt, um die Gefahr einer Vermögensteilung so gering wie möglich zu halten.[188]

Rein faktisch erzwingen pauschale Pflichtteilsansprüche im Erbfall zwar eine Aufteilung des Nachlasses.[189] Dies kann jedoch auch lediglich eine Nebenwirkung der anderen Funktionen des Pflichtteilsrechtes sein.[190] Darüber hinaus ist die tatsächliche Umverteilung im Rahmen des Pflichtteilsrechtes im gesamtgesellschaftlichen Kontext im Regelfall vernachlässigbar.[191]

1.4 Zusammenfassung

Die erbrechtliche Teilhabe wird in Deutschland nach Maßgabe dreier wesentlicher Prinzipien des Erbrechtes bestimmt. Im Rahmen der gewillkürten Erbfolge nach Maßgabe der Testierfreiheit[192] und im Rahmen der gesetzlichen Erbfolge nach Maßgabe des Familienerbrechtes.[193] Beide Grundsätze können auf eine lange Rechtstradition zurückblicken, die weit über die Entstehung des BGB hinausreicht.[194] Heute sind beide Prinzipien auf verfassungsrechtlicher Ebene in Art. 14 GG verankert.[195] Im Ergebnis gibt das deutsche Recht der Testierfreiheit den Vorrang und ermöglicht eine vollständige Enterbung der gesetzlichen Erben.[196]

Zuletzt besteht mit dem Pflichtteilsrecht eine zwangsweise wirtschaftliche Mindestbeteiligung nächster Familienangehöriger am Nachlass des Verstorbenen (§ 2303 BGB). Damit stellt das Pflichtteilsrecht eine erhebliche Einschränkung der Testierfreiheit dar.[197]

Das Pflichtteilsrecht ist dabei ebenso wie das Prinzip der Familienerbfolge und das der Testierfreiheit verfassungsrechtlich in Art. 14 GG zu verorten.[198] Das BVerfG stützt den Schutz des Pflichtteilsrechtes zunächst auf das in Art. 6 Abs. 1 GG verwurzelte Schutzgebot zugunsten der Familie und die

---

188 *Schmitt*, in: Schubert (Hrsg.), Die Vorlagen der Redaktoren für die erste Kommission zur Ausarbeitung des Entwurfs eines Bürgerlichen Gesetzbuches, 1984, S. 658.

189 *Dutta*, Warum Erbrecht?, S. 193.

190 *Dutta*, Warum Erbrecht?, S. 197.

191 *Haas*, ZEV 2000, 249, 251.

192 Seihe S. 25.

193 Siehe S. 26.

194 Siehe S. 26.

195 Siehe S. 25 ff.

196 Siehe S. 27.

197 Siehe S. 28.

198 Siehe S. 31.

Aufrechterhaltung der innerfamiliären Solidarität und fordert die Ausgestaltung als bedarfsunabhängige Vermögensteilhabe.[199]

Als weitere Funktion des Pflichtteils wird die Sicherung des Unterhalts für Hinterbliebene diskutiert.[200] Während dies aufgrund der pauschalen Ausgestaltung nicht auf den ersten Blick offensichtlich ist,[201] lässt eine Unterhaltsfunktion sich in vielen Fällen zumindest faktisch nicht von der Hand weisen.[202] Die enge Verzahnung mit erbrechtlichen Unterhaltsansprüchen lässt zudem darauf schließen, dass der Pflichtteil im Verhältnis zu lebzeitigen Unterhaltsansprüchen zumindest als erbrechtliches Äquivalent fungiert.[203] In der wissenschaftlichen Diskussion ist die Unterhaltsfunktion dabei oft mit einem Reformvorhaben verbunden.[204]

2 Reduzierung der Pflichtteilslast

2.1 Pflichtteilsvermeidung

2.1.1 Pflichtteilsentziehung

Das Interesse, über die Grenzen des Pflichtteilsrechtes hinaus wirtschaftlich über den eigenen Nachlass verfügen zu können, führt immer wieder zu dem Bestreben, die Pflichtteilsforderungen im Einzelfall zu reduzieren.[205] Naheliegend ist es hier zunächst, über eine Pflichtteilsentziehung gemäß § 2333 BGB nachzudenken. Der Ausnahmecharakter der Norm, die darauf abzielt, grobes Fehlverhalten zu sanktionieren, wird jedoch in den seltensten Ausnahmefällen geeignet sein, um das gewünschte Ergebnis einer stärker ausdifferenzierten Verfügungsbefugnis zu erhalten.[206]

---

199 Siehe S. 32.

200 Siehe S. 37 f.

201 Siehe S. 40 f.

202 Siehe S. 41.

203 Siehe S. 39.

204 Siehe S. 41 f.

205 *Osterloh-Konrad*, in: Beck/Osterloh-Konrad (Hrsg.), Unternehmensnachfolge, 2009, S. 39, 44.

206 *Osterloh-Konrad*, in: Beck/Osterloh-Konrad (Hrsg.), Unternehmensnachfolge, 2009, S. 39, 44.

2.1.2 Schenkungen

Ein weiterer sehr direkter Weg, Pflichtteilsansprüche zu reduzieren wäre, den Nachlass durch gezielte Verfügungen zu Lebzeiten zu schmälern. Um davor zu schützen, dass in der Konsequenz auch der zu leistenden Pflichtteil reduziert wird, wurde mit § 2325 BGB eine Regelung geschaffen, die dies mittels eines Pflichtteilsergänzungsanspruchs ausgleichen soll.[207] Erfasst werden dabei grundsätzlich nur echte Schenkungen nach § 516 BGB, also Zuwendung aus dem Vermögen des Schenkers, für die die Unentgeltlichkeit vereinbart wurde.[208] Eine Vereinbarung der Unentgeltlichkeit wird regelmäßig schon dann angenommen, wenn ein objektiv unentgeltliches Geschäft vorliegt, um auf diese Weise einen ausreichenden Schutz pflichtteilsrechtlicher Interessen zu gewährleisten.[209] Gegebenenfalls ist bei einem Missverhältnis von Leistung und Gegenleistung auch von einer gemischten Schenkung auszugehen.[210]

Diese Regelung ist eine sehr einschneidende Einschränkung der lebzeitigen Verfügungsbefugnis des Erblassers. Ausgleich schafft § 2325 Abs. 3 BGB, welcher über einen Zeitraum von 10 Jahren eine ratierliche Abschmelzung der anzurechnenden Summe anordnet. Teleologisch begründet wird dieser Zeitablauf als Typisierung der Missbrauchsabsicht.[211] Je näher eine Verfügung an dem Erbfall liegt, desto stärker besteht die Vermutung, dass zumindest teilweise eine Umgehung beabsichtigt war.[212] Folgerichtig kommt es für den Fristbeginn auch auf den Zeitpunkt an, zu dem der Erblasser die wirtschaftliche Teilhabe an dem Zugewendeten verloren hat.[213] Die zeitliche Typisierung bietet in der Rechtsanwendung zumindest eine gewisse Vorhersehbarkeit.[214] Vollständig vorhersehen lässt sich ein Erbfall indes nicht, sodass ein gewisses Restrisiko verbleibt, dass

---

207 NK-Pflichtteilsrecht/*Gietel*, § 2325 BGB Rn. 1.

208 Palandt/*Weidenkaff*, § 516 BGB Rn. 1; vgl. auch: BGH NJW 1982, 820, 820 ff.

209 BGHZ 59, 132, 137ff; vgl. auch: BGH NJW 1981, 1956; Große-Wilde/Ouart/*Gemmer*, § 2325 BGB Rn. 8.

210 Große-Wilde/Ouart/*Gemmer*, § 2325 BGB Rn. 8.

211 *Röthel*, AcP 212 (2012), 157, 166; Erman/*Röthel*, § 2325 BGB Rn. 14.

212 *Röthel*, AcP 212 (2012), 157, 166; vgl. auch: BGH NJW 1994, 1791, 1791 f.

213 BGH NJW 1994, 1791, 1791f; *Obergfell*, in: Hager (Hrsg.), Vorweggenommene Vermögensübertragung unter Ausschluss von Pflichtteilsansprüchen, 2013, S. 9, 26.

214 *Osterloh-Konrad*, in: Beck/Osterloh-Konrad (Hrsg.), Unternehmensnachfolge, 2009, S. 39, 45.

eine frühzeitige unentgeltliche Zuwendung unter die Regelung des § 2335 BGB fällt, wenn der Zuwendende jung verstirbt.[215]

2.1.3 Schenkungen zugunsten Pflichtteilsberechtigter

Beschenkt der Erblasser einen Pflichtteilsberechtigten, kann er nach § 2315 BGB bestimmen, dass die Zuwendung auf den Pflichtteil anzurechnen ist. Dadurch wird der Pflichtteil im Wert geschmälert. Auf diese Weise soll einer Bevorzugung einzelner Pflichtteilsberechtigter entgegengewirkt werden.[216] Entscheidend ist jedoch, dass der Erblasser eine entsprechende Bestimmung schon bei Vornahme der Zuwendung treffen muss.[217] Soweit der Erblasser Zuwendungen gegenüber möglicherweise pflichtteilsberechtigten Personen tätigt, kann er diese dazu nutzen, um die Pflichtteilslast des Nachlasses zu vermindern.[218]

2.2 Pflichtteilsverzicht

Will man eine abschließende Lösung für die Nachfolge finden, bleibt in der Konsequenz oft nur ein rechtsgeschäftlicher Verzicht auf das Pflichtteilsrecht.[219] In der Praxis wird eine einvernehmliche Lösung grundsätzlich als erstrebenswert betrachtet.[220] Gleichzeitig wird jedoch auch angemerkt, dass ein entsprechender Verzicht oft mit einer hohen Abfindung erkauft werden müsse.[221]

Geregelt ist der Pflichtteilsverzicht im 7. Abschnitt des 5. Buchs des BGB, welcher unter der Überschrift Erbverzicht verschiedene Formen des erbrechtlichen Verzichtes behandelt.[222] Ganz allgemein handelt es sich hierbei um Verträge zwischen dem Erblasser und einem künftigen Erben, Vermächtnisnehmer oder Pflichtteilsberechtigten, durch die eine Beteiligung am Nachlass ausgeschlossen werden soll.[223]

---

215 *Osterloh-Konrad*, in: Beck/Osterloh-Konrad (Hrsg.), Unternehmensnachfolge, 2009, S. 39, 45.

216 MünchKomm/*Lange*, § 2315 BGB Rn. 3.

217 MünchKomm/*Lange*, § 2315 BGB Rn. 11.

218 *Osterloh-Konrad*, in: Beck/Osterloh-Konrad (Hrsg.), Unternehmensnachfolge, 2009, S. 39, 45.

219 *Obergfell*, in: Hager (Hrsg.), Vorweggenommene Vermögensübertragung unter Ausschluss von Pflichtteilsansprüchen, 2013, S. 9, 19.

220 *Hoffmeyer*, Unternehmen und Nachfolgeplanung, 2005, S. 316.

221 *Schmidt*, in: Röthel (Hrsg.), Reformfragen des Pflichtteilsrechts, 2007, S. 37, 42.

222 *Muscheler*, Erbrecht, 2010, S. 1172.

223 *Muscheler*, Erbrecht, 2010, S. 1172; *Kipp/Coning*, Erbrecht, [14]1990, S. 454; NK-Pflichtteilsrecht/*v. Proff zu Irnich*, § 2346 BGB Rn. 1.

2.2.1 *Abgrenzung zum Erb- und Zuwendungsverzicht*

2.2.1.1 *Erbverzicht*

Gesetzliche Ausgangsform ist der Verzicht auf das gesetzliche Erbrecht nach § 2346 Abs. 1 BGB, der sich sowohl auf die gesamte Erbschaft als auch einen Bruchteil derselben beziehen kann.[224] Ergebnis ist im Erbfall der direkte Verlust des gesetzlichen Erbrechtes (vgl. § 2346 Abs. 1 S 2 BGB), von dem auch eventuelle Pflichtteilsansprüche des Verzichtenden (vgl. § 2346 Abs. 1 BGB) erfasst werden. Es kommt in dieser Hinsicht zu einer rechtlichen Gleichbehandlung von Erb- und Pflichtteilsrecht.[225] Erzielt werden soll eine Erweiterung des Handlungsspielraums des Erblassers.[226] Eine spätere testamentarische Erbeinsetzung ist damit konsequenterweise nicht ausgeschlossen.[227] Soweit der gesetzliche Erbe nicht auch gleichzeitig Pflichtteilsberechtigter ist, lässt sich dieses Ergebnis allerdings auch durch eine testamentarische Enterbung herbeiführen.[228]

2.2.1.2 *Zuwendungsverzicht*

Soll auf eine gewillkürte Erbeinsetzung oder ein Vermächtnis verzichtet werden, so können die Parteien einen Zuwendungsverzicht nach § 2352 BGB schließen. Vertragspartner ist hier jeweils der durch letztwillige Verfügung Bedachte, bei einem Erbvertrag nur der bedachte Dritte, nicht der Vertragserbe (vgl. § 2352 S. 2 BGB).[229] Bei der weiteren rechtlichen Ausgestaltung des Zuwendungsverzichtes wird in § 2352 S. 3 BGB auf die Vorschriften des Erbverzichtes verwiesen.

Der praktische Anwendungsbereich des Zuwendungsverzichtes ist eher gering, denn der Widerruf einer testamentarischen Erbeinsetzung ist grundsätzlich jederzeit möglich (vgl. § 2252 BGB). Zweckmäßig wird der Zuwendungsverzicht somit erst dann, wenn der Erblasser durch die vorgenommene Erbeinsetzung ausnahmsweise gebunden ist. In Betracht kämen erbvertragliche Regelungen, deren Aufhebung der Vertragspartner nicht zustimmt

---

224 *Brox/Walker*, Erbrecht, [28]2018, S. 181.

225 Palandt/*Weidlich*, § 2346 BGB Rn. 13.

226 *Frank/Helms*, Erbrecht, [7]2018, S. 298.

227 *Frank/Helms*, Erbrecht, [6]2013, S. 298.

228 Motive zu dem Entwurfe eines Bürgerlichen Gesetzbuches für das Deutsche Reich - Band V - Erbrecht, 1888, S. 471; Große-Wilde/Ouart/Güse, § 2346 BGB Rn. 12: Etwas anderes gelte nur bei Testierunfähigkeit. Dann wäre ein Erbverzicht auch mit dem gesetzlichen Vertreter des Erblassers denkbar.

229 *Brox/Walker*, Erbrecht, [28]2018, S. 183.

(vgl. § 2290 Abs. 1 S. 1 BGB) oder die durch den Tod des Vertragspartners nicht mehr aufhebbar sind (vgl. § 2290 Abs. 1 S. 2 BGB), und auch gemeinschaftliche Testamente nach dem Tod eines Ehegatten oder Lebenspartners (vgl. § 2271 Abs. 2 BGB; § 10 Abs. 4 LPartG i.V.m. § 2271 Abs. 2 BGB).[230]

2.2.1.3 Pflichtteilsverzicht

Der isolierte Pflichtteilsverzicht (§ 2346 Abs. 2 BGB) hat als Unterfall des Erbverzichtes eine deutlich eingeschränkte Wirkung: Verhindert wird lediglich der Anfall des Pflichtteils. Auswirkungen hat dies nur, soweit der Verzichtende tatsächlich aufgrund einer Enterbung durch den Erblasser sein Erbrecht verliert. Anderenfalls bleibt die gesetzliche Erbfolge bestehen.[231]

Dies hat gegenüber dem vollständigen Erbverzicht nach § 2346 Abs. 1 BGB den entscheidenden Vorteil, dass hierdurch die Pflichtteilslast auch dann reduziert wird, wenn weitere pflichtteilsberechtigte Erben vorhanden sind.[232] Bei einem Erbverzicht nach § 2346 Abs. 1 BGB wird der Verzichtende bei Bestimmung des Pflichtteils nicht mitgerechnet (§ 2310 S. 2 BGB). Dies führt zu einer Erhöhung der übrigen Pflichtteilsquoten.[233] Ist eine solche Bevorzugung der anderen Pflichtteilsberechtigten nicht gewünscht, wird in der Praxis auf den isolierten Pflichtteilsverzicht zurückgegriffen.[234]

2.2.2 Rechtsnatur

2.2.2.1 Verfügung und Rechtsgrund

Der Pflichtteilsverzicht ist grundsätzlich ein Vertrag unter Lebenden.[235] Aufgrund seines erbrechtlichen Charakters wurde er allerdings im Erbrecht geregelt.[236] Er wirkt sich im Erbfall unmittelbar auf die rechtliche Position des

---

230 Vgl. dazu ausführlich: *Damrau*, Der Erbverzicht als Mittel zweckmäßiger Vorsorge für den Todesfall, 1966, S. 42 f.

231 BeckOK/*Litzenburger*, § 2346 BGB Rn. 30.

232 *Muscheler*, Erbrecht, 2010, S. 1208; Prütting/Wegen/Weinreich/*Deppenkemper*, § 2346 BGB Rn. 10.

233 *Frank/Helms*, Erbrecht, [7]2018, S. 297.

234 *Frank/Helms*, Erbrecht, [7]2018, S. 297; siehe auch: Motive zu dem Entwurfe eines Bürgerlichen Gesetzbuches für das Deutsche Reich - Band V - Erbrecht, 1888, S. 471.

235 NK-Pflichtteilsrecht/*v. Proff zu Irnich*, § 2346 BGB Rn. 1.

236 Motive zu dem Entwurfe eines Bürgerlichen Gesetzbuches für das Deutsche Reich - Band V - Erbrecht, 1888, S. 472.

Pflichtteilsberechtigten aus.[237] Der Verzicht wird damit allgemein als ein abstraktes erbrechtliches Verfügungsgeschäft eingeordnet.[238] Darüber hinaus ist es die einzige rechtlich vorgesehene Möglichkeit des Pflichtteilsanwärters schon vor dem Erbfall über seine künftigen Rechte zu verfügen.[239] Weitere vertragliche Bindungen zu Lebzeiten des Erblassers lässt § 311b Abs. 5 BGB nur zwischen gesetzlichen Erben auf schuldrechtlicher Ebene zu.[240]

Als abstrakte Verfügung bedarf der Erbverzicht grundsätzlich einer rechtlichen Causa.[241] Deshalb ist zusammen mit dem Verzichtsvertrag ein Verpflichtungsvertrag zu vereinbaren. Oft werden dabei noch weitere Aspekte geregelt und nicht selten eine Abfindung des Verzichtenden vereinbart.[242] Damit ist die Rechtsgrundvereinbarung für das wirtschaftliche und soziale Geflecht zwischen den Parteien mindestens ebenso bedeutsam wie der eigentliche Verzicht.

2.2.2.2 *Abfindung*

Das Rechtsgrundgeschäft regelt zunächst auch, inwieweit für den Verzicht eine Abfindung zu leisten ist.[243] Grundsätzlich kann ein Pflichtteilsverzicht dabei auch ohne Gegenleistung erfolgen.[244] Die praktische Bedeutung eines unentgeltlichen Verzichts darf nicht unterschätzt werden.[245] Soweit es um die Aufteilung größerer Werte geht, wird allerdings ein Pflichtteilsverzicht ohne Abfindung nur schwer verhandelbar sein.[246]

---

237 Motive zu dem Entwurfe eines Bürgerlichen Gesetzbuches für das Deutsche Reich - Band V - Erbrecht, 1888, S. 471.

238 Prütting/Wegen/Weinreich/*Deppenkemper*, § 2346 BGB Rn. 2.

239 *Kühle*, Die gerichtliche Überprüfung von Erb- und Pflichtteilsverzichtsverträgen im Spiegel ehevertraglicher Inhaltskontrolle, 2011, S. 26; vgl. auch *Schmitt*, in: Schubert (Hrsg.), Die Vorlagen der Redaktoren für die erste Kommission zur Ausarbeitung des Entwurfs eines Bürgerlichen Gesetzbuches, 1984, S. 765.

240 Vgl. *Kühle*, Die gerichtliche Überprüfung von Erb- und Pflichtteilsverzichtsverträgen im Spiegel ehevertraglicher Inhaltskontrolle, 2011, S. 26.

241 Vgl. aber auch Motive zu dem Entwurfe eines Bürgerlichen Gesetzbuches für das Deutsche Reich - Band V - Erbrecht, 1888, S. 471.

242 *Kühle*, Die gerichtliche Überprüfung von Erb- und Pflichtteilsverzichtsverträgen im Spiegel ehevertraglicher Inhaltskontrolle, 2011, S. 26.

243 Siehe Seite 49.

244 Vgl. Staudinger/*Schotten*, § 2346 BGB 120.

245 Staudinger/*Schotten*, § 2346 BGB Rn. 120.

246 Vgl. *Schmidt*, in: Röthel (Hrsg.), Reformfragen des Pflichtteilsrechts, 2007, S. 37, 42.

2.2.2.2.1 Gläubigerschutz

Die Abfindung selbst kann jedoch den Nachlass durch einen Abfluss von Kapital erheblich schmälern. Dies wirkt sich insbesondere dann aus, wenn der Nachlass ohnehin überschuldet ist. Der BGH geht zum Schutz Dritter, die durch die Abfindung benachteiligt werden, deshalb davon aus, dass die Abfindung eine Schenkung ist.[247] Das Insolvenzrecht räumt dann den Gläubigern die Möglichkeit ein, die Abfindung als Schenkung des Insolvenzschuldners anzufechten, und so die Haftungssumme zu vergrößern.[248] Die mit dem Pflichtteilsverzicht erkaufte Erweiterung der Testierfreiheit ist dagegen für den Gläubiger nicht als Gegenleistung verwertbar, da die Erblasserschulden ohnehin aus dem Nachlass hätten beglichen werden müssen.[249]

2.2.2.2.2 Im Verhältnis zu anderen Pflichtteilsberechtigten

Auch andere Pflichtteilsberechtigte können durch den Abfluss von Kapital benachteiligt werden. Ein Schutzbegehren der andern Pflichtteilsberechtigten im Rahmen eines Pflichtteilsergänzungsanspruchs nach § 2325 BGB wurde indes zumindest dann abgelehnt, wenn die geleistete Abfindung dem zu erwartenden Erbteil entsprochen hat.[250] Im konkreten Fall lag ein das Pflichtteilsrecht einschließender voller Erbverzicht vor, sodass hier eine Kompensation der anderen Pflichtteilsberechtigten schon im Rahmen der erhöhten Pflichtteilsquoten nach § 2310 BGB erfolge.[251] Ob es sich bei der Abfindung um eine Schenkung handle, sei für diese Wertung nicht relevant und wurde in der Konsequenz offen gelassen.[252] Ebenfalls offen blieb die Konstellation, in der nur auf den Pflichtteil verzichtet wurde, also eine Erhöhung der anderen Pflichtteile nach § 2310 BGB gerade nicht stattfindet.[253]

2.2.2.2.3 Grundsätzlicher Rechtscharakter

Will man eine Abfindungsabrede als Schenkung klassifizieren, so kommt es nach § 516 Abs. 1 BGB in erster Linie darauf an, ob mit dem Pflichtteilsverzicht eine entsprechende Gegenleistung vereinbart ist. Das Kriterium der

---

247 BGHZ 113, 393; Staudinger/*Schotten*, § 2346 BGB Rn. 124.
248 BGHZ 113, 393, 394; vgl. auch § 4 AnfG aktuelle Fassung.
249 BGHZ 113, 393, 398.
250 BGH NJW 2009, 1143.
251 BGH NJW 2009, 1143, 1145.
252 BGH NJW 2009, 1143, 1145.
253 Ablehnend: *Proff*, NJW 2016, 539, 540.

Unentgeltlichkeit wird nach § 516 Abs. 1 BGB subjektiv nach dem Parteiwillen bestimmt. Im Schrifttum wird teilweise ein entsprechender Verzicht als taugliche Gegenleistung akzeptiert und so die Entgeltlichkeit bejaht.[254] Andere Auffassungen verneinen die Entgeltlichkeit dagegen vollständig und halten die Abfindung für eine Schenkung.[255] In den Motiven zum ersten Entwurf des BGB wird der Pflichtteilsverzicht, in Abgrenzung zum Erbverzicht, dem Verzicht auf einen Geldanspruch gleichgestellt.[256] In *von Schmitts* Entwurf für den erbrechtlichen Teil des BGB taucht die Abfindung als Gegenleistung sogar noch explizit im Gesetzeswortlaut auf,[257] so dass zumindest in der historischen Perspektive von einer Gegenleistung gesprochen werden kann.

In seinem jüngsten Urteil vom 07. Juli 2015 stellt der BGH, im Kontext eines Erbverzichtes nach § 2346 Abs. 1 BGB, ganz explizit auf die subjektive Vereinbarung der Parteien ab.[258] Inwieweit die Parteien einen solchen Verzicht als Gegenleistung für die erbrachte Abfindung erachten, sei im Rahmen der Vertragsauslegung zu ermitteln.[259]

Hier gibt der BGH einige Punkte vor, um den Parteiwillen zu bestimmen. So sei zunächst zu vermuten, dass die Vereinbarung des Verzichts nur die erbrechtliche Bedeutsamkeit der Schenkung regeln solle, ähnlich der Anrechnung einer Schenkung auf den Pflichtteil (§ 2315 Abs. 1 BGB) oder der Ausgleichung bei der Erbauseinandersetzung (§ 2050 Abs. 3 BGB).[260] Hier betont der BGH noch einmal die schenkungsrechtlichen Rückforderungsansprüche nach § 528 BGB und § 530 BGB, die gerade auch der Freigiebigkeit des Schenkers Rechnung tragen sollen.[261]

Gerade bei einer Abfindungssumme in Höhe der Erberwartung und darüber hinaus entspreche diese Wertungsentscheidung dem zu vermutenden

---

254 Erman/*Simon*, Vor § 2346 BGB Rn. 6, Soergel/*Damrau*, § 2346 Rn. 3.

255 Staudinger/*Schotten*, § 2346 BGB Rn. 124; Prütting/Wegen/Weinreich/*Deppenkemper*, § 2346 BGB Rn. 12; explizit für den Pflichtteilsverzicht: *Zimmer*, NJW 2009, 1146; kritisch: *Streßig*, ErbR 2016, 1, 6.

256 Motive zu dem Entwurfe eines Bürgerlichen Gesetzbuches für das Deutsche Reich - Band V - Erbrecht, 1888, S. 472.

257 *Schmitt*, in: Schubert (Hrsg.), Die Vorlagen der Redaktoren für die erste Kommission zur Ausarbeitung des Entwurfs eines Bürgerlichen Gesetzbuches, 1984, § 289.

258 BGH NJW 2016, 324.

259 BGH NJW 2016, 324, Rn. 21.

260 BGH NJW 2016, 324, Rn. 18.

261 *Löhnig*, JA 2016, 302, 303.

Parteiwillen.[262] Ein auf Entgeltlichkeit des Rechtsgeschäftes gerichteter Wille der Vertragsparteien müsse durch weitere zusätzliche Umstände deutlich hervortreten.[263]

Die explizit offen gelassene Möglichkeit, auch einen gegenseitigen Vertrag zu vereinbaren, ermöglicht es in der Praxis, flexible Lösungen für oft sehr individuelle Interessenlagen zu finden.[264] Eng verbunden ist damit der Rat, die Intention der Parteien schon explizit in die Vertragsurkunden aufzunehmen.[265] Gleichzeitig wird jedoch eine starke Vermutung zugunsten einer – für den Erblasser günstigeren - Schenkung ausgesprochen.[266] Im Ergebnis wird damit in wohl einer großen Anzahl von Fällen die Abfindung als Schenkung zu qualifizieren sein.[267] Dies mag vor allem dann sachgerecht sein, wenn die Vertragsparteien ohnehin weitreichende Rücktrittsrechte vereinbart haben.[268]

In dieser Wertung spiegelt sich zunächst die Tatsache, dass eine Erbeinsetzung zu Lebzeiten des Erblassers jederzeit widerruflich ist.[269] Dem Erblasser in diesem Zusammenhang zumindest die Widerrufsmöglichkeiten des Schenkungsrechtes zu belassen, mag insbesondere dann angemessen erscheinen, wenn die vereinbarte Reglung dazu diente, eine einvernehmliche Lösung für die vorweggenommene Erbfolge zu finden.[270] Dies schlägt sich auch darin nieder, dass ganz explizit der Vergleich zur Anrechnung einer Schenkung nach § 2315 Abs. 1 BGB und zur Ausgleichung einer Schenkung nach § 2050 Abs. 3 BGB gezogen wird.[271]

Nicht immer ist diese Einordnung sachgemäß. Es mag durchaus Situationen geben, in denen der Erblasser sich von der ihm lästigen Pflichtteilslast freikaufen mag, und die Abfindung dementsprechend Gegenleistung für die erweiterte Testierfreiheit ist.[272] Als mögliches Beispiel nennt der BGH eine Situation, in der die

---

262 BGH NJW 2016, 324, Rn 19: Anderes könne unter Umständen gelten, soweit die Abfindung deutlich hinter der Erberwartung zurück bleibt.

263 BGH NJW 2016, 324,, Rn. 21, Rn 19.

264 *Croon-Gestefeld*, FamRZ 2016, 217.

265 *Wellenhofer*, JuS 2016, 464, 466.

266 *Croon-Gestefeld*, FamRZ 2016, 217.

267 *Croon-Gestefeld*, FamRZ 2016, 217; vgl. auch: *Bengel*, ZEV 2006, 192, 194: der, schon weit im Vorfeld der Entscheidung vermutet, dass bei einer Abfindungsleistung in der Praxis relativ häufig Unentgeltlichkeit vereinbart werde; abweichend: *Grunewald*, ZErb 2016, 121, 122.

268 *Keim*, ZEV 2016, 94.

269 *Croon-Gestefeld*, FamRZ 2016, 217.

270 Vgl. *Croon-Gestefeld*, FamRZ 2016, 217.

271 Vgl. BGH, BGH NJW 2016, 324, Rn 17.

272 *Croon-Gestefeld*, FamRZ 2016, 217.

Abfindung hinter dem Wert des Erbteils zurückbleibt.[273] Gleiches liegt ebenfalls nahe, soweit ein isolierter Pflichtteilsverzicht vereinbart wurde, der, anders als der Erbverzicht, die Pflichtteilslast auch insgesamt reduziert. Dadurch kann der Erblasser über einen größeren Teil seines Nachlasses unbeschränkt verfügen.[274]

2.2.3 Rechtliche Verknüpfung

Pflichtteilsverzichtsvertrag und die Rechtsgrundvereinbarung, die auch die Abfindung regelt, sind dabei zwei grundsätzlich voneinander unabhängige Rechtsgeschäfte und bilden lediglich in wirtschaftlicher Hinsicht eine Einheit.[275] Dies ist immer dann problematisch, wenn nur eins der Geschäfte unwirksam ist. Ist der Verzicht unwirksam, stellt sich die Frage, ob auch die Abfindung herausverlangt werden kann. Gibt es inhaltliche Bedenken gegen die Grundverpflichtung – insbesondere die vereinbarte Abfindung –, ist zu überlegen, auf welche Weise dies auch den Pflichtteilsverzicht erfasst.

2.2.3.1 Vertragliche Vereinbarung

Eine vertragliche Verknüpfung beider Rechtsgeschäfte kann von den Parteien privatautonom vereinbart werden.[276] Diskutiert wird lediglich, ob eine solche Vereinbarung bei Unwirksamkeit einer Verfügung die Nichtigkeit der anderen nach § 139 BGB herbeiführt, oder ob die Wirksamkeit der Verfügungen eine Bedingung nach § 158 BGB für die jeweils andere Verfügung darstellt.[277] Im Ergebnis muss beides möglich sein.[278] Der Pflichtteilsverzicht ist ein grundsätzlich bedingungsfreundliches Rechtsgeschäft.[279] Er erlaubt damit eine rechtsgeschäftliche Durchbrechung des Abstraktionsprinzips. Eine rechtsgeschäftliche Verknüpfung nach § 139 BGB muss demnach ebenfalls möglich sein.[280]

---

273 BGH Urteil vom 7. Juli 2015, Az. X ZR 59/13, Rn. 21, Rn 19.

274 Zu der Frage, wie sich die Pflichtteilsanteile beim Erb- und beim Pflichtteilsverzicht berechnen, siehe Seite 48.

275 Siehe Seite 51.

276 Erman/*Simon*, Vor § 2346 BGB Rn. 9.

277 Erman/*Simon*, Vor § 2346 BGB Rn. 9; vgl auch *Kipp/Coning*, Erbrecht, [14]1990, S. 461; *Schotten*, DNotZ 1998, 163, 168.

278 MünchKomm/*Wegerhoff*, § 2346 BGB Rn. 26 f; Prütting/Wegen/Weinreich/*Deppenkemper*, § 2346 BGB Rn. 14.

279 Vgl. Palandt/*Ellenberger*, § 139 BGB Rn. 7.

280 Vgl. Palandt/*Ellenberger*, § 139 BGB Rn. 7.

Der hierauf gerichtete Parteiwille muss dabei im konkreten Einzelfall erkennbar sein, was letztendlich durch Auslegung nach §§ 133, 157 BGB zu ermitteln ist.[281] Insbesondere die Verwendung derselben Urkunde für beide Rechtsgeschäfte kann jedoch ein Indiz für einen entsprechenden Verknüpfungswillen sein[282].

2.2.3.2 Fehleridentität

Auch wenn eine Vereinbarung nicht vorliegt, können im Rahmen der Fehleridentität Pflichtteilsverzicht und das zugehörige Rechtsgrundgeschäft von denselben Nichtigkeitsfolgen erfasst werden.[283] Dies wird generell bei arglistiger Täuschung (§ 124 BGB) und bei Sittenwidrigkeit (§ 138 Abs. 1 BGB) angenommen.[284] Bei anderen Nichtigkeitsgründen, etwa bei Geschäftsunfähigkeit oder bei einem noch bei Erfüllung bestehenden Irrtum, liegt Fehleridentität insoweit vor, als ein Nichtigkeitsgrund gleichzeitig bei beiden Rechtsgeschäften auftritt.[285] In der Folge ist relativ häufig zu erwarten, dass bei einem Erbverzicht sowohl der Verzicht an sich als auch das zugrundeliegende Kausalgeschäft von den Folgen einer Nichtigkeit erfasst werden.[286]

2.2.3.3 Unwirksamer Pflichtteilsverzicht

Ist andererseits allein der Pflichtteilsverzicht unwirksam oder wurde dieser zu Lebzeiten des Erblassers nicht mehr vereinbart, während die Grundverfügung wirksam ist, stellt sich die Frage, wie mit einer unter Umständen schon gezahlten Abfindung umzugehen ist. In diesem Fall kommen die §§ 320 ff BGB für gegenseitige Verträge zur Anwendung[287]. Dem Erblasser oder dessen Rechtsnachfolger steht zunächst ein Zurückbehaltungsrecht für die Gegenleistung nach § 320 BGB zu.[288] Letztendlich kommen auch Rücktrittsrechte in Betracht (§§ 323, 326 Abs. 5 BGB).[289] Verstirbt der Erblasser vor Abschluss

---

281 MünchKomm/*Wegerhoff*, § 2346 BGB Rn. 30; *Schotten*, DNotZ 1998, 163, 169.

282 OLG Hamm NJW 2017, 576, 577.

283 Staudinger/*Schotten*, § 2346 BGB Rn. 180; Soergel/*Damrau*, § 2346 BGB Rn. 20.

284 Erman/*Müller*, Einl § 104 BGB Rn. 31.

285 Vgl.: Staudinger/*Schotten*, § 2346 BGB Rn. 180.

286 Soergel/*Damrau*, § 2346 Rn. 20.

287 Erman/*Simon*, Vor § 2346 BGB Rn. 7; zu einer Anwendung der §§ 320 ff BGB gelangen auch: Staudinger/*Schotten*, § 2346 BGB Rn. 162; Prütting/Wegen/Weinreich/*Deppenkemper*, § 2346 BGB Rn. 13.

288 Erman/*Simon*, Vor § 2346 BGB Rn. 8.

289 Erman/*Simon*, Vor § 2346 BGB Rn. 8.

des Verzichtsvertrages, wird der Verzicht unmöglich (§§ 275 Abs. 1 i.V.m. 2347 Abs. 2 BGB) und die entsprechende Gegenleistung kann ebenfalls verweigert oder gegebenenfalls zurückgefordert werden.[290]

2.2.3.4 Unwirksame Verpflichtung

Komplizierter ist die rechtliche Lösung, wenn der Verzichtsvertrag wirksam ist und nur das Grundverhältnis nichtig. Hier wird teilweise vorgeschlagen, einen Ausgleich über die Vorschriften der ungerechtfertigten Bereicherung aus §§ 812 Abs. 1 S. 1, 818 BGB herzuleiten.[291] Es ist allerdings schon zu Lebzeiten des Erblassers schwierig, eine Bereicherung in Form einer Vermögensmehrung festzustellen.[292] Ebenfalls vorgeschlagen wird eine Anfechtung nach §§ 2281, 2078 BGB analog.[293] Letztendlich stellt die in der Grundverfügung vereinbarte Abfindung zumindest die Geschäftsgrundlage (§ 313 BGB) dafür dar, dass der Verzichtsvertrag auch erfüllt wird.[294]

Bei einer direkten Anwendung des § 313 BGB bleibt mangels Regelungslücke kein Raum für eine analoge Anwendung der §§ 2281, 2078 BGB. Auch der Rückgriff auf die Generalklausel des § 242 BGB verbietet sich, denn die Problematik kann mit § 313 BGB sachdienlicher gelöst werden, weil § 313 BGB schon in der Konzeption eindeutig auf die Rückabwicklung von Verträgen bei Veränderung wesentlicher Umstände ausgerichtet ist.

2.3 Zusammenfassung

Die Pflichtteilsentziehung bietet nur sehr eingeschränkt die Möglichkeit Pflichtteilsansprüche einseitig zu reduzieren.[295] Auch Schenkungen sind nur bedingt geeignet, da diese einer Zehnjahresfrist unterfallen (§ 2325 Abs. 3 BGB).[296] Allenfalls Schenkungen zugunsten eines Pflichtteilsberechtigten können diesem

---

290 Erman/*Simon*, Vor § 2346 BGB Rn. 8.

291 MünchKomm/*Wegerhoff*, § 2346 BGB Rn. 26; Prütting/Wegen/Weinreich/*Deppenkemper*, § 2346 BGB Rn. 14.

292 Vergleiche hier auch die Überlegungen zur rechtlichen Einordnung der Abfindung S. 48.

293 Palandt/*Weidlich*, § 2346 BGB Rn. 11.

294 Soergel/*Damrau*, § 2346 Rn. 4; Prütting/Wegen/Weinreich/*Deppenkemper*, § 2346 BGB Rn. 12; MünchKomm/*Wegerhoff*, § 2346 BGB Rn. 27; vgl auch BGHZ 134, 152, 158.

295 Siehe Seite 44.

296 Siehe Seite 44.

nach § 2315 BGB auf den Pflichtteil angerechnet werden und haben damit als Bestandteil einer vorweggenommen Erbfolgeregelung einen begrenzten Anwendungsfall.[297]

Im Wesentlichen lässt sich eine Reduzierung der Pflichtteilslast damit nur über einen Pflichtteilsverzicht regeln.[298] Ein Pflichtteilsverzicht ist zunächst einmal Bestandteil eines Erbverzichtes nach § 2346 Abs. 1 BGB, kann aber nach § 2346 Abs. 2 BGB auch isoliert vereinbart werden. Dabei hat der isolierte Pflichtteilsverzicht den Vorteil, dass § 2310 BGB keine Anwendung findet und sich in der Konsequenz die gesamte Pflichtteilssumme reduziert.[299]

Der Pflichtteilsverzicht ist dabei eine abstrakte erbrechtliche Verfügung, welche eines entsprechenden Rechtsgrundes bedarf.[300] In dem Rechtsgrundgeschäft ist, soweit eine solche vereinbart wurde, auch die Abfindung geregelt.[301] Die Rechtsnatur der Abfindung, spezifisch die Frage inwieweit es sich um eine Schenkung handelt, ist umstritten.[302] Entscheidend ist hier, inwieweit die Parteien selbst die Vereinbarung als eine Schenkung vereinbaren wollten.[303]

Darüber hinaus ist die Trennung zwischen Rechtsgrund und Verfügung auch in der Rückabwicklung zu beachten. Aufgrund des Abstraktionsprinzips müssen beide Rechtsgeschäfte zunächst gesondert voneinander betrachtet werden.[304] Liegt Fehleridentität vor, so wird die Abstraktheit der beiden Verträge faktisch unterbrochen.[305] Anderenfalls ist zu unterscheiden: Das Verpflichtungsgeschäft wird als gegenseitiger Vertrag im Sinne der §§ 320 ff BGB verstanden, sodass bei einem nicht wirksam geschlossenen Pflichtteilsverzicht die Rechtsfolgen des Leistungsstörungsrechtes greifen.[306] Ist die Grundverfügung unwirksam, so entfällt die Geschäftsgrundlage für den Verzichtsvertrag nach § 313 BGB.[307] Darüber hinaus können die Parteien den Verzichtsvertrag mittels vertraglicher Vereinbarung mit dem Verpflichtungsgeschäft verknüpfen.[308]

---

297 Siehe Seite 46.
298 Siehe Seite 46.
299 Siehe Seite 48.
300 Siehe Seite 49.
301 Siehe Seite 49.
302 Siehe Seite 50.
303 Siehe Seite 52.
304 Siehe Seite 53.
305 Siehe Seite 54.
306 Siehe Seite 55.
307 Siehe Seite 55.
308 Siehe Seite 53.

3 Plurale Familienformen als Herausforderung für das Pflichtteilsrecht

In vielen Punkten der Diskussion wird angeführt, dass mit dem demographischen Wandel, insbesondere der Wende von der durch Wohn- und Wirtschaftsgemeinschaft gekennzeichneten Großfamilie zur Kleinfamilie,[309] und der zunehmend älteren Erbengeneration ein zunehmender Funktionsverlust des Pflichtteilsrechtes einhergehe.[310] Vor allem der Hinweis auf die lange bestehende Rechtstradition genügt vielen daher nicht, um den Fortbestand der Institution des Pflichtteils in seiner aktuellen Ausgestaltung zu rechtfertigen.[311]

Vielmehr müsse das Pflichtteilsrecht auf die geänderten Bedürfnisse und Lebensverhältnisse in der Gesellschaft Rücksicht nehmen.[312] Längst sind zu der als klassisch empfundenen Eltern-Kind-Familie[313] andere Lebensformen hinzugetreten: Alleinerziehende Mütter und Väter, Paare in nichtehelicher Lebensgemeinschaft, gleichgeschlechtliche Partnerschaften, Zweit- und Drittehen sind einige der vielfältigen Lebensformen, die in der heutigen Gesellschaft praktiziert werden.[314] Gleichzeitig erlangt die Kernfamilie und hier noch expliziter die Beziehung zwischen Ehegatten und Lebenspartnern zunehmend an Bedeutung.[315] Gerade eine steigende Lebenserwartung führt dazu, dass der überlebende Partner wesentlich stärker auf den Nachlass zur Sicherung seines Lebensunterhalts angewiesen ist als Kinder, die meistens schon seit Jahren

309 *Martiny*, in: Verhandlungen des 64. Deutschen Juristentages, 2002, S. A 11-118, 16.

310 *Leipold*, AcP 180 (1980), 160, 173; *Strätz*, FamRZ 1998, 1553, 1556: für die Versorgungsfunktion; zu einer anderen Auswertung kommt insbesondere *Otte*, AcP 202 (2002), 317, 335.

311 Insbesondere *Dauner-Lieb*, FF 2001, 78, 79; siehe auch *Leipold*, AcP 180 (1980), 160, 173.

312 *Dauner-Lieb*, FF 2001, 78, 79.

313 *Martiny*, in: Verhandlungen des 64. Deutschen Juristentages, 2002, S. A 11-118, 17: Die eheliche Familie ist immer noch die am stärksten vertretene Familienform, dennoch ist die Zahl der Eheschließungen bedeutend zurückgegangen.

314 *Martiny*, in: Verhandlungen des 64. Deutschen Juristentages, 2002, S. A 11-118, 15; vgl. auch *Peuckert*, Familienformen im sozialen Wandel, [8]2012, S. 19 ff ausführlich dazu, in welcher Form sich verschiedene Lebensentwürfe von dem klassisch bürgerlichen Ideal der Familie abgrenzen.

315 *Röthel*, JZ 2011, 222, 224; vgl. aber auch *Strätz*, FamRZ 1998, 1553, 1555; *Helms*, in: Zimmermann (Hrsg.), Freedom of testation - Testierfreiheit, 2012, S. 1, 10.

erwerbstätig sind.[316] Die Bedeutung der Paarbeziehung spiegelt sich auch in einer zunehmenden Emotionalisierung von Ehe und Partnerschaft.[317]

Dies ist kaum von der Hand zu weisen: Dem Vererben von Vermögen kommt eine hohe soziale Relevanz zu.[318] In dieser Hinsicht wird die Bedeutung der Erbschaft für den Einzelnen vom materiellen Wert entkoppelt und bekommt eine symbolische Deutungsebene.[319] Solidarität, die zuvor als eine wesentliche Funktion des Pflichtteilsrechts dargestellt wurde, wird vor allem in gelebten Beziehungen empfunden, die nicht notwendig alle Familienangehörigen einschließen, gleichzeitig aber auch zu nicht verwandten oder angeheirateten Personen ausgebildet werden können.[320] Dem Konzept mittels Verwandtschaft begründeter ‚gesollter' Solidarität wird zusehends ein Konzept der ‚gelebten' Solidarität entgegengesetzt.[321]

Der kontinuierliche Wandel des Familienbildes kann gerade auch deshalb im Rahmen (erb-)rechtlicher Problemstellungen nachvollzogen werden.[322] Zunächst kam es zu einer Gleichstellung von Personengruppen, die das Pflichtteilsrecht bis dato vernachlässigt hatte. Namentlich nichteheliche Kinder mit dem Erbrechtsgleichstellungsgesetz vom 19. Dezember 1998[323] und gleichgeschlechtliche Partner mit der eingetragenen Lebenspartnerschaft im Jahre 2001[324] und der Öffnung der Ehe für gleichgeschlechtliche Paare im Jahr 2017[325] wurden in den Kreis der Pflichtteilsberechtigten aufgenommen.[326] Der in der Folge erweiterte Personenkreis derer, die als Pflichtteilsberechtigte in Frage kommen, mag zwar als zunächst faktische Einschränkung der Testierfreiheit

---

316 *Röthel*, in: Verhandlungen des 68. Deutschen Juristentages, 2010, S. A 9-112, 51.

317 *Röthel*, in: Verhandlungen des 68. Deutschen Juristentages, 2010, S. A 9-112, 51.

318 *Beckert*, in: Röthel (Hrsg.), Reformfragen des Pflichtteilsrechts, 2007, S. 1, 6.

319 *Beckert*, in: Röthel (Hrsg.), Reformfragen des Pflichtteilsrechts, 2007, S. 1, 8.

320 Vgl.: *Beckert*, in: Röthel (Hrsg.), Reformfragen des Pflichtteilsrechts, 2007, S. 1, 6 f.; Siehe auch Teil A:I.3.c).

321 *Röthel*, in: Lipp/Röthel/Windel (Hrsg.), Familienrechtlicher Status und Solidarität, 2008, S. 85, 87.

322 Vgl.: *Röthel*, JZ 2011, 222.

323 BGBl 1997 Teil I, 2968.

324 Gesetz zur Beendigung der Diskriminierung gleichgeschlechtlicher Gemeinschaften: Lebenspartnerschaften vom 16. Februar 2001, BGBl 2001 Teil I, 266.

325 Gesetz zur Einführung des Rechts auf Eheschließung für Personen gleichen Geschlechts vom 20.07.2017, BGBl 2017 Teil I, 2787.

326 *Dutta*, FamRZ 2011, 1829, 1837.

gewertet werden;[327] gleichzeitig entspricht es jedoch auch der Tendenz, die erbrechtlichen Regelungen zu entdifferenzieren und zu egalisieren.[328]

Diese Modifizierungen nehmen allerdings nur sehr begrenzt die gesamte Komplexität der existierenden Familienformen auf.[329] Insbesondere, soweit es sich um die nichtformalisierten Partnerschaften des Erblassers handelt, wird argumentiert, dass diese rechtlich nur schwer definierbar seien, und so einer Berücksichtigung Rechtsklarheit und Rechtssicherheit entgegenstünden.[330] Auch sei es Aufgabe des Gesetzgebers, durch typisierende Regelungen bestimmte Lebensverhältnisse zu normieren, was zumindest im Rahmen der gesetzlichen Erbfolge unausweichlich sei.[331] Das gesetzliche Erbrecht gibt nach dieser Ansicht die Familienform vor, an der die Gesellschaft ein gesteigertes Interesse hat, weil sie staatsentlastende Solidarität bietet.[332] Diese Orientierung an rechtlich definierten Beziehungskonzepten sei nicht nur notwendig, die so entwickelten Familienkonzepte stünden auch nach Art. 6 GG unter einem besonderen Schutz.[333]

Letztendlich muss aber auch der grundrechtliche Schutz der Familie im Licht der sich ändernden Gesellschaft verstanden werden.[334] Mittlerweile fällt sowohl die nichteheliche Familie als auch die gleichgeschlechtliche Elternschaft unter den Schutz des Art. 6 Abs. 1 GG.[335] Das bedeutet, dass die autonome Ausgestaltung des Familienlebens grundsätzlich respektiert werden muss.

Konkret im Erbrecht wird dies zunächst dadurch verwirklicht, dass ein Erblasser die Möglichkeit hat, mittels Testament die Erbfolge an seine familiäre Situation anzupassen.[336] Zu bedenken ist aber auch, dass immer noch nur eine Minderheit von dieser Möglichkeit Gebrauch macht.[337] Darüber hinaus sind

---

327 *Muscheler*, Erbrecht, 2010, S. 193.
328 *Muscheler*, Erbrecht, 2010, S. 196 f.
329 *Röthel*, JZ 2011, 222, 225.
330 *Muscheler*, Erbrecht, 2010, S. 184.
331 *Röthel*, JZ 2011, 222, 223.
332 *Röthel*, JZ 2011, 222, 223.
333 *Röthel*, JZ 2011, 222, 223.
334 *Böhm*, in: Biaggini/Ehrenzeller/Haltern u.a. (Hrsg.), Zukunftsgestaltung durch Öffentliches Recht, 2014, S. 211, 223.
335 BVerfG NJW 2013, 847, 851.
336 *Röthel*, JZ 2011, 222, 225.
337 Nach einer Umfrage von 2007 gaben nur 25,8 % der Befragten an einen Erbvertrag oder ein Testament gemacht zu haben: http://de.statista.com/statistik/daten/studie/2313/umfrage/testament-oder-erbvertrag-vorhanden/ (zugegriffen am 26. April

gerade in komplexen Patchworkfamilien tendenziell mehrere Personen und Personengruppen vorhanden, die Erwartungen an den Nachlass stellen.[338] Es treffen Kinder und Partner aus verschiedenen Partnerschaften aufeinander.[339] Oder es müssen sich nichteheliche Lebenspartner mit den Schwiegereltern das Erbe teilen.[340] Vielschichtige und plurale Familienbiographien führen bisweilen auch zur vollständigen Entfremdung einzelner Familienangehöriger.[341]

Hierdurch entsteht ein nicht zu unterschätzendes Konfliktpotenzial, welches sich auf die Ausgestaltung der Nachfolgeregelung auswirken kann.[342] Damit wird auch das Pflichtteilsrecht zunehmend als Bestandteil eines Verteilungskonfliktes relevant.[343] Verstanden werden kann es dabei zum einen als Schutz gegen eine einseitige Bevorzugung der „aktuellen" Familie gegenüber den Abkömmlingen aus vorhergehender Ehe.[344] Es kann aber auch die erbrechtliche Gestaltung gerade in komplexen Familiensituationen erheblich behindern.[345] Einleuchtend ist hier die Forderung, die gesetzliche Regelung zum Pflichtteil an ein flexibleres Familienbild anzupassen.[346]

4 Ökonomische Überlegungen: Beispiel Unternehmensnachfolge

Größere Vermögensmassen, die eine in sich geschlossene wirtschaftliche Einheit bilden, stellen im Erbfall immer wieder besondere Anforderungen an eine gerechte Aufteilung zwischen Familienmitgliedern. Familienunternehmen stellen in diesem Zusammenhang ein sehr plastische Beispiel dar: Das Institut für Mittelstandsforschung in Bonn schätzt, dass zwischen 2014 und 2018 ungefähr 135.000 Unternehmen an einen Nachfolger übergeben werden.[347]

2016). Vgl. auch *Martiny*, in: Verhandlungen des 64. Deutschen Juristentages, 2002, S. A 11-118, 66.

338 *Röthel*, JZ 2011, 222, 225.

339 *Röthel*, JZ 2011, 222, 225.

340 *Otte*, AcP 202 (2002), 317, 343; *Helms*, in: Zimmermann (Hrsg.), Freedom of testation - Testierfreiheit, 2012, S. 1, 15.

341 *Martiny*, in: Verhandlungen des 64. Deutschen Juristentages, 2002, S. A 11-118, 66.

342 *Röthel*, JZ 2011, 222, 225.

343 *Röthel*, JZ 2011, 222, 225.

344 Siehe dazu Teil A:I.3.c).

345 Insbesondere *Dauner-Lieb*, FF 2001, 78, 79; differenzierter *Röthel*, JZ 2011, 222, 226.

346 *Röthel*, JZ 2011, 222, 225 ff; *Dutta*, FamRZ 2011, 1829, 1832.

347 *Kay/Suprinovĉ*, Unternehmensnachfolge in Deutschland 2014 bis 2018, 2013, S. 8.

Dabei erfolgt in etwa der Hälfte der Fälle (54%) eine Nachfolgeregelung im Familienkreis.[348]

Entscheidend ist dabei regelmäßig das Bestreben, das Unternehmen auf die Person zu übertragen, die dieses fortführen wird.[349] Es gilt, den Spagat zwischen überdurchschnittlichen Vermögensressourcen auf der einen und Knappheit (verfügbarer) Ressourcen auf der anderen Seite zu überbrücken, in dem sich eine Unternehmerfamilie tendenziell befindet.[350] Dies führt nicht selten zu einem Bestreben des Erblassers, schon zu Lebzeiten Sicherheit über die Weitergabe seines Vermögens zu erlangen. Dabei sollen vor allem solche Ansprüche weichender Erben vermieden werden, welche das Unternehmen oder den designierten Unternehmenserben in eine existenzvernichtende Zahlungsverpflichtung drängen.[351]

4.1 Familiäre Ansprüche beim Tod eines Gesellschafters

Welche Ansprüche genau Familienmitglieder nach dem Tod eines Gesellschafters in Bezug auf das Gesellschaftsvermögen gegen die Gesellschafter oder die Erben stellen können, hängt sehr stark von den gesellschaftsrechtlichen Regelungen ab. Die Gesellschaft bürgerlichen Rechts wird im Ausgangsfall entsprechend der dispositiven gesetzlichen Vorgaben aufgelöst (§ 727 Abs. 1 BGB). Hier wird der Anteil an der ohnehin auf Auflösung gerichteten Liquidationsgesellschaft Nachlassbestandteil und steht Erben und Pflichtteilsberechtigten zur Verfügung.[352]

4.1.1 Abfindungsansprüche

Soll dagegen die Kontinuität des Unternehmens gewahrt bleiben, kann dies im Rahmen einer gesellschaftsvertraglichen Fortsetzungsklausel geschehen. Hier scheidet der Gesellschafter mit dem Tod aus und die Gesellschaft wird mit den überlebenden Gesellschaftern weitergeführt.[353] Für die offene Handelsgesellschaft und den Komplementär einer Kommanditgesellschaft entspricht dies der gesetzlich normierten Ausgangssituation (§ 131 Abs. 3 Nr. 1 HGB).

348 *Kay/Suprinovĉ*, Unternehmensnachfolge in Deutschland 2014 bis 2018, 2013, S. 18.
349 *Theiss/Boger*, ZEV 2006, 143.
350 *Stamm*, Unternehmerfamilien, 2013, S. 73.
351 *Theiss/Boger*, ZEV 2006, 143.
352 *Osterloh-Konrad*, in: Beck/Osterloh-Konrad (Hrsg.), Unternehmensnachfolge, 2009, S. 39, 42.
353 *Muscheler*, Erbrecht, 2010, S. 460.

Die unternehmerische Kontinuität vollzieht sich in diesem Fall außerhalb jeglicher erbrechtlicher Überlegungen durch Anwachsung der Gesellschaftsanteile.[354] Lediglich der Abfindungsanspruch (§ 738 BGB) wird Teil des Nachlasses.[355] Dieser verursacht für die Gesellschaft zunächst eine Auszahlungsverpflichtung und damit die Notwendigkeit, Teile des Gesellschaftsvermögens zu liquidieren.[356] Dabei besteht zumindest im Grundsatz die Möglichkeit, diesen zu kürzen oder ganz auszuschließen.[357] Ein völliger Abfindungsausschluss ist allerdings schon aus gesellschaftsrechtlicher Sicht problematisch und wird im Regelfall einer gerichtlichen Inhalts- und Ausübungskontrolle standhalten müssen.[358] Zum Nachteil der Erben ist er grundsätzlich zulässig, wenn die Gesellschaft fortgesetzt wird.[359] Allerdings stellt sich in der Konsequenz auch die Frage, inwieweit ein solcher Verzicht als pflichtteilsrelevante Schenkung Ergänzungsansprüche auslösen kann.[360] Zu bedenken ist zudem, dass bei Ausschluss von Abfindungsansprüchen der Unternehmenswert dem Nachlass vollständig entzogen wird, sich diese Ausgestaltung also immer nur zugunsten der Gesellschafter, nie zugunsten der Erben auswirkt.[361]

4.1.2 Erbrechtliche Unternehmensnachfolge

Anders stellt sich die Rechtslage dar, wenn die Gesellschaftsanteile auf den Erben übergehen sollen. Anteile an einer AG oder GmbH als Kapitalgesellschaft sind ganz unproblematisch vererbbar.[362] Gleiches gilt für Kommanditanteile (vgl. § 177 HGB). Darüber hinaus können die Gesellschafter einer Personengesellschaft (GbR, OHG oder Komplementäranteile einer KG) ihre Anteile abweichend der gesellschaftsrechtlichen Regelungen vererblich stellen.[363] Im Falle einer solchen Nachfolgeklausel erfolgt der Unternehmensübergang im Wege des Erbrechtes.[364]

---

354 MünchKomm/*Schmidt*, § 131 HGB Rn. 104.

355 Vgl.:MünchKomm/*Schmidt*, § 131 HGB Rn. 66.

356 Vgl.: *Schmidt*, in: Röthel (Hrsg.), Reformfragen des Pflichtteilsrechts, 2007, S. 37, 53.

357 *Schmidt*, in: Röthel (Hrsg.), Reformfragen des Pflichtteilsrechts, 2007, S. 37, 53.

358 BeckOK/*Schöne*, § 738 BGB Rn. 31.

359 BGHZ 22, 186, 194; BeckOK/*Schöne*, § 738 BGB Rn. 31.

360 Vgl. BGH NJW 1981, 1956, 1957; letztendlich verneinend: *Schmidt*, in: Röthel (Hrsg.), Reformfragen des Pflichtteilsrechts, 2007, S. 37, 53.

361 *Schmidt*, in: Röthel (Hrsg.), Reformfragen des Pflichtteilsrechts, 2007, S. 37, 53.

362 Vgl. MünchKomm/*Lange*, § 2311 BGB Rn. 49 ff.

363 *Osterloh-Konrad*, in: Beck/Osterloh-Konrad (Hrsg.), Unternehmensnachfolge, 2009, S. 39, 42.

364 MünchKomm/*Schmidt*, § 139 HGB Rn. 12; siehe auch BGHZ 22, 186, 194.

Die auf diese Weise in den Nachlass fallenden Unternehmensanteile sind damit auch bei der Berechnung des Pflichtteils zu berücksichtigen.[365] Allerdings ist ein direkter Zugriff der Pflichtteilsberechtigten durch die Ausgestaltung des Pflichtteils als reiner Wertersatz ausgeschlossen.[366] Dies zielt darauf ab, die Erbschaft als Gesamtheit vor störender Einflussnahme zu schützen und nimmt dabei ganz explizit auch unternehmerische Vermögensbestandteile in seinen Blick.[367]

Trotzdem entsteht eine nicht zu unterschätzende Zahlungsverpflichtung für die Erben.[368] Wird das Unternehmen an nicht pflichtteilsberechtigte Dritte vererbt, kann diese sich sogar auf die wertmäßige Hälfte des Nachlasses erstrecken.[369] Reicht der übrige Nachlass nicht zur Zahlung des Pflichtteils und hat der Unternehmenserbe keine eigenen finanziellen Mittel um die Pflichtteilsforderungen zu begleichen, so wird dem Erbe nichts anderes übrig bleiben als die eigenen Unternehmensanteile zur Unzeit zu veräußern[370] oder auf das Eigenkapital des Unternehmens zuzugreifen, um die entsprechenden Ansprüche zu befriedigen[371].

4.1.3 Rechtsgeschäftliche Unternehmensnachfolge

Ein erbrechtlicher Übergang des Unternehmens lässt sich vermeiden, soweit eine rechtsgeschäftliche Nachfolgeklausel vereinbart wurde. Diese kann zunächst als

---

365 *Muscheler*, Erbrecht, 2010, S. 463.

366 *Osterloh-Konrad*, in: Beck/Osterloh-Konrad (Hrsg.), Unternehmensnachfolge, 2009, S. 39, 40; *Schmidt*, in: Röthel (Hrsg.), Reformfragen des Pflichtteilsrechts, 2007, S. 37, 39; *Planck*, Bürgerliches Gesetzbuch nebst Einführungsgesetz, ^{3}1908, S. 768; vgl auch: *Beckert*, in: Röthel (Hrsg.), Reformfragen des Pflichtteilsrechts, 2007, S. 1, 3: Die Bedeutung des Erbrechtes bei der Unternehmensweitergabe war im 19. Jahrhundert angesichts eines weniger weit entwickelten Gesellschaftsrechtes von erheblicher Bedeutung, soweit es darum ging eine konzentrierte Weitergabe an einen geeigneten Nachfolger sicherzustellen.

367 *Schmitt*, in: Schubert (Hrsg.), Die Vorlagen der Redaktoren für die erste Kommission zur Ausarbeitung des Entwurfs eines Bürgerlichen Gesetzbuches, 1984, S. 658. Ein gegenläufiger Antrag Jacubezikys wurde von der 2. Kommission mit 14 zu 4 Stimmen abgelehnt, *Jakobs/Schubert* (Hrsg.), Die Beratung des Bürgerlichen Gesetzbuchs, 1987, S. 1827.

368 *Osterloh-Konrad*, in: Beck/Osterloh-Konrad (Hrsg.), Unternehmensnachfolge, 2009, S. 39, 40.

369 *Osterloh-Konrad*, in: Beck/Osterloh-Konrad (Hrsg.), Unternehmensnachfolge, 2009, S. 39, 41.

370 Vgl: *Schmidt*, in: Röthel (Hrsg.), Reformfragen des Pflichtteilsrechts, 2007, S. 37, 45 f.

371 *Beckert*, in: Röthel (Hrsg.), Reformfragen des Pflichtteilsrechts, 2007, S. 1, 4 f.

aufschiebend bedingtes Rechtsgeschäft unter Lebenden ausgestaltet werden.[372] Eine solche Ausgestaltung wird als wirksam anerkannt, soweit der Nachfolger und die Mitgesellschafter zustimmen.[373] Sie scheitert auch nicht an § 2301 BGB, weil die Übertragung mit dem Tod vollzogen ist.[374] Daneben ist natürlich auch eine Ausgestaltung als Rechtsgeschäft unter Lebenden im Rahmen der vorweggenommenen Erbfolge denkbar.[375] Hier wird die Übertragung schon vor Eintritt des Todes wirksam.[376]

In beiden Konstellationen wird das Unternehmen nicht Bestandteil des Nachlasses, sondern wird am Nachlass vorbei aufgrund vertraglicher Verfügung (bei Unentgeltlichkeit durch Schenkung: §§ 516ff BGB) übertragen.[377] Direkte Pflichtteilsansprüche werden in der Konsequenz auch nicht ausgelöst. Trotzdem greifen auch hier die Pflichtteilsansprüche durch, soweit die Unternehmensübertragung den Tatbestand einer ausgleichspflichtigen Schenkung nach §§ 2325 ff BGB handelt.[378]

4.2 Berücksichtigung Unternehmerischer Interessen

Auf unternehmerische Interessen, insbesondere die Sicherung der Unternehmensnachfolge, ohne das Unternehmen mit unzeitigen Kapitalabflüssen zu belasten, wird im Rahmen des Pflichtteilrechtes nur punktuell eingegangen.[379] Zu nennen wäre hier zunächst die partikular geregelte Nachfolge bei landwirtschaftlichen Gütern[380] sowie die Privilegierung landwirtschaftlicher Betriebe nach § 2312 BGB bei der Bestimmung des Unternehmenswertes.[381] Eine

---

372 MünchKomm/*Schmidt*, § 139 HGB Rn. 23.

373 MünchKomm/*Schmidt*, § 139 HGB Rn. 24.

374 MünchKomm/*Schmidt*, § 139 HGB Rn. 23.

375 *Osterloh-Konrad*, in: Beck/Osterloh-Konrad (Hrsg.), Unternehmensnachfolge, 2009, S. 39, 45.

376 *Osterloh-Konrad*, in: Beck/Osterloh-Konrad (Hrsg.), Unternehmensnachfolge, 2009, S. 39, 45.

377 *Muscheler*, Erbrecht, 2010, S. 461; für die vorweggenommene Erbfolge siehe auch: *Reiff*, NJW 1992, 2857.

378 *Osterloh-Konrad*, in: Beck/Osterloh-Konrad (Hrsg.), Unternehmensnachfolge, 2009, S. 39, 45.

379 *Osterloh-Konrad*, in: Beck/Osterloh-Konrad (Hrsg.), Unternehmensnachfolge, 2009, S. 39, 40 ff; vgl auch *Kalss/Probst*, Familienunternehmen, 2013, S. 654 f.

380 *Lange*, Erbrecht, ^{2}2017, S. 933 ff.

381 *Lange*, in: Röthel (Hrsg.), Reformfragen des Pflichtteilsrechts, 2007, S. 57, 59.

Ausweitung dieser Sonderregeln wird derweil jedoch überwiegend als nicht geboten erachtet.[382]

Die Stundungsvorschriften des § 2331a BGB gewähren unabhängig von der Natur des Nachlassgegenstandes einen gewissen Zahlungsaufschub für Pflichtteilsforderungen, sofern eine entsprechende unbillige Härte vorliegt. In diesem Erfordernis kommt jedoch der Ausnahmecharakter der Norm zum Tragen, der eine erweiterte Anwendung zugunsten breit gefächerter unternehmerischer Interessen erheblich einschränkt.[383]

5 Grenzen einer erbrechtlichen Gestaltung zulasten der Familie

5.1 Privatautonomie

5.1.1 Begriff

Das Erbrecht bietet zwei Ansätze, um die Nachfolge zu gestalten: zum einen die gewillkürte Erbfolge, deren Rahmen durch Testierfreiheit und Pflichtteilsrecht festgelegt wird[384], darüber hinaus den Erb- und Pflichtteilsverzicht als Vertrag unter Lebenden, wenn über die Grenzen des Pflichtteilsrechts hinaus verfügt werden soll.[385] Beide Konzepte sind Ausfluss der Privatautonomie, die alle Bereiche des rechtlichen Handelns umfasst.[386]

Schon der Begriff der Privatautonomie macht deutlich, dass es um die rechtliche Eigenständigkeit privater Rechtssubjekte geht.[387] Der unbestrittene Hauptgedanke dabei ist, dass der individuelle Wille der Beteiligten genügt, um die Gültigkeit einer Rechtshandlung zu legitimieren:[388] „*Stat pro ratione voluntas.*“[389] Der Privatmann wird so ermächtigt, seine Rechtsbeziehungen selbstbestimmt

382 *Muscheler*, Erbrecht, 2010, S. 502, 512; BVerfG NJW 1995, 2977; anderer Auffassung *Lange*, in: Röthel (Hrsg.), Reformfragen des Pflichtteilsrechts, 2007, S. 57, 69.

383 Staudinger/*Otte*, § 2331a BGB Rn. 3.

384 Siehe Seite 25 ff und 28 ff.

385 Siehe Seite 46 ff.

386 Vgl. *Neuner*, Allgemeiner Teil des Bürgerlichen Rechts, ^{12}2020, S. 9.

387 Die Wortschöpfung Privataütnomoie geht dabei auf die lateinischen Begriffe privatus (Person, die kein staatliches Amt bekleidet) und autonomus (selbstständig) zurück.

388 *Neuner*, Allgemeiner Teil des Bürgerlichen Rechts, ^{12}2020, S. 9.

389 So verwendet in: *Flume*, Allgemeiner Teil des Bürgerlichen Rechts, ^{4}1992, S. 6, *Neuner*, Allgemeiner Teil des Bürgerlichen Rechts, ^{12}2020, S. 9.

und eigenständig zu regeln.[390] *Flume* begreift die darin liegende Gestaltungsmöglichkeit als Ausdruck der „Selbstherrlichkeit" des Einzelnen.[391]

5.1.2 Staatliche Gewährleistung und Schrankenziehung

Allerdings bleibt zu bedenken, dass der Einzelne als primäres Rechtssubjekt weder zum Gesetzgeber noch zum Richter berufen ist.[392] Grade weil der Staat sich das Monopol auf Rechtsdurchsetzung vorbehalten hat, trifft ihn auch die grundlegende Verpflichtung, die freiheitliche Rechtsgestaltung des Einzelnen zu ermöglichen und zu gewährleisten.[393] Das Ausmaß der rechtlichen Gewährleistung zeichnet dabei nicht nur den Parteiwillen oder Willenskonsens nach, sondern gestaltet und organisiert die rechtsgeschäftliche Freiheit des Einzelnen aktiv.[394] Denn nur soweit ein Wille mit Rechtswirkungen ausgestattet wird, kann er Rechtsfolgen herbeiführen.[395]

Die notwendige staatliche Gewährleistung der Privatautonomie ist dabei verfassungsrechtlich geboten.[396] Im Grundgesetz wird die Privatautonomie nicht explizit erwähnt. Angesiedelt wird der verfassungsrechtliche Schutz daher zunächst bei den Spezialgrundrechten.[397] Für erbrechtliche Rechtsgeschäfte wird dabei Art. 14 GG herangezogen.[398] Soweit die konkrete Situation hiervon nicht erfasst wird, gestaltet sich der verfassungsrechtliche Schutz über Art. 2 Abs. 1 GG als subsidiäres Auffanggrundrecht.[399]

---

390 Palandt/*Ellenberger*, Überblick vor § 104 Rn. 1.

391 *Flume*, Allgemeiner Teil des Bürgerlichen Rechts, ^{4}1992, S. 6.

392 *Flume*, Allgemeiner Teil des Bürgerlichen Rechts, ^{4}1992, S. 5; *Raiser*, JZ 1958, 1.

393 *Höfling*, Vertragsfreiheit, 1991, S. 31.

394 *Kroppenberg*, Privatautonomie von Todes wegen, 2008, S. 171.

395 *Kroppenberg*, Privatautonomie von Todes wegen, 2008, S. 172.

396 Palandt/*Ellenberger*, Einführung von § 145 BGB Rn. 7; vgl. auch *Flume*, Allgemeiner Teil des Bürgerlichen Rechts, ^{4}1992, S. 12, der im Rahmen der Privatautonomie von einer sehr weit verstandenen Gestaltungsfreiheit des Gesetzgebers ausgeht. Er will aus der verfassungsmäßigen Gewährleistung noch keine konkreten Aussagen über die inhaltliche Ausgestaltung der Privatautonomie entnehmen. Vielmehr genüge es, dass grundsätzlich das Recht auf freie Entfaltung der Persönlichkeit gewahrt werde, welche die eigenverantwortliche Gestaltung von Rechtsverhältnissen beinhalte; näher dazu auch *Flume*, FS 100 Jahre DJT 1960, 135, 138.

397 Zur Verfassungsrechtlichen Dogmatik der Vertragsautonomie vgl. *Höfling*, Vertragsfreiheit, 1991, S. 9.

398 Vgl. *Höfling*, Vertragsfreiheit, 1991, S. 16.

399 BVerfG NJW 2006, 596.

Der Grundsatz der Privatautonomie kann dabei zunächst als ein Optimierungsgebot verstanden werden, das zu einer möglichst umfassenden Gewährleistung der individuellen Freiheit verpflichtet.[400] Dies bedeutet im ersten Schritt die Durchsetzung der individuellen Rechtspositionen gegenüber dem Staat.[401] Im nächsten Schritt besteht jedoch auch die Notwendigkeit, Konflikte zwischen verschiedenen verfassungsrechtlich geschützten Rechtspositionen zum Ausgleich zu bringen.[402]. Hieraus folgt eine Schutzplicht des Staates zugunsten derer, die durch Rechtsausübung Dritter in ihren eigenen Rechtspositionen gefährdet werden.[403] Gleichzeitig lässt sich die Privatautonomie auch als unbenanntes Freiheitgrundrecht qualifizieren.[404] Bisweilen verschwimmen gar die Grenzen zum allgemeinen Persönlichkeitsrecht, weil die Fähigkeit rechtswirksam zu handeln ebenfalls Ausdruck der Persönlichkeit ist.[405]

Damit ist die Privatautonomie grundsätzlich auch der einfachgesetzlichen Ausgestaltung und Schrankenziehung ausgesetzt.[406] In diesem Rahmen umfasst die verfassungsrechtliche Gewährleistung auch den Schutz der schwächeren Partei.[407] Es geht hierbei um Fälle, in denen eine privatautonome Entscheidung zulasten einer anderen Person geht und diese dadurch in ihren Freiheiten eingeschränkt wird. Zunächst ist es Aufgabe der Legislativgewalt, im Rahmen der Gesetzgebung entsprechende Regelungen zu schaffen, welche einer solchen einseitigen Benachteiligung entgegenwirken.[408] Zum Schutz der unterlegenen Partei steht vor allem im Vertragsrecht eine ganze Reihe an Regelungsinstrumentarien zur Verfügung. Der Gesetzgeber kann den Vertragsparteien Informationspflichten auferlegen, bestimmte Formerfordernisse vorgeben, ein Widerrufsrecht einzuräumen und zwingende und halbzwingende Normen erlassen, die einen bestimmten Vertragsinhalt vorgeben.[409] Über Art. 1 Abs. 3 GG ist letztendlich

---

400 *Canaris*, AcP 200 (2000), 273, 280; *Höfling*, Vertragsfreiheit, 1991, S. 31; Maunz/Dürig/*Herdegen*, Art. 1 Abs. 3 GG Rn. 22.

401 Vgl. Maunz/Dürig/*Herdegen*, Art. 1 Abs. 3 GG Rn. 22.

402 VMaunz/Dürig/*Herdegen*, Art. 1 Abs. 3 GG Rn. 22.

403 VMaunz/Dürig/*Herdegen*, Art. 1 Abs. 3 GG Rn. 23.

404 *Kroppenberg*, Privatautonomie von Todes wegen, 2008, S. 174.

405 Vgl. auch *Goebel*, Testierfreiheit als Persönlichkeitsrecht, 2004, S. 38, der die Testierfreiheit als funktionales Persönlichkeitsrecht bezeichnet, und dabei eine klare Parallele zum Allgemeinen Persönlichkeitsrecht zieht.

406 *Höfling*, Vertragsfreiheit, 1991, S. 34.

407 *Kirchhof*, FS Ulmer 2003, 1212.

408 *Hillgruber*, AcP 190 (1990), 69, 75; vgl. auch *Canaris*, AcP 184 (1984), 201, 224.

409 *Neuner*, Allgemeiner Teil des bürgerlichen Rechts, [12]2020, S. 111.

auch der Zivilrichter verpflichtet, die Selbstbestimmungsfreiheit der unterlegenen Partei zu schützen.[410] Insbesondere die Generalklauseln (§ 138 BGB, § 242 BGB) bieten dabei ein Mittel, um grundrechtlichen Rechte im Verhältnis Privater wirken zu lassen.[411]

5.2 Der Gestaltungsspielraum des Erblassers

5.2.1 Testierfreiheit

Der Testierfreiheit kommt als erbrechtlicher Ausprägung der Privatautonomie in Deutschland ein zentraler Stellenwert zu.[412] Dies entspricht einer individualistischen Ausrichtung des Erbrechts.[413] Sie ist dabei in Art. 14 Abs. 1 GG verfassungsrechtlich verankert.[414] Parallelen lassen sich dabei auch zur Garantie des Eigentumsrechts ziehen, welches durch die über den Tod hinausreichende Verfügungsbefugnis gestärkt wird.[415] Im Gesamtkontext der Privatautonomie kann auch auf Art 2 Abs. 1 GG verwiesen werden, der die allgemeine Handlungsfreiheit normiert.[416]

Kroppenberg möchte die Testierfreiheit von der Vertragsfreiheit unter Lebenden abgrenzen, weil die Vertragsfreiheit, die vielfach als „Primat der Privatautonomie" gehandelt wird, den schuldrechtlichen Austauschvertrag als Grundkonstellation voraussetzt.[417] Vertragsparteien können in dieser Konstellation wechselseitig auf den Inhalt der gegenseitigen Verpflichtungen Einfluss nehmen.[418] Es ist im Vertragsrecht daher möglich, einander gleichberechtigte Freiheitssphären zu definieren, die sich gegenseitig begrenzen.[419]

---

410 *Hillgruber*, AcP 190 (1990), 69, 75.

411 BVerfGE 7, 198; siehe auch *Canaris*, AcP 184 (1984), 201, 223.

412 Siehe Seite 25 ff.

413 *Gierke*, Der Entwurf eines bürgerlichen Gesetzbuchs und das deutsche Recht, 1889, S. 505.

414 Vgl. BVerfGE 112, 332, 249.

415 BGHZ 118, 361, 365; ausführlich zur Verknüpfung zwischen Erbrecht und Eigentumsrecht siehe auch: *Leipold*, AcP 180 (1980), 160, 163; zum Teil kritisch: *Röthel*, ZEV 2005, 277.

416 Vgl. Maunz/Dürig/*Di Fabio*, Art. 2 Abs. 1 GG, Rn 12.

417 *Kroppenberg*, Privatautonomie von Todes wegen, 2008, S. 71.

418 *Kroppenberg*, Privatautonomie von Todes wegen, 2008, S. 71.

419 *Kroppenberg*, Privatautonomie von Todes wegen, 2008, S. 71.

Das Testament steht dagegen allein in der Entscheidungshoheit des Erblassers.[420] Der Erbe ist zunächst der Willensmacht des Erblassers ausgesetzt und insbesondere nicht in der Lage, eigene Bedingungen zu stellen.[421]

Allenfalls der Erbvertrag (§§ 2274 ff BGB) und das gemeinschaftliche Testament (§§ 2265 BGB) führen ein gewisses Element der Reziprozität ein, da hier über die Vertragsmäßigkeit oder Wechselbezüglichkeit einer Verfügung eine entsprechende Bindung erzeugt werden kann (vgl. § 2270 BGB und § 2289 BGB). Dem Erbvertrag kommt dabei eine Doppelnatur zu, da dieser sowohl Verfügung von Todes wegen als auch vollständiger Vertrag ist.[422] Doch auch soweit es um einen Erbvertrag geht, wird bisweilen angenommen, dass dieser primär durch den Willen und die Interessen des Erblasser bestimmt werde.[423] So wird die Testierfreiheit in der wissenschaftlichen Auseinandersetzung auch als einseitige Erblasserfreiheit konzipiert, etwa bei *Kroppenberg* als wirtschaftliches Freiheitsrecht[424] oder bei *Goebel* als Teil des allgemeinen Persönlichkeitsrechtes[425].

Das Verständnis der Testierfreiheit als einseitige Erblasserfreiheit wird insbesondere dann relevant, wenn es darum geht, zu begründen, dass der Erblasser durch seine Testierentscheidung den Erben unzulässig in dessen individueller Freiheit eingeschränkt hat.[426] Hier kann nicht ohne weitere Begründung auf aus dem Vertragsrecht entlehnte Grundsätze zurückgegriffen werden.[427] In diesem Abschnitt soll daher auf die erbrechtlichen Einschränkungen der Testierfreiheit eingegangen werden und danach in Abschnitt b) zunächst auf die Einschränkungen, die sich aufgrund familiärer Verpflichtungen des Erblassers ergeben. Die Problematik der Reziprozität der Freiheitsrechte zwischen Erben und Erblasser wird dann im Rahmen der Diskussion um die Potestativbedingung in Abschnitt c) wieder aufgegriffen.

5.2.1.1 Das Pflichtteilsrecht

Eltern sowie Ehe- und Lebenspartner erhalten gegenüber der weitreichenden Testierentscheidung eine gewisse Absicherung durch das Pflichtteilsrecht.

420 *Kroppenberg*, Privatautonomie von Todes wegen, 2008, S. 71.

421 *Kroppenberg*, Privatautonomie von Todes wegen, 2008, S. 71.

422 *Muscheler*, Erbrecht, 2010, S. 1113.

423 *Häsemeyer*, FamRZ 1967, 30, 31; vgl. auch: *Dickhuth-Harrach*, FS Otte 2005, 55, 91, der insbesondere auf die Anfechtungsmöglichkeiten des Erblassers abstellt.

424 *Kroppenberg*, Privatautonomie von Todes wegen, 2008, S. 225.

425 *Goebel*, Testierfreiheit als Persönlichkeitsrecht, 2004, S. 37

426 *Kroppenberg*, Privatautonomie von Todes wegen, 2008, S. 135.

427 *Kroppenberg*, Privatautonomie von Todes wegen, 2008, S. 135.

Ihnen steht auch bei Ausschlagung einer mit nachteiligen Verfügungen des Erblassers belasteten Erbschaft die Möglichkeit offen, den Pflichtteil zu verlangen (§ 2306 BGB). Dass das Pflichtteilsrecht eine familienschützende Form der Teilhabe darstellt, wurde in dieser Arbeit schon an anderer Stelle ausführlich dargelegt.[428] Indem das Pflichtteilsrecht den verfassungsrechtlich gebotenen Schutz zugunsten der Pflichtteilsberechtigten konkretisiert, legt es die Vermutung nahe, dass dadurch im Regelfall auch ein hinreichender Schutz gewährleistet ist.[429] In der Konsequenz muss jede über die Grenzen des Pflichtteilsrechtes hinausreichende Einschränkung der Testierfreiheit sorgsam begründet werden, um darzulegen, dass der Pflichtteil in der konkreten Fallkonstellation eben nicht mehr hinreichend Schutz bietet.

5.2.1.2 Grenzen zwingenden Rechts

Der Erblasser ist ganz grundsätzlich an die zwingenden Vorschriften der Rechtsordnung gebunden. Durch das Erbrecht sind dem Erblasser dabei wenige Vorgaben gemacht, die vor allem eine überlange Bindung der Beteiligten verhindern sollen.[430] Wesentlich sind daher Fristen, die für die Auseinandersetzung (§ 2044 Abs. 2 BGB), die Nacherbfolge (§ 2109 BGB), die Testamentsvollstreckung (§ 2210 BGB) und auch für Vermächtnisse (§ 2162 BGB) eine grundsätzliche zeitliche Grenze von 30 Jahren festlegen. Anderes gilt für die Auflage, die grundsätzlich keiner zeitlichen Restriktion unterfällt.[431] Zwar erklärt § 2192 BGB, dass einige Vorschriften für die letztwillige Zuwendungen auch auf die Auflage anwendbar sind. Der § 2162 BGB ist hierbei aber nicht benannt. Eine analoge Anwendung wiederspricht jedoch der Intention des Gesetzgebers, mittels Auflage eine stiftungsähnliche Nachlassgestaltung zu ermöglichen.[432]

Zu den zeitlichen Grenzen der erbrechtlichen Gestaltungsfreiheit reihen sich dann noch einige weitere formale und materielle Rechtsvorschriften aus dem Erbrecht und dem allgemeinen Teil des BGB und aus anderen Rechtsgebieten. Ein Testament oder Erbvertrag darf weder gegen ein gesetzliches Verbot verstoßen (§§ 134, 2171 BGB) noch eine unmögliche Leistung verlangen (§ 2171 BGB). In vielen Fällen, etwa bei der Veranlassung zu strafrechtlichem Verhalten, ist das Verbot offensichtlich, sodass sich eine weitere Diskussion im Prinzip erübrigt.[433]

---

428 Siehe Seite 31 ff.
429 *Isensee*, DNotZ 2004, 754, 758.
430 *Röthel*, AcP 210 (2010), 32, 36.
431 *Budzikiewicz*, AcP 209 (2009), 354, 369.
432 *Budzikiewicz*, AcP 209 (2009), 354, 369; *Heinzmann*, BWNotZ 2012, 97, 99.
433 MünchKomm/*Armbrüster*, § 134 BGB Rn. 50.

In anderen Fällen, beispielsweise dem Gesellschaftsrecht, muss die Grenze zwischen dem betroffenen Rechtsgebiet und dem Erbrecht sauber austariert werden, um festzustellen, wie weit die Testierfreiheit des Erblassers reicht.[434] Denn auch hier muss ganz grundsätzlich gelten, dass der Erblasser dem Erben kein Verhalten auferlegen kann, welches von der Rechtsordnung nicht zugelassen wird.[435] Darüber hinaus gibt § 138 BGB die Möglichkeit, im Rahmen der Rechtsprechung eine weitere inhaltliche Grenzziehung vorzunehmen, um auf diese Weise die Position des Erben weiter zu schützen.[436] Die Möglichkeit, ein Testament nach § 138 BGB einer umfassenden normativen Kontrolle zu unterziehen, wurde dabei in der Rechtsprechung genutzt, um verschiedene Testamentsgestaltungen einzuschränken.[437]

5.2.2 Familiäre Pflichten

5.2.2.1 Moralisch-sittliche Überlegungen - Geliebtentestamente

Durchgeführt wurde eine solche Kontrolle insbesondere, soweit ein Geliebten- oder Mätressentestament vorlag. Hierbei handelte es sich typischerweise um eine Verfügung, in der der verheiratete Erblasser seine außereheliche Geliebte als Erbin einsetzt.[438] Ursprünglich wurde vom Bundesgerichtshof schon die Erbeinsetzung unter Ausschluss der ehelichen Familie als mit den sittlichen Vorstellungen von Ehe und Familie nicht vereinbar gehalten, und über § 138 BGB die gesetzliche Erbfolge wieder hergestellt.[439] Anknüpfungspunkt für die Sittenwidrigkeit war dabei zunächst schon das außereheliche Verhältnis an sich.[440] Der BGH knüpfte in seiner Rechtsprechung an die schon durch das Reichsgericht geprägte Rechtslage an.[441] Diese orientierte sich an der Vorstellung von einem allgemein verbindlichen Sittengesetz, welches objektiv bindende Vorgaben zum familiären Zusammenleben macht.[442]

---

434 Ausführlich, insbesondere zur gesellschaftsrechtlichen Hinauskündigung *Budzikiewicz*, AcP 209 (2009), 354, 370 ff.

435 Vgl.: *Budzikiewicz*, AcP 209 (2009), 354, 372.

436 *Röthel*, AcP 210 (2010), 32, 37.

437 BGH NJW 1969, 1343; BGH NJW 1970, 1273; BGH NJW 1983, 674; BVerfG NJW 2004, 2008; vgl. auch BGHZ 140, 118.

438 *Schnabl/Hamelmann*, Jura 2009, 161.

439 BGH NJW 1969, 1343, 1346; vgl. auch *Röthel*, AcP 210 (2010), 32, 37, die den Vergleich zur *querela inoffiziosi testamenti* des klassischen römischen Rechts herstellt.

440 *Paal*, JZ 2005, 436, 437.

441 *Leipold*, FG 50 Jahre BGH Band I 2000, 1011, 1021.

442 *Leipold*, FG 50 Jahre BGH Band I 2000, 1011, 1021 f.

Konsequenterweise wird die Sittenwidrigkeit des Geliebtentestaments in der jüngeren Literatur als Gesinnungsrechtsprechung kritisiert.[443] Heutzutage wird die Testierfreiheit gerade dann als Ausweg gepriesen, wenn es darum geht, vom klassischen Familienbild abweichende subjektive Vorstellungen zu berücksichtigen.[444] Folglich kann ein Gericht bei der Beurteilung einer Verfügung jenseits pflichtteilsrechtlicher Vorgaben keine bestimmte Form des Zusammenlebens zugrunde legen.

Zumindest ein Testament im Rahmen einer nichtehelichen Lebenspartnerschaft kann damit unter den geänderten Wertungsvorstellungen der Gesellschaft nicht mehr als sittenwidrig erachtet werden.[445] Nach der Rechtsprechung des BGH kommt eine Sittenwidrigkeit nach § 138 Abs. 1 BGB allenfalls noch dann in Betracht, wenn ein Erblasser eine Verfügung ausschließlich tätigte, um eine rein sexuelle Beziehung zu fördern.[446] In der Literatur sprechen sich verschiedene Stimmen auch gegen diese letzte Einschränkung der Testierfreiheit aus.[447] Spätestens seit Einführung des Gesetzes zur Regelung der Rechtsverhältnisse der Prostituierten[448] ist die Bezahlung einer rein sexuellen Handlung von der deutschen Rechts- und Sittenordnung gebilligt.[449] Nichts anderes kann bei einer Begünstigung im Wege der erbrechtlichen Verfügung gelten.[450].

5.2.2.2 Unterhaltsverpflichtungen – Behinderten- und Bedürftigentestamente

Im Rahmen einer Inhaltskontrolle nach § 138 BGB werden auch Gestaltungsformen diskutiert, die es dem Sozialträger verwehren sollen, auf den Nachlass zuzugreifen. Der Bedürftige wird zunächst als Vorerbe eingesetzt, eine dritte Person als Nacherbe nach § 2100 BGB. Für die Vorerbschaft wird Testamentsvollstreckung nach § 2197 BGB angeordnet. Der Testamentsvollstrecker wird

---

443 *Leipold*, FG 50 Jahre BGH Band I 2000, 1011, 1026; *Röthel*, AcP 210 (2010), 32, 37.

444 Siehe Seite 60.

445 NK-BGB/*Looschelders*, § 138 BGB Rn. 197 a.E.

446 BGH NJW 1970, 1273, 1975; BGH NJW 1983, 674, 675; mit der Einschränkung, dass dadurch eine für Ehefrau und Kinder unzumutbare Situation entstehen muss: NK-BGB/*Looschelders*, § 138 BGB 198.

447 *Schnabl/Hamelmann*, Jura 2009, 161, 165; MünchKomm/*Armbrüster*, § 138 BGB Rn. 59.

448 Vom 20. Dezember 2001, BGBl. I, 3983.

449 MünchKomm/*Armbrüster*, § 138 BGB Rn. 57.

450 *Schnabl/Hamelmann*, Jura 2009, 161, 165; MünchKomm/*Armbrüster*, § 138 BGB Rn. 59.

dann regelmäßig beauftragt nur solche Vorteile aus dem Nachlass zu gewähren, die nicht durch die Sozialhilfe gewährleistet werden und auf diese auch nicht angerechnet werden.[451] Bleibt diese Konstruktion wirksam, so entstehen für den Sozialträger keinerlei Rückgriffs- und Erstattungsansprüche für an den Erben gezahlte Sozialleistungen.[452]

In der Ausgangslage ist eine lebzeitige Verfügung über Unterhaltspflichten, die den Sozialträger benachteiligt, sittenwidrig nach § 138 BGB.[453] Zwar handelt es sich hierbei nicht unbedingt um eine Vereinbarung, die dem Willen oder dem Interesse des Unterhaltsberechtigten zuwider läuft, da die Beteiligten insoweit darauf vertrauen, dass eine ausreichende Versorgung durch den Sozialstaat gewährleistet ist.[454] Indes darf auch die subsidiäre Unterhaltsleistung des Sozialträgers nicht dazu führen, dass Einzelne sich ihren rechtlichen und sozialen Pflichten entziehen.[455] Soweit der Unterhalt zunächst von der staatlichen Seite erfolgt, können dann grundsätzlich auch nach zivilrechtlicher Ausganslage unterhaltspflichtige Dritte in Regress genommen werden.[456]

In Anbetracht der Tatsache, dass die erb- und pflichtteilsrechtliche Beteiligung am Nachlass zumindest faktisch den Unterhalt ersetzt,[457] ist zu überlegen ob nicht auch im Rahmen des Erbrechts ähnliche Maßstäbe gelten sollten. Zumindest die Ausschlagung eines werthaltigen Nachlasses durch einen Empfänger von Sozialleistungen (oder dessen Betreuer) wird dann nach § 138 BGB als sittenwidrig erachtet, wenn keine überwiegenden Interessen des Erben ausnahmsweise für eine Ausschlagung sprechen,[458] um so dem Grundsatz der Nachrangigkeit von Sozialleistungen Genüge zu tun.[459]

Anderes wird angenommen, soweit der Erblasser selbst über seinen Nachlass mittels Vor- und Nacherbschaft zugunsten eines behinderten Erben verfügt.[460] Jenseits der Grenzen des Pflichtteilsrechts darf die Testierfreiheit vollständig

451 Für das Behindertentestament *Eichenhofer*, JZ 1999, 226, 227. Für Langzeitarbeitslose schlägt *Litzenburger*, ZEV 2009, 278, 279 eine sehr ähnliche Konstellation vor.

452 *Eichenhofer*, JZ 1999, 226, 227.

453 BGHZ 86, 82, 88.

454 Vgl. die Argumentation in BGHZ 86, 82, 89.

455 Vgl. BGHZ 82, 88, 90.

456 Beispielsweise § 7 UVG; § 94 SGB XII; § 37 BAföG; siehe auch *Martiny*, in: Verhandlungen des 64. Deutschen Juristentages, 2002, S. A 11-118, 36, 55.

457 Siehe Seite 37.

458 OLG Hamm, ZEV 2009, 471.

459 *Leipold*, ZEV 2009, 472, 473.

460 BGHZ 111, 36.

ausgeschöpft werden.[461] Der BGH hält eine andere Bewertung nur in gravierenden Ausnahmefällen für möglich.[462] Eine letztwillige Verfügung, die den zugewandten Erbteil dem Zugriff des Sozialträgers entzieht, ist damit grundsätzlich zulässig. Der Erbe oder sein Betreuer sind im Regelfall auch nicht verpflichtet, die Erbschaft auszuschlagen und den Pflichtteil zu verlangen.[463]

Dies führt zu einer Unterscheidung zwischen Fällen, in denen der Sozialleistungsempfänger durch eigenes Handeln, insbesondere durch Ausschlagung, den Nachlass dem Sozialträger entzieht, und Fällen in denen der Erblasser den Nachlass für den Sozialträger unzugänglich macht. Dies rückt den Grundsatz der Eigenverantwortung als maßgebliches Entscheidungskriterium in den Mittelpunkt. Im Ergebnis ist der Sozialleistungsempfänger gehalten, seine Vermögenssituation nicht durch Ausschlagung zu verschlechtern, aber nicht gezwungen, eine vom Erblasser getroffene Entscheidung wieder aufzuheben.

Einige Zweifel sind aufgetreten, soweit es um einen grundsätzlich erwerbsfähigen Sozialhilfeempfänger geht, und es wurde eine Nichtigkeit einer letztwilligen Verfügung zugunsten eines Sozialhilfeempfängers erwogen.[464] Zuletzt hat das BSG die grundsätzliche Wirksamkeit einer Verfügung angenommen, die den Zugriff des Sozialträgers auf den Nachlass ausschließt.[465] Es ist darüber hinaus nicht ersichtlich, inwieweit die andere Stellung des (theoretisch arbeitsfähigen) Sozialhilfeempfängers eine vollständige Unwirksamkeit des Testamentes nach sich ziehen muss. Den Erblasser trifft keine Verpflichtung, über den Pflichtteil hinaus dem Bedürftigen überhaupt etwas zu hinterlassen.[466] Will man grundsätzlich, dass der Sozialträger auf den Nachlass zugreifen kann, so lässt sich ein adäquates Ergebnis auch dadurch erzielen, dass der Bedachte die entsprechende Verfügung ausschlägt, um auf den Pflichtteil zugunsten des eigenen Unterhaltes zugreifen zu können.[467]

---

461 BGHZ 111, 36, 39.

462 BGHZ 111, 36, 40. In seinen Ausführungen bezeichnet der BGH nicht weiter, welche Ausnahmefälle als gravierend einzustufen sind, verweist aber auf die Rechtsprechung zu den Geliebtentestamenten. Vgl. hierzu BGH NJW 1983, 674. Die hiermit verbundene Problematik wird in dieser Arbeit in den Abschnitten Teil A:V.2.b)(1) und Teil A:V.2.d)(2) erörtert.

463 BGHZ 111, 36, 43; OLG Hamm FamRZ 2017, 929, 931; *Bengel*, ZEV 1994, 29, 30.

464 OLG Hamm FamRZ 2017, 929, 932; SG Dortmund ZEV 2010, 54.

465 BSG ZEV 2015, 484, 487.

466 Vgl. BGHZ 111, 36, 38.

467 Dies wird im Rahmen der Behindertentestamente anders gehandhabt: BGHZ 111, 36, 43; *Bengel*, ZEV 1994, 29, 30.

Im Gegensatz zu den oben dargestellten Fällen ergäbe sich damit eine stärkere Verpflichtung des erwerbsfähigen Sozialhilfeempfängers, für den eigenen Unterhalt mit allen verfügbaren Möglichkeiten zu sorgen. Diese Unterscheidung lässt sich jedoch dahin gehend rechtfertigen, dass der erwerbsfähige Sozialhilfeempfänger grundsätzlich in der Lage wäre, die Ausschlagungspflicht dadurch abzuwehren, dass er eine Beschäftigung aufnimmt und den eigenen Unterhalt auf diese Weise bestreitet.

5.2.3 Das Testament als Mittel postmortaler Einflussnahme

5.2.3.1 Die Potestativbedingung

Eine andere Problemstellung ergibt sich dann, wenn der Erblasser seine Angehörigen (überobligatorisch) berücksichtigt, gleichzeitig aber versucht, das Verhalten der Erben nachhaltig zu beeinflussen. Während in einigen Fällen allein schon die Möglichkeit zu testieren indirekt Einfluss auf das Verhalten potentieller Erben hat, mögen unterschiedliche Gründe den Erblasser zu einer weit gezielteren Einflussnahme veranlassen.[468] Das Erbrecht hält eine entsprechende Anzahl an Regelungsinstrumentarien bereit, um die Vorstellungen des Erblassers umzusetzen. So kann ein Erbe durch Vermächtnis (§ 1939 BGB), Auflage (§ 1940 BGB), Teilungsanordnung (§ 2048 BGB), Testamentsvollstreckung (§ 2197 BGB) und die Einsetzung eines Nacherben (§ 2101 BGB) in seinem Handlungsspielraum begrenzt werden. Darüber hinaus ist auch die aufschiebend oder auflösend bedingte Erbeinsetzung möglich.[469]

Im Erbrecht wird eine Einflussnahme auf den Erben dabei oft durch eine Potestativbedingung verwirklicht. Hierbei handelt es sich um Bedingungen, deren Eintritt durch den Willen des Erben beeinflusst werden kann.[470] Ihre grundsätzliche Zulässigkeit steht außer Frage.[471] Allein die Tatsache, dass der Erblasser den Erben zu einem bestimmten Verhalten veranlassen möchte, wird von der Rechtsordnung nicht missbilligt.[472] Ein konkreter Vermögensbezug des geforderten Verhaltens ist dabei nicht zu fordern.[473] Die Testierfreiheit ist insofern ein umfassendes Freiheitsrecht des Erblassers und es muss zunächst

---

468 *Röthel*, AcP 210 (2010), 32, 2010.
469 Vgl. MünchKomm/*Leipold*, § 2074 BGB Rn. 1; Staudinger/*Otte*, § 2074 BGB Rn. 1.
470 Staudinger/*Otte*, § 2074 BGB Rn. 27; MünchKomm/*Leipold*, § 2074 BGB Rn. 14.
471 Staudinger/*Otte*, § 2074 BGB Rn. 27; MünchKomm/*Leipold*, § 2074 BGB Rn. 14.
472 Soergel/*Loritz*, § 2074 BGB Rn. 20.
473 *Kroppenberg*, DNotZ 2006, 86, 91; anderer Auffassung *Keuk*, FamRZ 1972, 9, 15.

genügen, dass der Erblasser entsprechenden Wert auf das geforderte Verhalten legt, um dies mit einer entsprechenden Erbeinsetzung zu verknüpfen.[474]

Als problematisch empfunden werden allerdings Bedingungen, die Entscheidungen der persönlichen Lebensführung beeinflussen sollen.[475] Zu denken ist hier etwa an Entscheidungen bezüglich der Religionszugehörigkeit,[476] des Familienstandes,[477] des Güterstandes[478] oder die Ausgestaltung der Wohnsituation[479].

5.2.3.2 Formale Freiheit

Die bedingte Erbeinsetzung beinhaltet jedoch keine absolute Beschränkung der Handlungsfreiheit des Erben. Zu Lebzeiten des Erblassers entfaltet ein Testament keine Bindungswirkung und ist somit zu diesem Zeitpunkt noch nicht geeignet, ein Vertrauen in eine für ein bestimmtes Verhalten versprochene Belohnung zu begründen.[480] Eine eigene Rechtsstellung haben weder der zukünftige gesetzliche, noch der testamentarisch eingesetzte Erbe.[481] Vielmehr bleibt die Erberwartung zu Lebzeiten des Erblassers eine *nuda spes*.[482] Selbst bei der im Vergleich sichereren Position des Vertragserben wird nach überwiegender Ansicht ein Anwartschaftsrecht verneint.[483] Damit gibt es für den Bedachten zu diesem Zeitpunkt weder (rechtliche) Vorteile noch Nachteile.[484]

---

474 Siehe ausführlich *Goebel*, Testierfreiheit als Persönlichkeitsrecht, 2004, S. 133 f.

475 Erman/*Schmidt*, § 2074 BGB Rn. 5; *Keuk*, FamRZ 1972, 9, 10.

476 RG LW 1913, 1100 (Verbot, die Religion vor dem 24. Lebensjahr zu wechseln); OLG Düsseldorf NJW 1988, 2615 (zur Anordnung der Testamentsvollstreckung für die Dauer der Mitgliedschaft in Scientology); Notariat V Mannheim BWNotZ 1989, 16 (Ausschluss von der Erbfolge bei Heirat eines nicht-katholischen Ehepartners).

477 BGH FamRZ 1956, 130 (Erbeinsetzung unter Bedingung der Scheidung von aktueller Ehefrau); OLG Köln, Beschluss vom 21. März 1996 – 23 WLw 13/95 –, juris; (Hofübergabe mit Rückübertragungsanspruch für den Fall der Scheidung), BVerfG NJW 2000, 2495 (Ausschluss von der Erbfolge bei fehlender Einwilligung in die Eheschließung); BGHZ 140, 118 (Erbfähig ist nur, wer aus einer ebenbürtigen Ehe stammt und in einer solchen lebt.); nachfolgend: BVerfG NJW 2004, 2008.

478 KG DNotZ 1968, 670 (Erbschaft nur bei Vereinbarung der Gütertrennung).

479 BayOLG ZEV 2001, 189 (Verbot des Einlassens einer Bestimmten Person auf das vererbte Anwesen).

480 *Kroppenberg*, Privatautonomie von Todes wegen, 2008, S. 194.

481 *Gutmann*, NJW 2004, 2347, 2348.

482 *Gutmann*, NJW 2004, 2347, 2348.

483 *Musilak*, ZEV 2007, 245; *Häsemeyer*, Abhängigkeit erbrechtlicher Verträge von Verkehrsgeschäften, 1966, S. 110.

484 *Kroppenberg*, Privatautonomie von Todes wegen, 2008, S. 194; vgl. auch *Gutmann*, Freiwilligkeit als Rechtsbegriff, 2001, S. 208.

In vielen Fällen ist eine bedingte Zuwendung sogar mehr, als dem Erben als Pflichtteil zustehen würde.[485] Ist er mit der Bedingung nicht einverstanden, steht ihm die Möglichkeit offen, mittels Ausschlagung auf das Zugewandte zu verzichten (§§ 1942 ff BGB). Der Anfall der Erbschaft gilt in einem solchen Fall als von vornherein nicht erfolgt (§ 1953 BGB). Auf diese Weise kann der Erbe ebenfalls auf die Gestaltung der Nachfolge Einfluss nehmen.[486] Nach § 2306 BGB kann ein Pflichtteilsberechtigter darüber hinaus den mit der Potestativbedingung belasteten Erbteil ausschlagen und stattdessen den Pflichtteil verlangen.

Von einigen Stimmen in der rechtswissenschaftlichen Literatur wird vorgebracht, dies führe zu einer Demokratisierung des Entscheidungsprozesses und einer Neutralisierung der Macht des Erblassers.[487] Soweit aber der Erbe sich freiwillig in die Wünsche des Erblassers füge, bleibe für eine Freiheitsbeschränkung kein Spielraum mehr.[488]

5.2.3.3 *Materielle Einflussnahme*

Dem ist entgegenzuhalten, dass das bloße Vorhandensein zweier (nachteiliger) Verhaltensalternativen noch kein gesicherter Beweis für freiwilliges Verhalten ist.[489] Anderenfalls wäre jenseits von *vis absoluta* kein unfreies Verhalten denkbar.[490] Ganz selbstverständlich kennt das Zivilrecht mit der Anfechtung wegen Drohung und Täuschung (§ 123 BGB) ein Regelungsinstrumentarium, um Formen der Einflussnahme zu sanktionieren, die geeignet sind, den Willen einer Person zu steuern.[491] Darüber hinaus wird vorgebracht, dass ein Machtmissbrauch auch bei einer faktischen Überlegenheit möglich sei.[492]

Rechtlich bedenklich sind dabei Fälle, in denen die Testierfreiheit des Erblassers in Macht und Beherrschung übergeht.[493] Machtstrukturen beruhen auch

---

485 *Keuk*, FamRZ 1972, 9, 14; ebenfalls *Gutmann*, Freiwilligkeit als Rechtsbegriff, 2001, S. 208.

486 *Kroppenberg*, Privatautonomie von Todes wegen, 2008, S. 195.

487 *Kroppenberg*, Privatautonomie von Todes wegen, 2008, S. 195. Vgl. auch *Röthel*, in: Verhandlungen des 68. Deutschen Juristentages, 2010, S. A 9-112, 47, die die Ausschlagungsfrist von 6 Wochen in komplexeren Fallgestaltungen für sehr knapp hält um einen für die Entscheidung notwendigen Einblick in die Situation zu erhalten.

488 *Isensee*, DNotZ 2004, 754, 760.

489 *Gutmann*, Freiwilligkeit als Rechtsbegriff, 2001, S. 70.

490 *Gutmann*, Freiwilligkeit als Rechtsbegriff, 2001, S. 70.

491 *Kroppenberg*, Privatautonomie von Todes wegen, 2008, S. 44.

492 *Röthel*, AcP 210 (2010), 32, 33.

493 *Röthel*, AcP 210 (2010), 32, 33.

auf den zugrundeliegenden Beziehungen, die den Erbvorgang nachhaltig prägen.[494] Das Erbgeschehen entfaltet für die Beteiligten eine grundsätzlich hohe soziale und ideelle Bedeutung, die nicht auf den Erwerb von Vermögen reduziert werden kann.[495] Gerade diese Sozialrelevanz des Erbgeschehens ermöglicht es in einigen Konstellationen den Erben mittels Bedingungen und Auflagen sehr weitreichend in seinem Verhalten zu beeinflussen.[496]

Entsprechend entschied auch das BVerfG in seinem Urteil vom 22. März 2004 zum Fall Hohenzollern.[497] Mittels Erbvertrag wurden alle Abkömmlinge des Erblassers für erbunfähig erklärt, die nicht aus einer der Hausverfassung entsprechenden Ehe stammen oder selbst eine nicht der Hausverfassung entsprechende Ehe eingehen.[498] Geltend gemacht wurde, dass die entsprechende Ebenbürtigkeitsklausel potentielle Erben unter Druck setzen könne und so die Eheschließungsfreiheit nach Art. 6 Abs. 1 GG beeinträchtigen könne.[499] Der BGH wertete dies in der vorgehenden Instanz noch als zulässige Ausübung der Testierfreiheit, sodass die resultierende Beeinträchtigung der Abkömmlinge grundsätzlich hinzunehmen sei.[500]

Das BVerfG stellte dagegen klar, dass eine derartige Verfügung durchaus geeignet ist, eine Beeinträchtigung der Eheschließungsfreiheit nach Art 6 Abs. 1 GG herbeizuführen. Diese muss von den Gerichten auf einfachgesetzlicher Basis zumindest über die Generalklausel des § 138 BGB berücksichtigt werden.[501]

5.2.4 Schutz der Privatautonomie als Schutz individueller Rechte

5.2.4.1 Die subjektive Position des (potentiellen) Erben

Die Entscheidung des Bundesverfassungsgerichtes stellt ganz entschieden die individuelle Freiheit der Erben in den Mittelpunkt der rechtlichen Überlegungen.[502] In den Hintergrund rücken dabei die Inhalts- und Motivbewertungen, die die herkömmliche Rechtsprechung prägen.[503] Während eine inhaltliche

494 *Röthel*, AcP 210 (2010), 32, 45.

495 Siehe Seite 58.

496 *Röthel*, AcP 210 (2010), 32, 46.

497 BVerfG NJW 2004, 2008; vgl. auch die vorhergehende Entscheidung des Bundesgerichtshofs: BGHZ 140, 118.

498 BGHZ 140, 118, 119.

499 BGHZ 140, 118, 124.

500 BGHZ 140, 118, 134.

501 BVerfG NJW 2004, 2008, 2009.

502 BVerfG NJW 2004, 2008, 2010; vgl. *Röthel*, AcP 210 (2010), 32, 43.

503 *Röthel*, AcP 210 (2010), 32, 42.

Bewertung überwiegend auf den einseitigen Sittenverstoß des Erblassers abstellt, setzt eine Beeinflussung ein handlungsfähiges Gegenüber voraus.[504] Der Erbe muss also nicht als passiver Adressat einer testamentarischen Verfügung betrachtet werden, sondern als aktiver Teilnehmer des Entscheidungsprozesses. Rechtlich gesehen kommt die aktiv gestaltende Rolle des Erben im Rahmen der Nachfolge zumindest dadurch zum Ausdruck, dass er eine Erbschaft ausschlagen kann oder eine testamentarische Bedingung nicht erfüllen muss.

Darüber hinaus vertritt *Goebel*, dass zwischen Erblasser und Erben ein gegenseitiges Anerkenntnisverhältniss besteht.[505] Insbesondere im Fall der mit Potestativbedingung verknüpften Zuwendung habe auch der Erblasser ein großes Interesse daran, das der Erbe auch tatsächlich die Vermögensnachfolge antritt, und es wäre dem Erblasser nie in den Sinn gekommen, den Erben vollständig zu enterben.[506] Damit ist die Testierentscheidung in ein soziales und rechtliches Wertungsgeflecht eingebunden, welches auch der hohen sozialen Relevanz erbrechtlicher Teilhabe Rechnung tragen muss. In diesem Rahmen gilt es, eine unerträgliche situative Asymmetrie zwischen den Beteiligten zu vermeiden.[507]

Zu einem ähnlichen Ergebnis kommt *Röthel*, die auf ein strukturelles Machtverhältnis zwischen den Beteiligten abstellt.[508] Entscheidend für eine weitere rechtliche Überprüfung sei, ob die persönliche Beziehung zwischen den Beteiligten, eine einseitige Beherrschung möglich mache.[509]

In der Konsequenz ist der Erbe, der mit einer Potestativbedingung belastet ist, eben nicht ein Außenstehender, der das Angebot einer mit Bedingungen verknüpften Erbschaft nach Belieben ausschlagen oder annehmen kann, vielmehr kommt ihm schon im Rahmen des sozialen Familiengefüges eine schützenswerte Position zu. Konkret sind solche Verfügungen bedenklich, die grundsätzlich geeignet sind, die lebzeitige Beherrschung über den Tod fortwirken zu lassen.[510] Insbesondere die bedingte Erbeinsetzung schafft oft eine Situation, in der ein Erbe sich durch den Erblasser und – möglicherweise – auch durch die übrige Familie bedrängt fühle.[511] Hier muss die Autonomie des Erben durch rechtliche Minimalanforderungen im Rahmen einer Sittenwidrigkeitskontrolle geschützt

---

504 Vgl. auch: *Goebel*, FamRZ 1997, 656, 661.
505 *Goebel*, Testierfreiheit und Ehegattenschutz, 2004, S. 364.
506 *Goebel*, Testierfreiheit und Ehegattenschutz, 2004, S. 364.
507 *Goebel*, Testierfreiheit und Ehegattenschutz, 2004, S. 369.
508 *Röthel*, AcP 210 (2010), 32, 50.
509 *Röthel*, AcP 210 (2010), 32, 50.
510 *Röthel*, AcP 210 (2010), 32, 51.
511 *Röthel*, AcP 210 (2010), 32, 51.

werden.[512] Insbesondere müssen dabei die einander gegenüberstehenden Freiheitssphären von Erblasser und Erben rechtlich gewichtet und gegeneinander abgewogen werden.[513] Entscheidend ist, dass auch dem Erben die Möglichkeit einer selbstbestimmten Entscheidung verbleibt.[514] Dies kann auch dann nicht mehr gegeben sein, wenn die Vorrausetzungen für eine Täuschung oder Drohung (noch) nicht vorliegen.[515] In der Konsequenz muss eine derartige Verfügung nach § 138 Abs. 1 BGB sittenwidrig sein.

5.2.4.2 Geliebtentestamente - eine subjektivierte Betrachtung?

Darüber hinaus wird der Gedanke des Adressatenschutzes auch herangezogen, um das Geliebtentestament in einen neuen Zusammenhang zu stellen. Es geht hierbei nicht mehr um eine objektive Missbilligung der außerehelichen Beziehung.[516] Vielmehr wird angeführt, dass in Ausnahmenfällen die Grundrechte der zurückgesetzten Familienmitglieder aus Art. 6 Abs. 1 GG durch die Testierentscheidung zugunsten der Geliebten beeinträchtigt werden.[517] Dies sei dann der Fall, wenn durch die Testierentscheidung die Familie des Erblassers wirtschaftlich auf die Kooperation der Geliebten angewiesen ist.[518] Beispielhaft werden Situationen angeführt, in denen die Familie darauf angewiesen ist, in dem der Geliebten vermachten Haus zu wohnen,[519] oder die Geliebte zur Testamentsvollstreckerin bestimmt wurde.[520] Auch in diesen Fällen ist es zwar grundsätzlich möglich, das Erbe auszuschlagen. Probleme ergeben sich jedoch zumindest dann, wenn eine besondere Bindung zu dem Erbgegenstand besteht, etwa weil der Verlust des Hauses mit dem Umzug in ein völlig neues soziales Umfeld verbunden wäre oder weil Familienangehörige mit der Ausschlagung der Erbschaft auch auf Erinnerungsstücke verzichten müssen.

Allerdings müssen der Ehepartner und die Familie des Erblassers auch zu dessen Lebzeiten mit einer Zurücksetzung bis hin zur endgültigen Auflösung des

---

512 *Goebel*, Testierfreiheit und Ehegattenschutz, 2004, S. 369.

513 *Röthel*, AcP 210 (2010), 32, 44, Fn. 64.

514 *Röthel*, AcP 210 (2010), 32, 51.

515 Siehe Seite 84.

516 Vgl. Seite 75.

517 *Goebel*, Testierfreiheit und Ehegattenschutz, 2004, S. 378.

518 *Paal*, JZ 2005, 436, 438; NK-BGB/*Looschelders*, § 138 BGB Rn. 198; Staudinger/*Sack/Fischinger*, § 138 BGB Rn. 695.

519 Staudinger/*Sack/Fischinger*, § 138 BGB Rn. 695; NK-BGB/*Looschelders*, § 138 BGB Rn. 198.

520 *Paal*, JZ 2005, 436, 438.

Eheverhältnisses durch Scheidung rechnen.[521] Ein gesonderter Schutz im Erbfall ist vor diesem Hintergrund nicht zu begründen.

5.3 Vertragliche Gestaltungsmöglichkeiten

5.3.1 Vertragsfreiheit

Der Pflichtteil als zwingende Form der erbrechtlichen Teilhabe stellt die absolute Grenze jeder einseitigen Gestaltung durch den Erblasser dar.[522] Das bedeutet allerdings nicht, dass darüber hinaus die Gestaltung gänzlich ausgeschlossen wäre. Stattdessen eröffnet der Pflichtteilsverzichtsvertrag eine konsensuale Möglichkeit der individuellen Anpassung.[523]

Ganz allgemein bietet das Rechtsinstitut des Vertrages die Möglichkeit, den eigenen Willen rechtsverbindlich umzusetzen.[524] Der Vertrag ist dabei nicht dem Schuldrecht vorbehalten, sondern in allen Rechtsgebieten denkbar.[525] Weil der Vertrag aufgrund seiner umfassenden Rechtsbindungswirkung geeignet ist, Rechtsbeziehungen privatautonom zu gestalten, wird er gelegentlich auch als Hauptform des selbstbestimmten Handelns in unserer Rechtsordnung bezeichnet.[526] Je nach Kontext werden die Begriffe Vertragsfreiheit und Privatautonomie sogar synonym gebraucht.[527] Im Grundsatz beinhaltet die Vertragsfreiheit die Möglichkeit, zu entscheiden, ob ein Vertrag zustande kommt, welcher konkrete Inhalt vereinbart wird und in welcher Form der Vertrag zustande kommt.[528]

5.3.1.1 Lebzeitiger Vertrag erbrechtlichen Inhalts

Vertragliche Vereinbarungen sind dabei ganz unproblematisch Teil der erbrechtlichen Gestaltungspraxis. Der Pflichtteils- und Erbverzicht nach § 2346 BGB ermöglicht Gestaltungen über die Grenzen des Pflichtteilsrechtes hinaus, indem

---

521 Diese kann nach einer dreijährigen Wartefrist auch von einem Ehepartner einseitig beantragt werden (vgl. § 1566 BGB) und ist dabei nicht an das Verschulden der Ehepartner gebunden (vgl. § 1565 BGB).

522 Siehe S. 70.

523 Siehe S. 46.

524 *Neuner*, Allgemeiner Teil des bürgerlichen Rechts, [12]2020, S. 102.

525 So schon *Savigny*, System des heutigen römischen Rechts, 1840, S. 310.

526 *Kirchhof*, in: Isensee/Kirchhof (Hrsg.), Handbuch des Staatsrechts der Bundesrepublik Deutschland, [3]2010, S. 3, 27; vgl. auch *Kroppenberg*, Privatautonomie von Todes wegen, 2008, S. 70.

527 *Kroppenberg*, Privatautonomie von Todes wegen, 2008, S. 70.

528 MünchKomm/*Emmerich*, § 311 BGB Rn. 1.

ein Erb- oder Pflichtteilsanwärter auf seine künftige Position verzichtet.[529] Es handelt es sich hierbei trotz der erbrechtlichen Natur um ein Rechtsgeschäft unter Lebenden.[530] Es entfaltet seine Wirkungen aber erst im Todesfall.[531]

5.3.1.2 Vertragsfreiheit als konsensuale Gestaltungsmöglichkeit

5.3.1.2.1 Der Parteiwille

Grundsätzlich kommt ein Vertrag aufgrund des gemeinsamen Parteiwillens zustande.[532] Während für den Erblasser die Erbfolge schon mittels Testament grundsätzlich nach Maßgabe des eigenen Willens bestimmbar ist,[533] kommt es beim Pflichtteilsverzicht als Vertrag zwischen Erblasser und Pflichtteilsberechtigtem auf den beiderseitigen Parteiwillen an.[534] Der Pflichtteilsverzicht gibt damit auch dem Pflichtteilsverzichtenden die Möglichkeit, erbrechtliche Teilhabe willentlich zu gestalten.

Die Rechtsauffassung, dass der Parteiwille das für eine Rechtsbindung wesentliche Element ist, wurde dabei maßgeblich von *Savigny* entwickelt: „*Denn eigentlich muss der Wille an sich als das einzig Wirksame und Wichtige gedacht werden*".[535] Die von *Savigny* und darauf auch von *Windscheid*[536] geprägte Willenstheorie vernachlässigte in ihrer weiteren Entwicklung teilweise den objektiven Erklärungsinhalt und dessen Bedeutung als Vertrauenstatbestand im Rechtsverkehr.[537]

Da die Willenserklärung im Vertrag nicht allein den Erklärenden betrifft, sondern ihre Rechtswirkungen im sozialen Kontext entfaltet, ist jedoch ein Ausgleich zwischen Verkehrsschutz und tatsächlichem Parteiwillen herzustellen.[538] Wenn eine Willenserklärung grundsätzlich durch den Parteiwillen gerechtfertigt wird, ist damit denkbar, dass auch eine subjektiv so nicht gewollte Willenserklärung zunächst gültig ist.[539] Daher wird der Vertragsinhalt zunächst aufgrund des

---

529 Dazu Seite 47 ff.

530 *Kuchinke/Lange*, Erbrecht, ^{5}2001, S. 167.

531 *Kuchinke/Lange*, Erbrecht, ^{5}2001, S. 167.

532 *Neuner*, Allgemeiner Teil des bürgerlichen Rechts, ^{12}2020, S. 436; *Canaris*, FS Lerche, 876, 875.

533 Siehe S. 25 ff.

534 *Neuner*, Allgemeiner Teil des bürgerlichen Rechts, ^{12}2020, S. 436.

535 *Savigny*, System des heutigen römischen Rechts, 1840, S. 258.

536 *Windscheid*, Lehrbuch des Pandektenrechts, ^{5}1879, S. 201.

537 HKK-BGB/*Schermaier*, §§ 116-124 Rn. 4.

538 *Flume*, Allgemeiner Teil des Bürgerlichen Rechts, ^{4}1992, S. 61.

539 *Flume*, Allgemeiner Teil des Bürgerlichen Rechts, ^{4}1992, S. 61.

durch die Parteien objektiv erklärten Willens bestimmt.[540] Fehler und Grenzen der Willensbildung müssen allerdings gleichwohl Beachtung finden.[541]

5.3.1.2.2 Rechts- und Selbstbindung der Parteien

Kennzeichnend für den Vertrag ist, dass er in der Grundkonstellation für beide Seiten die Möglichkeit vorsieht, auf den Regelungsinhalt Einfluss zu nehmen.[542] Das Testament stellt eine hierzu gegenläufige Konzeption dar, weil es einseitig errichtbar ist (§ 1937 BGB).[543] Dies führt, wie bereits an anderer Stelle erörtert, zu der Notwendigkeit Einschränkungen der Vertragsfreiheit anders zu begründen als Einschränkungen der Testierfreiheit.[544]

Auch in der Entstehung der Rechtsbindung bei Testament und Vertrag gibt es wesentliche Unterschiede. Selbst ein gültiges und damit voll wirksames Testament bleibt grundsätzlich bis zum Tod des Erblassers jederzeit widerruflich (§§ 2253 ff BGB). Einen Vertrauensschutz für den Testamentserben lässt das Recht damit nicht zu.[545] Die Erberwartung ist damit bis zum konkreten Erbfall eine *nuda spes*, ohne rechtsstaatliche Garantie.[546]

Ist ein Vertrag einmal geschlossen, gilt dagegen für alle Vertragsparteien von diesem Zeitpunkt an die Maxime *pacta sunt servanda*.[547] Aus dem Vertrag ergibt sich als Rechtsfolge eine grundlegende Erfüllungsverpflichtung der Vertragsparteien.[548] Diese Bindungswirkung wird dann auch durch rechtliche Konsequenzen für ein der vertraglichen Vereinbarung zuwiderlaufendes Verhalten bis hin zur gerichtlichen Durchsetzung der Vertragspflichten aufrechterhalten.[549] Ohne diese Verbindlichkeit wäre der Vertrag in einer rechtlichen Dimension letztendlich auch gar nicht denkbar.[550] Die Möglichkeit, eine rechtliche Bindungswirkung privatautonom zu erzeugen, verfestigt und übersteigt die *„natürliche Freiheit"*, beliebige Versprechen auszutauschen.[551] *Canaris* spricht in diesem

540 *Wertenbruch*, BGB Allgemeiner Teil, ^{4}2017, S. 96.
541 Ausführlich S. 85 ff.
542 *Canaris*, FS Lerche, 876, 875.
543 Siehe S. 69.
544 Siehe S. 71 ff.
545 *Kroppenberg*, Privatautonomie von Todes wegen, 2008, S. 58.
546 *Gutmann*, NJW 2004, 2347, 2348.
547 *Weller*, Die Vertragstreue, 2009, S. 37.
548 *Weller*, Die Vertragstreue, 2009, S. 38.
549 *Canaris*, AcP 200 (2000), 273, 279.
550 *Canaris*, AcP 200 (2000), 273, 279.
551 *Kirchhof*, FS Ulmer 2003, 1211.

Zusammenhang von „*Verwirklichung von Selbstbestimmung*", bei gleichzeitiger „*Beschränkung durch Selbstbindung*".[552]

5.3.1.2.3 Selbstverantwortung privatautonomen Handelns

Das BGB entstand im 19. Jahrhundert in einem Zeitalter, das durch ein liberales, und damit unbeschränktes Verständnis von Vertragsfreiheit und Privatautonomie geprägt war.[553] Insbesondere die Pandektenwissenschaft, die die Entstehung des BGB maßgeblich geprägt hat, ist durch die Tradition der Pflicht- und Freiheitsethik der Aufklärung geprägt.[554] Kant definierte die Aufklärung in dem vielzitierten Ausspruch: „*Aufklärung ist der Ausgang des Menschen aus seiner selbstverschuldeten Unmündigkeit. Unmündigkeit ist das Unvermögen, sich seines Verstandes ohne Leitung eines anderen zu bedienen. Selbstverschuldet ist diese Unmündigkeit, wenn die Ursache derselben nicht am Mangel des Verstandes, sondern der Entschließung und des Muthes liegt, sich seiner ohne Leitung eines anderen zu bedienen. Sapere aude! Habe Muth, dich deines eigenen Verstandes zu bedienen! ist also der Wahlspruch der Aufklärung.*"[555] Der Vertrag als rechtliche Umsetzung selbstbestimmten, im Parteiwillen begründeten Handelns ist in gewisser Weise zum Symbol des aufgeklärten Menschen geworden.[556] Es bliebe nach diesem Vertragsverständnis grundsätzlich Aufgabe der Parteien, ihre Interessen zu wahren und dazu notwendige Informationen oder Alternativen in Erfahrung zu bringen. Von dieser Eigenverantwortung können mündige Personen nicht ohne weiteres durch staatliche Korrekturmechanismen entbunden werden.[557]

---

552 *Canaris*, AcP 200 (2000), 273, 279.

553 *Wieacker*, in: ders. (Hrsg.), Industriegesellschaft und Privatrechtsordnung, 1974, S. 9, 15.

554 *Wieacker*, Privatrechtsgeschichte der Neuzeit, 2016, S. 441; *Wieacker*, in: ders. (Hrsg.), Industriegesellschaft und Privatrechtsordnung, 1974, S. 9, 15.

555 *Kant*, Berlinische Monatsschrift 1798, 481.

556 *Grziwotz*, FS Schippel 1996, 9, 14.

557 *Isensee*, in: Repgen/Lobinger/Hense u.a. (Hrsg.), Vertragsfreiheit und Diskriminierung, 2007, S. 239, 254. *Canaris*, AcP 200 (2000), 273, 279 spricht in diesem Zusammenhang von Selbstverantwortung, als „Brücke" zwischen der grundsätzlichen Bindungswirkung eines Vertrages und der individuellen Freiheit der Vertragsparteien. Vgl. auch: *Coester-Waltjen*, AcP 190 (1990), 1, 17.

5.3.1.3 Fehler und Grenzen der Willensbildung

Doch auch ein Freiheitsbegriff, der in allen Fällen auf die Selbstverantwortung des Menschen setzt, kommt nicht ohne Einschränkungen aus. Er setzt zunächst voraus, dass jeder Vertragspartner die notwendigen Voraussetzungen hat, um einen eigenständigen Willen bilden zu können.[558] Von einigen Stimmen in der Literatur wird daher angezweifelt, dass die Vertragsfreiheit jemals als Absolutum gegolten habe.[559] Die Vorstellung der unbegrenzten Vertragsfreiheit diene vielmehr als Gegenbild für die Schrankenziehung der modernen Rechtswissenschaft.[560]

Damit bleibt die Frage, ob – beziehungsweise unter welchen Umständen – eine grundsätzlich entscheidungskompetente Person sich auf eine Vereinbarung einlässt, die in dieser Form nicht von der Rechtsordnung als Vertrag anerkannt und durchgesetzt werden kann. Man braucht nur an Situationen zu denken, in denen ein Vertrag durch Täuschung oder Drohung zustande gebracht wurde, um zu erkennen, dass die Entscheidungsfreiheit an ihre Grenzen stößt und in Fremdbestimmung übergehen kann.[561] Aber auch eine simple wirtschaftliche oder anderweitige Überlegenheit einer Vertragspartei kann das Vertragsverhältnis entscheidend stören.[562] Es wird versucht, durch gesetzliche Vorgaben oder richterliche Kontrolle ein solches strukturelles Ungleichgewicht auszugleichen.[563] Verschiedene Fallkonstellationen werden dabei unter dem Begriff der gestörten Vertragsparität zusammengefasst.[564]

Neben dogmatische Überlegungen treten auch rechtspolitische und ethische Vorstellungen.[565] Dies führt zu einem Nebeneinander divergierender Lösungsansätze, die in den folgenden Abschnitten erörtert werden sollen. Überblicksartig lässt sich zwischen einem formalen und einem materiellen Verständnis von Vertragsfreiheit unterscheiden. Ein formaler Freiheitsbegriff stellt ausschließlich darauf ab, dass die Vertragsparteien formal in der Lage waren, eine freie

---

558 Vgl. *Zöllner*, AcP 196 (1996), 1, 28.

559 *Hofer*, Freiheit ohne Grenzen?, 2001, S. 2.

560 *Hofer*, Freiheit ohne Grenzen?, 2001, S. 2; *Schwerdtner*, Das Persönlichkeitsrecht in der deutschen Zivilrechtsordnung, 1976, S. 131.

561 *Canaris*, AcP 200 (2000), 273, 278.

562 Vgl. auch *Zöllner*, AcP 196 (1996), 1, 29, der grade nicht auf eine ungleiche Machtstellung abstellen will, wohl aber im Rahmen eines Abhängigkeitsverhältnisses von einer Beeinträchtigung ausgeht.

563 Vgl. BVerGE 81, 242; BGH NJW 1994, 36-39.

564 Vgl. *Coester-Waltjen*, AcP 190 (1990), 1, 19.

565 Vgl. *Schmidt-Rimpler*, AcP 147 (1941), 130, 132.

Entscheidung zu treffen, und lehnt jede weitere Überlegung in Hinblick auf den Inhalt des Vertrages ab. Ein materielles Verständnis von Vertragsfreiheit und Vertragsgerechtigkeit stellt dagegen in der Bewertung auch auf inhaltliche Kriterien ab.

5.3.1.3.1 Formale Richtigkeitsgewähr

Schmidt-Rimpler entwickelte noch in der ersten Hälfte des 20. Jahrhunderts die Lehre von der Richtigkeitsgewähr durch den Vertragsmechanismus.[566] Da ein Vertragsschluss auf beiden Seiten eine freie Willensäußerung fordere, könne sich jeder gegen die Abreden wehren, die er selbst als ungerecht empfinde.[567] Der Vertragsschluss sei damit zunächst ein Mechanismus, der auch ohne hoheitliche Intervention ein gerechtes Ergebnis erziele.[568] Die inhaltliche Bewertung des Verhandlungsergebnisses muss dann dem subjektiven Empfinden der Parteien unterstellt werden.[569] So wird beispielhaft ein Sammler in der Regel bereit sein, einen begehrten Gegenstand zu einem erheblich über dem objektiven Wert liegenden „*Liebhaberpreis*" zu erwerben.[570] Die grundlegende Vorstellung, dass ein objektiv nachteiliges Rechtsgeschäft nicht beanstandet werden darf, wenn es von der benachteiligten Partei freiwillig geschlossen wurde, wird von verschiedenen Autoren aufgegriffen und ausgebaut.[571]

Damit einher geht die Überlegung, dass freiheitliche Selbstbestimmung gewisse Anforderungen an die Willensbildung stellt, damit sie als freiwillig betrachtet werden kann.[572] Als typische Beispiele einer Beeinträchtigung der Entscheidungsfindung werden dabei „*Gewalt, Täuschung und Geschäftsunfähigkeit*" genannt.[573] Hier wird es als Aufgabe des Vertragsrechtes beschrieben, Vorgaben zu machen, die ein Verhandlungsgleichgewicht wiederherstellen.[574] Etwas komplizierter ist die Argumentation *Schmolkes*, der jegliche Form der rechtlichen Vorgabe als paternalistische Maßnahme des Staates und damit als grundsätzlich rechtfertigungsbedürftig beschreibt.[575] Im Ergebnis seien jedoch

566 *Schmidt-Rimpler*, AcP 147 (1941), 130, 156.
567 *Schmidt-Rimpler*, FS Raiser 1974, 3, 5.
568 *Schmidt-Rimpler*, AcP 147 (1941), 130, 156.
569 *Schmidt-Rimpler*, FS Raiser 1974, 3, 15.
570 Vgl. *Canaris*, AcP 200 (2000), 273, 284.
571 *Canaris*, AcP 200 (2000), 273, 284; *Canaris*, FS Lerche, 876, 884; siehe auch *Coester-Waltjen*, AcP 190 (1990), 1, 15.
572 *Schmolke*, Grenzen der Selbstbindung im Privatrecht, 2013, S. 40.
573 *Schmolke*, Grenzen der Selbstbindung im Privatrecht, 2013, S. 36.
574 *Schmidt-Rimpler*, FS Raiser 1974, 3, 25; *Canaris*, AcP 200 (2000), 273, 284.
575 *Schmolke*, Grenzen der Selbstbindung im Privatrecht, 2013, S. 40 und 87.

sämtliche Vorgaben, die allein die Freiheit der Willensbildung schützen, ohne auf inhaltliche Fragen Bezug zu nehmen, grundsätzlich gerechtfertigt, weil der Parteiwille unangetastet bleibt.[576]

De lege lata fanden und finden sich im deutschen Recht Regelungen, die speziell die Willensbildung des einzelnen schützen. Regeln über die Anfechtung einer Willenserklärung wegen Irrtums (§ 119 BGB) oder Täuschung (§ 123 BGB) stellen sicher, dass keine Willensmängel vorliegen. Die Vorschriften über die Geschäftsfähigkeit nach §§ 104ff BGB sollen sicherstellen, dass jemand, der nicht in der Lage ist, einen freien Willen zu bilden, nicht mit den rechtlichen Folgen seiner Erklärungen belastet wird. Diese Vorschriften sind jedoch keine Erfindung der Lehre von der Richtigkeitsgewähr des Vertragsschlusses. Sie sind vielmehr ein vorgegebener und nicht wegzudenkender Bestandteil einer Vertragsrechtsordnung, deren primärer Bezugspunkt der Parteiwille ist.[577]

5.3.1.3.2 Der Vertragsinhalt

Schmidt-Rimpler kann zunächst für sich in Anspruch nehmen, erstmals einen Zusammenhang zwischen dem privatautonomen Parteiwillen und der Gerechtigkeit des Vertrages hergestellt zu haben.[578] Der Förmlichkeit seines Ansatzes wurde sehr bald jedoch entgegen gehalten, dass der Vertragsmechanismus bei ungleicher Verhandlungsstärke versagt und damit ein Rückgriff auf inhaltliche Kriterien geboten sei.[579] Auch die Autoren, die eine formale Lösung, die keine materiellen Vorgaben macht, für vorzugswürdig halten, gestehen zu, dass in bestimmten Fällen auch eine inhaltliche Überprüfung notwendig sein kann.[580] Folglich gilt es, das Maß zu ermitteln, nach dem inhaltliche Vorgaben für Verträge zulässig sind.

Hier wird verschiedentlich gefordert, dass eine inhaltliche Kontrolle des Vertrages nur als *ultima ratio* in Fällen eingesetzt werden soll, in denen eine offensichtliche Ungleichgewichtslage nicht anders abgewendet werden kann.[581] Es handle sich hierbei um paternalistische Schutzmaßnahmen, die die formal freie

---

576 *Schmolke*, Grenzen der Selbstbindung im Privatrecht, 2013, S. 40.

577 Vgl. *Savigny*, System des heutigen römischen Rechts, 1840, S. 99.

578 *Schmidt-Rimpler*, AcP 147 (1941), 130, 149; siehe auch *Kroppenberg*, Privatautonomie von Todes wegen, 2008, S. 63.

579 *Flume*, FS 100 Jahre DJT 1960, 135, 137.

580 *Canaris*, AcP 200 (2000), 273, 285.

581 Vgl. *Coester-Waltjen*, AcP 190 (1990), 1, 15, die es als Ausdruck der Privatautonomie versteht, dass § 138 BGB nur bei einer sehr hohen Eingriffsschwelle greift.

Willensbetätigung der Parteien außer Acht ließen.[582] Grundsätzlich seien auch solche Regelungen zulässig, sie unterlägen jedoch einem erhöhten Rechtfertigungsbedarf.[583] Dem entgegen steht die Ansicht, dass der Gesetzgeber im Rahmen der Sittenwidrigkeitsklausel auch sozialwidriges Verhalten ahnden wolle, weshalb auch schon unterhalb der von einigen geforderten sehr hohen Eingriffsschwelle eine inhaltliche Kontrolle möglich sei.[584]

In vielen Punkten hat der Gesetzgeber diese Abwägung mittlerweile durch den Erlass zwingender und halbzwingender Normen vorweggenommen.[585] Zu nennen wäre hier beispielhaft die Kontrolle von AGBs[586], andere Verbraucherschutzgesetze[587] oder das Gesetz gegen Wettbewerbsbeschränkungen[588]. Es handelt sich hierbei um Entwicklungen, die in der Literatur nicht unumstritten waren.[589] Trotzdem blieben sie dauerhafter Bestandteil unserer Rechtsordnung und wurden teilwiese in das BGB aufgenommen[590].

In den soeben vorgetragenen Beispielen hat der Gesetzgeber typisierend Situationen geregelt, in denen mit einer Vertragsungleichheit zu rechnen ist, weshalb ausgleichende rechtliche Maßnahmen notwendig werden.[591] Bisweilen wird vorgetragen, dass die typisierende Regelung des Gesetzgebers grundsätzlich einer Kontrolle qua richterlicher Deutungshoheit vorzuziehen sei.[592]

Jenseits expliziter gesetzlicher Regelungen muss auf die Generalklauseln des BGB zurückgegriffen werden. Nach § 134 BGB sind Verträge nichtig, die gegen ein gesetzliches Verbot verstoßen. Die Norm bildet damit ein wichtiges Scharnier zwischen dem Zivilrecht und den Verbotsnormen, die die zivilrechtlichen Rechtsfolgen nicht eigenständig regeln.[593] Nach § 138 Abs. 1 BGB ist ein

---

582 *Schmolke*, Grenzen der Selbstbindung im Privatrecht, 2013, S. 25.

583 *Schmolke*, Grenzen der Selbstbindung im Privatrecht, 2013, S. 41.

584 *Damm*, JZ 1986, 913, 918.

585 *Kroppenberg*, Privatautonomie von Todes wegen, 2008, S. 63.

586 Gesetz zur Regelung des Rechts der Allgemeinen Geschäftsbedienungen vom 09.12.1976, BGBl. I S. 3317.

587 Zum Beispiel das Haustürwiderrufsgesetz vom 16.01.1986, BGBl. I S. 122.

588 Vom 27.07.1957 BGBl I, S. 1081.

589 *Kroppenberg*, Privatautonomie von Todes wegen, 2008, S. 63; vgl auch *Canaris*, AcP 200 (2000), 273, 320 ff.

590 Die AGB-Kontrolle findet sich nun in den §§ 307 ff BGB, und das Haustürgeschäft in § 312b BGB.

591 *Coester-Waltjen*, AcP 190 (1990), 1, 15 f.

592 *Isensee*, in: Repgen/Lobinger/Hense u.a. (Hrsg.), Vertragsfreiheit und Diskriminierung, 2007, S. 239, 265.

593 *Neuner*, Allgemeiner Teil des bürgerlichen Rechts, ^{12}2020, S. 545.

Rechtsgeschäft nichtig, soweit es gegen die guten Sitten verstößt. Die Norm soll auch jenseits expliziter Normierungen grobe Verstöße gegen in der Rechtsgemeinschaft anerkannte soziale und ethische Prinzipien ahnden.[594] In den Motiven findet sich zur Einführung einer solch umfassenden Generalklausel folgende Ausführung: „*Die Grenze ist dahin zu ziehen, dass Nichtigkeit eintritt, wenn der Inhalt eines Rechtsgeschäftes unmittelbar, in objektiver Hinsicht und unter Ausscheiden der subjektiven Seite, die guten Sitten verletzt. [...] Die Vorschrift stellt sich als bedeutsamer gesetzgeberischer Schritt dar, der vielleicht nicht ohne Bedenken ist. Dem richterlichen Ermessen wird ein Spielraum gewährt, wie ein solcher großen Rechtsgebieten bisher unbekannt ist.*“[595]

Seither wurde die Sittenwidrigkeitsklausel durch die Rechtsprechung genutzt, um verschiedene Vertragskonstellationen einer inhaltlichen Kontrolle zu unterziehen. Ein wichtiges Beispiel ist hierbei die Überprüfung von Bürgschaftsverträgen naher Angehöriger, welches in der Folge noch ausführlicher behandelt werden soll.[596] In jüngerer Zeit hat sich die Rechtsprechung auch der Kontrolle von Eheverträgen zugewandt: Ausgehend von der Entscheidung des BVerfG vom 06. Februar 2001[597] hat der BGH mit der Kernbereichslehre ein System entwickelt, um eine inhaltliche Überprüfung von Eheverträgen durchzuführen.[598] Teilweise gehen auch gesetzlich kodifizierte Kontrollinstrumente, wie beispielsweise die Kontrolle von AGB, auf eine vorherige Rechtsprechungsentwicklung im Rahmen einer Sittenwidrigkeitskontrolle zurück.[599] In diesem Zusammenhang lässt sich § 138 BGB als eine „*generalklauselförmige Normierung*“ missbilligter Vertragskonstellationen sehen.[600] Nimmt man die verfassungsrechtliche Gewährleistung der Privatautonomie in den Blick, so kann mittels § 138 BGB auch das staatliche Schutzgebot der Grundrechte verwirklicht werden.[601]

---

594 *Neuner*, Allgemeiner Teil des bürgerlichen Rechts, [12]2020, S. 553.

595 Motive zu dem Entwurfe eines Bürgerlichen Gesetzbuches für das Deutsche Reich - Band I - Allgemeiner Teil, 1888, S. 211.

596 BVerfGE 89, 214, BGH NJW 2009, 2671; ausführlich unten S. 124.

597 BVerfGE 103, 89.

598 BGHZ 158, 81, 88; mittlerweile in ständiger Rechtsprechung: BGH FamRZ 2014, 629.

599 BGHZ 22, 90; BGHZ 51, 55, vgl. auch *Raiser*, Das Recht der allgemeinen Geschäftsbedingungen, 1961, S. 99 ff; *Damm*, JZ 1986, 913, 922.

600 *Damm*, JZ 1986, 913, 918.

601 Siehe oben S. 68.

5.3.1.3.3 Nachträgliche Anpassung des Vertragsinhaltes

Die Inhaltskontrolle beschäftigt sich maßgeblich mit der Frage, ob ein Vertrag bei Vertragsschluss die inhaltlichen Voraussetzungen für eine Gültigkeit erfüllt. Eine andere, damit verwandte Problematik ist, wie mit nachträglich geänderten, von den Parteien nicht vorhergesehenen Umständen umzugehen ist. Nach § 313 BGB können Verträge im Nachhinein angepasst oder aufgehoben werden, wenn sich die Umstände maßgeblich geändert haben, die zur Grundlage des Geschäfts geworden sind. Durch das Institut der Geschäftsgrundlage werden insbesondere die Umstände und Vorstellungen in den Blick genommen, die Grundlage für die Willensbildung der Parteien sind.[602] Grundsätzlich trägt jede Vertragspartei selbst das Risiko für Fehlvorstellungen, die nicht von den engen Voraussetzungen für eine Anfechtung wegen Irrtums (§ 119 BGB) oder Täuschung und Drohung (§ 123 BGB) erfasst werden.[603] Kommt es jedoch bei beiden Vertragsparteien zu derselben gravierenden Fehleinschätzung, ist es mitunter nicht angemessen, die wirtschaftlichen Folgen einer Vertragspartei alleine aufzubürden.[604]

Eine weitere Möglichkeit, auf nachträglich geänderte Umstände einzugehen, bietet § 242 BGB. Überprüft wird hier nicht das vertragliche Regelwerk an sich, sondern ob eine Ausübung der vertraglichen Rechte als rechtsmissbräuchlich angesehen werden muss.[605] Insbesondere Eheverträge werden regelmäßig auch im Rahmen einer Ausübungskontrolle nach § 242 BGB überprüft, wenn es nach Vertragsschluss zu einer Verschiebung der Interessen der Vertragsparteien kam.[606] Vereinzelt wird in der Literatur vorgeschlagen, die Ausübungskontrolle als Instrument der Vertragsanpassung auszudehnen, um den Vertragsbeziehungen bei geänderten Umständen gerecht zu werden.[607]

---

602 Grundlegend *Oertmann*, Die Geschäftsgrundlage, 1921, S. 132.

603 *Neuner*, Allgemeiner Teil des bürgerlichen Rechts, ^{12}2020, S. 475.

604 *Neuner*, Allgemeiner Teil des bürgerlichen Rechts, ^{12}2020, S. 513.

605 *Sanders*, Statischer Vertrag und dynamische Vertragsbeziehung, 2008, S. 290; siehe unten S. 116.

606 BGHZ 158, 81, 101.

607 *Sanders*, Statischer Vertrag und dynamische Vertragsbeziehung, 2008, S. 376; speziell für den Pflichtteilsverzichtsvertrag *Dutta*, AcP 209 (2009), 760, 799.

5.3.2 *Grenzen der vertraglichen Gestaltung im Erbrecht*

5.3.2.1 *Formale Vorgaben*

Für den Erbverzicht, den Pflichtteilsverzicht und den Zuwendungsverzicht ist zunächst die notarielle Form vorgesehen (§ 2348 BGB; § 2352 BGB). Gleiches muss auch für das zugrundeliegende Kausalgeschäft gelten. Anderenfalls könnte die Formvorschrift des § 2348 BGB durch ein wirksames (formloses) Kausalgeschäft umgangen werden.[608] Die notarielle Form erfüllt dabei eine Warnfunktion, eine Klarstellungs- und Beweisfunktion sowie eine Beratungsfunktion.[609] Sie kann damit das Risiko eines übereilten und unüberlegten Verzichtsvertrages begrenzen. Gleichzeitig ist es schwierig, im Rahmen einer notariellen Beratung auf sämtliche wirtschaftlichen und sozialen Umstände einzugehen.[610] Dies ist ganz besonders der Fall, wenn die soziale und wirtschaftliche Abhängigkeit das eigentliche Risiko für eine freie Entscheidungsfindung darstellt.[611]

5.3.2.2 *Inhaltliche Vorgaben*

Im Hinblick auf den Vertragsinhalt sind darüber hinaus die allgemeinen Vorschriften für Rechtsgeschäfte und Willenserklärungen anwendbar.[612] Namentlich die Anfechtung wegen Irrtums nach § 119 BGB sowie wegen Drohung oder Täuschung nach § 123 BGB, die Regelungen zum Wegfall der Geschäftsgrundlage nach § 313 BGB sowie auch die Regelungen der Sittenwidrigkeit nach § 138 BGB sind grundsätzlich auf den erbrechtlichen Verzichtsvertrag anwendbar.[613] Gleiches gilt dem Prinzip nach auch für eine Ausübungskontrolle nach § 242 BGB.[614] Dabei wird regelmäßig betont, dass es sich bei einem solchen Verzichtsvertrag um ein aleatorisches Geschäft handelt, da die genaue Entwicklung des Nachlasses zum Zeitpunkt des Verzichts und des Abfindungsvertrages noch nicht feststeht.[615] Eine von den Parteien unvorhergesehene Entwicklung des

608 Dazu ausführlich: *Schotten*, DNotZ 1998, 163, 176, 177.

609 Erman/*Arnold*, § 125 BGB Rn. 2 ff.

610 *Röthel*, in: Limmer (Hrsg.), Gestaltungspraxis und Inhaltskontrolle, 2014, S. 49, 65.

611 Vgl. *Röthel*, in: Limmer (Hrsg.), Gestaltungspraxis und Inhaltskontrolle, 2014, S. 49, 65.

612 MünchKomm/*Wegerhoff*, § 2346 BGB Rn. 41.

613 MünchKomm/*Wegerhoff*, § 2346 BGB Rn. 40.

614 .MünchKomm/*Wegerhoff*, § 2346 BGB Rn. 41.

615 Erman/*Simon*, Vor § 2346 BGB Rn. 7.

Nachlasswertes soll dabei im Grundsatz weder zur Anfechtung berechtigen[616] noch einen Wegfall der Geschäftsgrundlage rechtfertigen.[617]

5.3.2.3 Einzelfälle

5.3.2.3.1 Erhebliche Ungleichgewichtslage

Nur in Einzelfällen wurde bisher von Land- und Oberlandesgerichten eine inhaltliche Überprüfung von Erb- oder Pflichtteilsverzichtsverträgen überhaupt in Betracht gezogen. Erstmalig taucht diese Überlegung in der Entscheidung des OLG München vom 25. Januar 2006 auf.[618] Hier entschied das OLG München über einen Erb- und Pflichtteilsverzicht, den ein Vater mit seinem nichtehelichen Sohn und dessen Zwillingsschwester geschlossen hatte, kurz nachdem beide die Volljährigkeit erlangt hatten. Dabei wurden die Kinder des Erblassers schon über die rechtliche Grundlage der Abfindungsberechnung unrichtig informiert[619] und auch nur lückenhaft über das tatsächliche Vermögen des Vaters aufgeklärt.[620] Darüber hinaus wurde der Erb- und Pflichtteilsverzicht nach § 2346 BGB deshalb geschlossen, um damit das Mindestalter des vorzeitigen Erbausgleichs für nichteheliche Kinder zu umgehen. [621] Die daraus folgende gravierende Verhandlungsdisparität war der Anlass, den Pflichtteilsverzicht insgesamt als sittenwidrig nach § 138 Abs. 1 BGB und damit als nichtig einzustufen.[622]

Zuletzt entschied das OLG Hamm am 08. November 2016 über die Wirksamkeit eines Pflichtteilsverzichtes und kam dabei zu dem Ergebnis, dass die konkrete Vereinbarung nach § 138 BGB nichtig sei.[623] Ein wesentlicher Aspekt der Entscheidung war, dass es eine auffallende Disparität zwischen dem sofortigen und unbedingten Verzicht auf das Erb- und Pflichtteilsrecht und der nur bedingten Abfindung gab, die zu einer erheblichen Ungleichgewichtslage führte.[624] Konkret sollte der Sohn für den Verzicht auf sein Erb- und Pflichtteilsrecht zwei PKWs erhalten, jedoch nur unter der Bedingung, dass er das 25. Lebensjahr

---

616 Erman/*Simon*, Vor § 2346 BGB Rn. 13.
617 Erman/*Simon*, Vor § 2346 BGB Rn. 14.
618 OLG München MittBayNot 2006, 428.
619 OLG München MittBayNot 2006, 428, 429.
620 OLG München MittBayNot 2006, 428, 429.
621 OLG München MittBayNot 2006, 428, 429.
622 OLG München MittBayNot 2006, 428, 430.
623 OLG Hamm NJW 2017, 576; der ausführliche Sachverhalt oben S. 6.
624 OLG Hamm NJW 2017, 576, 577.

erreicht und sowohl die Gesellenprüfung als auch die Meisterprüfung mit der Note 1 besteht.[625] Das OLG Hamm argumentierte, diese Wahl der Bedingungen verbunden mit der Konsequenz, dass der Sohn die volle Abfindung bei einem Nichteintritt verliert, sei dazu geeignet, den Sohn erheblich in seiner Berufswahl und somit in seinem Persönlichkeitsrecht einzuschränken.[626]

Das OLG Hamm stützte seine Entscheidung darüber hinaus auf weitere Umstände, die das Verhandlungsungleichgewicht zwischen Vater und Sohn zusätzlich störten und somit den sittenwidrigen Charakter des Rechtsgeschäftes verstärkten. Das OLG beanstandete insbesondere, dass der Verzichtsvertrag zwei Tage nach dem 18. Geburtstag des Sohnes geschlossen wurde.[627] Auch war der Sohn im Vorfeld nicht über die Bedingungen des Vertrages informiert worden, und der Vater hatte vielmehr den Eindruck erweckt, dass es sich um ein Geburtstagsgeschenk handle.[628] Das OLG stellte fest, dass der Sohn emotional nicht mehr in der Lage gewesen sei, den Vertrag abzulehnen.[629] Im Ergebnis entschied das OLG, dass hier die Voraussetzungen des § 138 Abs. 1 BGB erfüllt sind und der Pflichtteilsverzicht nichtig ist.[630]

5.3.2.3.2 Pflichtteilsverzichte im Zusammenhang mit Eheverträgen

In weiteren Fällen steht ein in Zusammenhang mit einem Ehevertrag geschlossener Pflichtteilsverzicht in Rede. Zunächst bejahte das OLG Nürnberg die Frage, ob eine in einen Ehevertrag aufgenommene Absicht, auf den Pflichtteil im Rahmen einer gemeinschaftlichen Nachfolgeplanung zu verzichten, die Geschäftsgrundlage für einen gleichzeitig geschlossenen gegenseitigen Pflichtteilsverzicht der Ehegatten darstellen könne.[631] Der Verzichtvertrag wurde aufgrund der Grundsätze des Wegfalls der Geschäftsgrundlage als nichtig erachtet, da die Ehegatten der Vereinbarung, weitere testamentarische Verfügungen zu treffen, nicht nachkamen.[632] Eine Nichtigkeit des gesamten Ehevertrages nach

625 OLG Hamm NJW 2017, 576, 577.
626 OLG Hamm NJW 2017, 576, 577.
627 OLG Hamm NJW 2017, 576, 577.
628 OLG Hamm NJW 2017, 576, 578.
629 OLG Hamm NJW 2017, 576, 578.
630 OLG Hamm NJW 2017, 576, 577; ausführlich zu der Verbindung zwischen Pflichteilsverzicht und Abfindung siehe oben S. 51.
631 OLG Nürnberg, ZEV 2003, 514.
632 OLG Nürnberg, ZEV 2003, 514, 515 ff.

§ 138 Abs. 1 BGB entsprechend der Grundsätze der Kernbereichslehre lehnte das Gericht jedoch für den konkreten Fall ab.[633]

Das LG Ravensburg kam in einem anderen Verfahren zu dem Schluss, dass ein Erb- und Pflichtteilsverzicht, welcher im Zusammenhang mit einem nach § 138 Abs. 1 BGB nichtigen Ehevertrag geschlossen wurde, ebenfalls nichtig sei.[634] Die evident einseitige Lastenverteilung, die zur Nichtigkeit des Ehevertrages führte, setze sich in dem im Erb- und Pflichtteilsverzicht enthaltenen Ausschluss des § 1933 S. 3 BGB fort und trage damit wesentlich zu der einseitigen Lastenverteilung bei.[635]

5.3.2.3.3 Wiedervereinigungsfälle

Eine weitere Gruppe an Fällen, in denen eine nachträgliche Anpassung von erbrechtlichen Verzichtsverträgen stattfand, sind eng mit dem historischem Ereignis der Wiedervereinigung verbunden: Waren innerhalb der DDR die zum Nachlass gehörigen Grundstücke praktisch wertlos, trat zum Zeitpunkt der Wiedervereinigung jedoch eine grundlegende Wertsteigerung der Grundstücke ein.[636] Das OLG Hamm geht in einem solchen Fall davon aus, dass die Werthaltigkeit der Grundstücke zu DDR-Zeiten zur Geschäftsgrundlage des Vertrages geworden sei und diese zum Zeitpunkt der Wiedervereinigung entfallen sei.[637] In dem vorliegenden Fall sei der Rückgriff auf den Wegfall der Geschäftsgrundlage auch nicht durch die im Verzichtsvertrag vorgenommene Risikoallokation gesperrt und ein Festhalten an dem Abfindungsvertrag für die weichenden Erben in Ansehung aller Umstände nicht zumutbar.[638]

5.3.2.3.4 Pflichtteilsverzichtsverträge zu Lasten des Sozialträgers

Allein die bei Vertragsschluss offenkundige Bedürftigkeit des Pflichtteilsempfängers reicht indes nicht aus, um das Verdikt der Sittenwidrigkeit zu erreichen. So entschied der Bundesgerichtshof im Fall eines behinderten Empfängers von Sozialleistungen, dass vorliegend keine Sittenwidrigkeit vorläge.[639] In der

---

633 OLG Nürnberg, ZEV 2003, 514, 514.

634 LG Ravensburg, ZEV 2008, 598.

635 LG Ravensburg, ZEV 2008, 598, 600; anderer Ansicht: *Münch*, ZEV 2008, 571, 578: Zumindest bei Vorliegen einer salvatorischen Klausel ist eine getrennte Betrachtung der erbrechtlichen Verfügung angebracht.

636 OLG Hamm, ZEV 2000, 507.

637 OLG Hamm ZEV 2000, 507, 508.

638 OLG Hamm ZEV 2000, 507, 508.

639 BGHZ 188, 96.

vorliegenden Konstellation forderte der Sozialhilfeträger die Pflichtteilssumme aus übergeleitetem Recht.[640] Das Subsidiaritätsprinzip sei an vielen Stellen durchbrochen, und könne daher einem Pflichtteilsverzicht nicht entgegengehalten werden.[641] Die Entscheidung schließt sich damit nahtlos an die in Bezug auf das Behindertentestament getroffenen Wertungen an.[642]

5.3.2.3.5 Tendenz der Rechtsprechung

Insbesondere die Entscheidung des OLG Hamms befasst sich mit der Frage, inwieweit ein Pflichtteilsverzichtsvertrag eine unangemessene Benachteiligung für den Verzichtenden darstellt.[643] Gleichwohl zeigt sowohl die geringe Anzahl der verhandelten Fälle als auch die generelle Zurückhaltung der Gerichte, einen Erb- oder Pflichtteilsverzicht für nichtig zu erklären, dass es sich bei den ergangenen Urteilen im Wesentlichen um Einzelfälle handelt.[644] Der BGH selbst hat keinen Fall entschieden, in dem die Wirksamkeit eines Erb- und Pflichtteilsverzichtes deshalb in Frage stand, weil eine der Parteien der Vereinbarung nur aufgrund eines Verhandlungsungleichgewichtes zustimmte. Die grundsätzliche Annahme ist dabei, dass ein Pflichtteilsverzichtsvertrag nur in Ausnahmefällen nach § 138 BGB sittenwidrig ist.[645]

Auch die land- und oberlandesgerichtlichen Urteile wurden in der Literatur als Einzelfallentscheidungen gewertet, welchen die besonderen Umstände des Falls zugrunde liegen.[646] Darüber hinaus lassen sich in der Rechtsprechung auch Beispiele finden, in denen hohe Anforderungen an die Sittenwidrigkeit eines Pflichtteilsverzichtes gestellt werden. Das LG Düsseldorf lehnte es ab, einen Erb – und Pflichtteilsverzicht als nach § 138 Abs. 1 BGB nichtig anzusehen, da die vorgetragenen Argumente nicht ausreichten, um eine Sittenwidrigkeit zu begründen.[647] Der Pflichtteilsverzicht war nach Auffassung des Gerichts nicht schon deshalb sittenwidrig, weil ein erhebliches Missverhältnis zwischen der Vermögenslage des Verzichtenden und dem Vermögen des Erblassers bestand

640 BGHZ 188, 96, 97.

641 BGHZ 188, 96, 102.

642 BGHZ 188, 96, 101; zum Behindertentestament siehe auch S 80.

643 OLG Hamm NJW 2017, 576.

644 Vgl. insbesondere: LG Ravensburg, ZEV 2008, 598, 599; siehe auch: *Kapfer*, MittBayNot 2006, 385.

645 Vgl. BGHZ 188, 96.

646 *Kapfer*, MittBayNot 2006, 385.

647 LG Düsseldorf, Urteil vom 02. März 2007 – 6 O 182/06 –, juris.

und der Erblasser drohte, sein Vermögen seiner Lebensgefährtin zu übertragen.[648] Ausschlaggebend sei vielmehr die gesamte wirtschaftliche und soziale Situation des Verzichtenden, zu der der Sohn des Erblassers im Verfahren keine weiteren Angaben gemacht hatte. [649]

5.4 Zusammenfassung

Die private Ausgestaltung der erbrechtlichen Beteiligung ist in zwei Dimensionen grundsätzlich möglich. Zunächst eröffnet die Testierfreiheit dem Erblasser die Möglichkeit, die Erbfolge einseitig festzulegen.[650] Dann erlaubt der Pflichtteilsverzicht auch die wertmäßige Beteiligung engster Familienangehörigen mittels Vertrag zu modifizieren und auszuschließen.[651]

Die Testierfreiheit in ihrer Einseitigkeit wird dabei ganz dem Willen des Erblassers zugeordnet. Sie wird dann zunächst offensichtlich durch das Pflichtteilsrecht begrenzt, welches der familiären Verpflichtung des Erblassers Rechnung trägt,[652] gleichzeitig aber auch die ansonsten freie Entscheidungsbefugnis des Erblassers im Rahmen der Testamentsgestaltung legitimiert.[653] Auf mehr als den Pflichtteil haben Familienangehörige grundsätzlich keinen Anspruch.

Willensausübung ist jedoch in keinem Fall unbegrenzt. Vielmehr finden sich Schranken in der objektiven Rechts- und Werteordnung der Gesellschaft.[654] Soweit die Testierentscheidung des Erblassers betroffen ist, hat sich hier eine vergleichsweise differenzierte Rechtsprechung entwickelt, die die Grenzen der möglichen Testierentscheidungen aufzeigt. Lag zunächst der Fokus auf Verhaltensweisen des Erblassers, die mit der objektiven Moralvorstellung der Gesellschaft im Wiederspruch standen,[655] so ist mittlerweile die Überlegung des Adressatenschutzes in den Mittelpunkt gerückt.[656] Damit gelten alle Verfügungen insbesondere dann als nach § 138 BGB nichtig, soweit der Erblasser die Nachlassgestaltung dazu nutzt, die persönliche Entschließungsfreiheit des Erben

648 LG Düsseldorf, Urteil vom 02. März 2007 – 6 O 182/06 –, juris, Rn. 37, 42.
649 LG Düsseldorf, Urteil vom 02. März 2007 – 6 O 182/06 –, juris, Rn. 39, 42.
650 Siehe S. 69 ausführlich auch schon S. 25.
651 Siehe S. 82.
652 Siehe S. 70; ausführlich auch schon S. 28 ff.
653 Siehe S. 70.
654 Siehe S. 70.
655 Siehe S. 71 ff.
656 Siehe S. 75 ff.

nachhaltig zu beeinträchtigen.[657] Eine unlautere Einflussnahme des Erblassers wird in der Rechtsprechung insbesondere im Rahmen der Potestativbedingung als sittenwidrig eingestuft.[658]

Der Pflichtteilsverzicht ermöglicht auch dem Pflichtteilsberechtigten eine willentliche Einflussnahme auf die Nachfolgegestaltung.[659] Der Vertrag beruht dabei auf dem beiderseitigen Parteiwillen und führt zu einer Rechtsbindung für die Beteiligten.[660] Obwohl der Vertrag durch den Parteiwillen legitimiert wird, bestimmt sich der Vertragsinhalt zunächst durch das, was die Parteien objektiv erklärt haben.[661] Dabei sind die Parteien für den Inhalt des Vertrages selbst verantwortlich.[662] Allerdings gibt es immer wieder Konstellationen, in denen die Vertragsparteien ihre Interessen in ungleichem Maße vertreten können. Im Ergebnis kann ein unter diesen Umständen geschlossener Pflichtteilsverzichtsvertrag die unterlegene Vertragspartei erheblich benachteiligen. Dem gegenüber steht zunächst die allgemeine Forderung, dass eine Benachteiligung, die zu einer fehlerhaften oder unfreien Willensbildung führt, durch rechtliche Vorgaben ausgeglichen werden muss.[663]

Im Einzelfall, wenn ein eklatant ungleiches Verhandlungsgeschehen den Pflichtteilsverzicht massiv zugunsten einer Partei verzerrt, gewährt die Rechtsprechung Abhilfe in Form einer richterlichen Kontrolle.[664] Ein grundlegendes Konzept für die Kontrolle von Pflichtteilsverzichtsverträgen lässt sich im Rahmen der bestehenden Rechtsprechung jedoch nicht feststellen.[665]

6 Inhaltskontrolle von Pflichtteilsverzichtsverträgen

In vielen Fällen ist der Pflichtteilsverzicht eine Notwendigkeit der Kautelarpraxis, um angesichts der festen Pflichtteilsquote den Verfügungsrahmen des Erblassers zu erweitern.[666] Allerdings erregt die Vermutung Besorgnis, dass der Pflichtteilsberechtigte oft durch eine unausgewogene Ausgestaltung

---

657 Siehe S. 78.
658 Siehe S. 82.
659 Siehe S. 83.
660 Siehe S. 83.
661 Siehe S. 83.
662 Siehe S. 86.
663 Siehe S. 92.
664 Siehe S. 93 ff.
665 Siehe S. 95.
666 *Zimmer*, NJW 2017, 513; siehe auch S. 45.

des Vertrages benachteiligt werde.[667] Die Rechtsprechung hat in Einzelfällen reagiert und Pflichtteilsverzichtsverträge für ungültig erklärt, bei denen die Vertragsparität im groben Maß gestört ist.[668] Gefordert wird in der Literatur ein weiterreichender Schutz des Verzichtenden vor dem Abschluss eines ungünstigen Vertrages,[669] zumindest aber ein systematisches Vorgehen der Rechtsprechung.[670]

6.1 Ausgangspunkt: Ehevertragsrecht

6.1.1 Vertragsfreiheit im Rahmen von Eheverträgen

Ausgangspunkt der Überlegungen für eine umfassende Inhaltskontrolle von Pflichtteilsverzichtsverträgen ist das Ehevertragsrecht, das ausgehend von einer Entscheidung des BVerfG im Jahr 2001 durch die Rechtsprechung grundlegend neu gestaltet wurde.[671] Der Ehevertrag, in § 1408 Abs. 1 BGB zunächst legaldefiniert als vertragliche Vereinbarung der Ehegatten über den Güterstand, kann darüber hinaus auch Regelungen zu den rechtlichen Folgen einer Scheidung, insbesondere dem Versorgungsausgleich (§ 1408 Abs. 2 BGB; § 6 VersAusglG) und den nachehelichen Unterhaltsansprüchen (§ 1585c BGB) enthalten. Er ermöglicht es den Ehegatten oder Lebenspartnern (vgl. § 7 LPartG), die rechtlichen Folgen der Scheidung weitestgehend selbst zu bestimmen.[672]

Die Möglichkeit, die ehelichen Vermögensverhältnisse an die jeweilige Familiensituation anzupassen, war von vorneherein intendiert. Schon bei Einführung des BGB wurde die Ehevertragsfreiheit als Ausweg gewertet, um im Einzelfall eine Anpassung der neuen gesetzlichen Güterstände vorzunehmen.[673] Auch die vertragliche Regelung der Unterhaltsansprüche wurde aus gesetzgeberischer Sicht als wünschenswert erachtet, da so unnötige Streitigkeiten vermieden werden können.[674]

---

667 *Röthel*, NJW 2012, 337, 341.

668 OLG München MittBayNot 2006, 428; OLG Hamm NJW 2017, 576.

669 *Röthel*, NJW 2012, 337, 341*dies.*, NJW 2012, 337 ff.; *dies.*, in: Limmer (Hrsg.), Gestaltungspraxis und Inhaltskontrolle, 2014, S. 49, 63–67; *dies.*, in: dies. (Hrsg.), Verträge in der Unternehmerfamilie, 2014, S. 9, 50–53; *Dutta*, AcP 209 (2009), 760 ff.

670 Vgl. *Röthel*, in: dies. (Hrsg.), Verträge in der Unternehmerfamilie, 2014, S. 9, 20.

671 BVerfG NJW 2001, 2248; vgl. *Wachter*, ZErb 2004, 238.

672 *Dauner-Lieb/Sanders*, FPR 2005, 141.

673 *Planck*, in: Schubert (Hrsg.), Die Vorlagen der Redaktoren für die erste Kommission zur Ausarbeitung des Entwurfs eines Bürgerlichen Gesetzbuches, 1984, S. 297.

674 BT-Drucks 7/650, S. 149.

Konsequenterweise wurde die Gestaltungsbefugnis der Ehegatten lange Zeit sehr weit ausgelegt und den Parteien ein entsprechend großzügiger Gestaltungsspielraum zugebilligt.[675] Nur soweit ein Verzicht auf Unterhalt nach § 1570 BGB die Interessen der gemeinsamen Kinder gefährdete, konnte sich der unterhaltpflichtige Ehegatte nach § 242 BGB nicht auf die Vereinbarung berufen.[676] Nichtig nach § 138 Abs. 1 BGB konnte eine Vereinbarung dann sein, wenn die Parteien sie zu Lasten des Sozialträgers geschlossen hatten.[677] Darüber hinaus wurden Eheverträge nur sehr restriktiv richterlich überprüft.[678]

6.1.2 Paradigmenwechsel

Diese sehr vertragsfreundliche Haltung wurde aufgegeben, um den im Grundgesetz verankerten Schutz der Familie zu stärken. Die Ehe kann trotz aller Pluralität von staatlicher Seite nur als gleichberechtigte Partnerschaft gesehen werden.[679] Dieses Bild prägt auch die Gestaltungshoheit der Ehepartner.[680] Dennoch sah der BGH in Art 6 Abs. 1 GG zunächst keine Begrenzung der Vertragsfreiheit der Ehepartner.[681] Durchbrochen wurde diese Rechtswertung durch die Entscheidungen des BVerfG vom 06. Februar 2001[682] und vom 29. März 2001.[683] In beiden Fällen war der zum Zeitpunkt des Vertragsschlusses schwangeren Ehefrau vor der Hochzeit der Abschluss eines Ehevertrages mit umfassendem Ausschluss nachehelicher Ansprüche nahegelegt worden. Streitgegenstand in der ersten Entscheidung war eine Teilfreistellung des Ehemanns durch die Ehefrau vom Kindesunterhalt,[684] in

675 BGH FamRZ 1985, 788: Auch ein vollständiger Verzicht auf nachehelichen Unterhalt berühre den Kernbereich der Ehe nicht und verstoße insoweit nicht gegen zwingendes Recht.

676 So schon grundlegend die Überlegung in BGH FamRZ 1985, 788, 789; dezidiert BGH FamRZ 1987, 46, 47.

677 BGHZ 86, 82; sehr restriktiv: BGH FamRZ 1992, 1403, 1404.

678 BGH FamRZ 1996, 1536, 1536: schwangere Ehefrau.

679 *Dauner-Lieb*, FF 2004, 65.

680 *Dauner-Lieb*, FF 2004, 65.

681 BGH FamRZ 1985, 788: Ausgangspunkt der Überlegung war hier die nach alter Rechtslage gänzlich entfallende Unterhaltspflicht bei Verschulden des Ehepartners.

682 BVerfGE 103, 89.

683 BVerfG NJW 2001, 2248.

684 BVerfGE 103, 89, 95.

der zweiten der Ehegattenunterhalt, der über das nach bisheriger Rechtsprechung ohnehin schon Zugebilligte hinausreichte.[685]

Das BVerfG widersprach in seinem Urteil der bisherigen Rechtspraxis: Zwar ermögliche es Art 2 Abs. 1 GG i.V.m. Art. 6 Abs. 1 GG grundsätzlich den Ehegatten, ihre Beziehung vertraglich individuell auszugestalten.[686] Gleichzeitig schütze Art. 6 Abs. 1 BGB aber nur eine im Sinne des Art 3 Abs. 2 GG gleichberechtigte Ehe.[687] Der Abschluss eines Ehevertrages im Kontext mit einer Schwangerschaft schwäche grundsätzlich die Verhandlungsposition der Ehefrau[688]. Insbesondere bei einer evident einseitigen Lastenverteilung entfalte Art 2 Abs. 1 GG i.V.m. Art. 6 Abs. 4 GG eine Schutzwirkung zugunsten der Ehefrau als werdender Mutter.[689] Ebenso seien bei Kindern der Vertragsfreiheit der Eheleute durch das Kindeswohl nach Art. 6 Abs. 2 GG Grenzen gesetzt.[690] Daher sei eine vertiefte richterliche Kontrolle der vertraglichen Vereinbarung notwendig.[691]

Der BGH griff die Vorgaben des BVerfG in seinem Grundsatzurteil vom 11. Februar 2004 in Abkehr von der bisherigen Rechtsprechungspraxis auf.[692] Schon in der vorinstanzlichen Entscheidung des OLG München vom 01. Oktober 2002 war der Ehevertrag mit Verweis auf die ungleiche Lastenverteilung innerhalb der Familie als insgesamt sittenwidrig erachtet worden.[693] Der BGH stimmte zu, dass bei einer ungleichen Verhandlungsposition die Grundrechte der Parteien geschützt werden müssen.[694] In entsprechendem Umfang seien die Vereinbarungen durch die Gerichte im Rahmen der zivilrechtlichen Generalklauseln zu überprüfen.[695] Eine Abgrenzung erfolge danach, inwieweit eine entsprechende Regelung in den Kernbereich der Scheidungsfolgen eingreife.[696] Dabei seien sowohl die individuellen Verhältnisse der Ehegatten als auch die subjektiven Absichten bei Vertragsschluss ausschlaggebend.[697]

---

685 BVerfG NJW 2001, 2248, 2248.

686 BVerfGE 103, 89, 101.

687 BVerfGE 103, 89, 101.

688 BVerfGE 103, 89, 99; vgl. auch BVerfG NJW 2001, 2248, 2248, das Gericht betont, dass die Schwangerschaft nur ein Indiz für eine ungleiche Lastenverteilung ist.

689 BVerfGE 103 89, 99; NJW 2001, 2248, 2248.

690 BVerfGE 103, 89, 107.

691 BVerfGE 103, 89, 102.

692 BGHZ 158, 81, 88; mittlerweile in ständiger Rechtsprechung: BGH FamRZ 2014, 629.

693 OLG München FamRZ 2003, 35.

694 BGHZ 158, 81, 88.

695 BGHZ 158, 81, 90.

696 BGHZ 158, 81, 91; in Anlehnung an *Dauner-Lieb*, AcP 201 (2001), 295, 319 f.

697 BGHZ 158, 81, 100.

6.1.3 Die Kernbereichslehre

In der Konsequenz kann der Schutzzweck des Scheidungsfolgenrechtes nicht mehr willkürlich unterlaufen werden.[698] Mit der Kernbereichslehre hat die Rechtsprechung mittlerweile ein differenziertes System entwickelt, nach dem Eheverträge einer Inhalts- und Ausübungskontrolle unterworfen werden. Zu berücksichtigen sind dabei die Verhältnisse zum Zeitpunkt des Vertragsschusses ebenso wie die zum Zeitpunkt des Scheiterns der Lebensgemeinschaft.[699]

Die Rechtsprechung unterscheidet dabei die Scheidungsfolgen anhand eines Stufenverhältnisses.[700] Zum engsten Kernbereich gehört, nicht zuletzt aus Kindeswohlinteressen, der Betreuungsunterhalt nach § 1570 BGB.[701] Danach sind Unterhaltsansprüche wegen Krankheit (§ 1572 BGB) und Alters (§ 1571 BGB) ähnlich gewichtig.[702] Unterhaltsansprüche aufgrund von Erwerbslosigkeit sind dagegen nachranging, da schon das Gesetz die grundsätzliche Verantwortung auf den Anspruchsteller verlagere, sobald dieser eine gesicherte Tätigkeit aufgenommen habe (vgl. § 1573 BGB).[703] Dem nachrangig sind wiederum Krankenvorsorge- und Altersvorsorgeunterhalt (§ 1578 Abs. 2 1. Variante, Abs. 3 BGB).[704] Der Versorgungsausgleich lässt sich auf derselben Stufe einordnen wie der Altersunterhalt.[705] Schließlich sind die Unterhaltsansprüche auf Aufstockung und Ausbildungsunterhalt (§ 1573 Abs. 2 BGB; § 1575 BGB) noch einfacher abdingbar, da diese mit nur geringem gesetzlichen Schutz ausgestattet sind.[706] Am weitesten offen für eine vertragliche Einigung ist schließlich der Zugewinnausgleich, da gesetzlich nicht vorgegeben ist, welchem Ehepartner einzelne Vermögensgegenstände zuzuordnen sind.[707]

---

698 Erman/*Maier*, § 1585c BGB Rn. 17a.

699 BGH FamRZ 2005, 691, 693.

700 Erman/*Maier*, § 1585c BGB Rn. 17a.

701 BGHZ 158, 81, 97; vgl. auch BGH FamRZ 2005, 691, 692: Ein vollständiger Ausschluss ist dann zulässig, wenn mit gemeinsamen Kindern der Parteien nicht mehr zu rechnen ist.

702 BGHZ 158, 81, 97; BGH FamRZ 2005, 691, 692; BGH FamRZ 2005, 1449, 1450; vgl. auch *Bergschneider*, FamRZ 2005, 693, 694.

703 BGHZ 158, 81, 97.

704 BGHZ 158, 81, 98.

705 BGHZ 158, 81, 98; vgl. auch § 8 Abs. 1 VersAusglG, der eine Inhalts- und Ausübungskontrolle mittlerweile auf einfachgesetzlicher Ebene verankert.

706 BGHZ 158, 81, 98.

707 BGHZ 158, 81, 98; BGH FamRZ 2007, 1310, 1311.

Insbesondere die Einordung des Zugewinns auf der letzten Stufe wird gelegentlich kritisiert.[708] Nicht immer sei der unterbliebene Vermögensaufbau eines Ehepartners durch Unterhaltsansprüche kompensierbar.[709] Auch gebe es vereinzelt Fälle, in denen der Zugewinn durchaus auch Unterhaltsfunktionen erfülle.[710] Der BGH lehnte jedoch einen besonderen Schutz des Zugewinnausgleichs auch dann ab, wenn – etwa bei einer Unternehmerehe – die Altersvorsorge im Wesentlichen durch den Aufbau von Privatvermögen gewährleistet werden soll.[711] Eine Nichtigkeit kann sich hier nur im Wege einer Gesamtbetrachtung ergeben, wenn durch das Zusammenspiel aller Vereinbarungen eine einseitige Benachteiligung entsteht.[712]

Wird in den Kernbereich der gesetzlichen Scheidungsfolgen eingegriffen, ohne dass diese Nachteile ausgeglichen werden, so sei der Vertrag von vorneherein nach § 138 Abs. 1 BGB als sittenwidrig zu werten.[713]

Doch auch ein nach den vorstehenden Maßstäben zunächst wirksamer Vertrag wird einer Ausübungskontrolle nach § 242 BGB unterzogen. Entscheidend sind hierbei nicht mehr nur die Verhältnisse bei Vertragsschluss. Soweit bei der Scheidung aufgrund des Ehevertrages eine evident einseitige Lastenverteilung entsteht, ist zu überprüfen, inwieweit es missbräuchlich wäre, wenn sich der andere Partner auf die ihm vertraglich zustehenden Rechte beruft.[714] Eine Missbräuchlichkeit ist insbesondere dann gegeben, wenn die tatsächliche Ausgestaltung der Ehe erheblich von der Lebensplanung abweicht, die die Ehepartner dem Ehevertrag zugrunde gelegt haben.[715]

In der Konsequenz führt eine Ausübungskontrolle nach § 242 BGB jedoch, anders als eine Inhaltskontrolle, nicht zur sofortigen Unwirksamkeit des Vertrages.[716] Vielmehr sind die Rechtsfolgen durch den Richter so zu bemessen, dass die Interessen der Ehepartner angemessen zum Ausgleich gebracht werden. [717] Entscheidender Faktor ist auch hier, wie wichtig eine gesetzliche Vorgabe für den Kernbereich des Scheidungsfolgenrechts ist. [718]

---

708 *Dauner-Lieb*, FF 2004, 65, 69, vgl auch *Dutta*, AcP 209 (2009), 760, 786.
709 *Dauner-Lieb*, FF 2004, 65, 69.
710 *Dutta*, AcP 209 (2009), 760, 786.
711 BGH FamRZ 2017, 884, 887.
712 BGH FamRZ 2017, 884, 887.
713 BGHZ 158, 81, 100.
714 BGHZ 158, 81, 101.
715 BGHZ 158, 81, 101.
716 BGHZ 158, 81, 101.
717 BGHZ 158, 81, 101.
718 BGHZ 158, 81, 101.

6.1.4 Konsequenzen

Die Kernbereichslehre entwickelt aus dem grundgesetzlichen Schutzgebot des Art. 2 Abs. 1 i.V.m. Art 6 Abs. 4 GG ein differenziertes System für die Bewertung von Eheverträgen. Es stellt dabei nicht nur auf die typische Ungleichgewichtslage bei Vertragsschluss oder die vom BVerfG benannte ungleiche Lastenverteilung ab, sondern fordert eine Bewertung aller Umstände.[719] Die zentralen Wertungen des BVerfGs werden dabei in eine sehr komplexe Struktur übersetzt, für die der BGH eigene Vorgaben entwickelt hat.[720]

Dabei sind insbesondere Unterhaltsansprüche, die typischerweise eine nacheheliche Verantwortung der Ehepartner füreinander darstellen, unter den Schutz der richterlichen Inhaltskontrolle gestellt.[721] Teilhabeansprüche, insbesondere der Zugewinn sind dagegen weitestgehend der Parteiautonomie unterworfen.[722] Dies ist grundsätzlich auch dann der Fall, wenn der Zugewinn ausnahmsweise Funktionen nachehelichen Verantwortung erfüllt, etwa weil die Eheleute eine private Altersversorgung angespart haben.[723]

6.2 Übertragung der Kernbereichslehre

6.2.1 Schutz des Unterhalts

Schon sehr bald wurde die Frage untersucht, ob die für Eheverträge entwickelten Prinzipien nicht auch für erbrechtliche Verzichtsverträge anwendbar seien.[724] Eine Einordnung des Pflichtteils in das System der Kernbereichslehre wird dabei insbesondere mit einer funktionalen Ausdifferenzierung des Pflichtteilsrechtes verknüpft. Das Ehevertragsrecht belegt in diesem Zusammenhang, dass eine Inhaltskontrolle nach funktionsspezifischen Gesichtspunkten möglich ist,[725] weil im Rahmen der Kernbereichslehre Versorgungs- und Unterhaltsaspekte wesentlich stärker geschützt werden als die bloße Teilhabe.[726] Der besondere Stellenwert des Unterhalts ergibt sich darüber hinaus auch aus der gesetzlichen Regelung des § 1614 Abs. 1 BGB, die vorschreibt, dass auf Unterhalt unter

---

719 *Dauner-Lieb*, FF 2004, 65, 66.

720 *Dauner-Lieb*, FF 2004, 65, 66.

721 *Dauner-Lieb/Sanders*, FPR 2005, 141, 142.

722 *Dauner-Lieb/Sanders*, FPR 2005, 141, 142.

723 Sehr kritisch: *Dauner-Lieb/Sanders*, FPR 2005, 141, 145.

724 *Wachter*, ZErb 2004, 238; ablehnend: Erman/*Simon*, Vor § 2346 BGB Rn. 15.

725 *Dutta*, AcP 209 (2009), 760, 784.

726 Dazu Seite 103.

Lebenden nicht für die Zukunft verzichtet werden kann. Zweck ist, die privaten und öffentlichen Interessen, die mit dem Fortbestehen der Unterhaltspflicht verbunden sind, zu schützen.[727]

Soweit der Pflichtteil also tatsächlich eine Unterhaltsfunktion erfüllt, wird argumentiert, dass hier eine vergleichbare Schutzbedürftigkeit der Beteiligten besteht.[728] Aus diesem Grund wird in der Literatur sowohl eine direkte Übertragung der Kernbereichslehre auf das Pflichtteilsrecht als auch eine entsprechende Anwendung des § 1614 Abs. 1 BGB für Pflichtteilsverzichtsverträge vertreten.[729] Nach beiden Ansätzen ist das Ergebnis, dass ein Pflichtteilsverzicht dann unwirksam ist, wenn der Pflichtteil für den Verzichtenden eine Unterhaltsfunktion erfüllt.

Beide Herangehensweisen müssen jedoch schon im Ansatz daran scheitern, dass die Unterhaltsfunktion des Pflichtteils allenfalls ein Teilaspekt ist, der sich nicht von anderen Funktionen abgrenzen lässt.[730] Der Pflichtteil ist als pauschales Teilhaberecht ausgestaltet. Dies macht es schwer zu differenzieren, in welchem Umfang der Pflichtteil im Einzelfall eine Unterhaltspflicht erfüllt. Ein Schutz der Unterhaltsinteressen des Einzelnen im Wege einer Vertragskontrolle ist damit nicht möglich, ohne eine Aufspaltung des Pflichtteilsrechtes nach funktionsspezifischen Aspekten zu erzwingen, die nicht in der gesetzlichen Grundlage angelegt ist.

Die Tatsache, dass der Unterhaltsaspekt des Pflichtteils nach der rechtlichen Wertung gerade keinen gesonderten Schutz genießt, wird auch bei der rechtlichen Bewertung von Pflichtteilsverzichten, die zu Lasten eines Sozialträgers vereinbart wurden, deutlich.[731] Hier handelt es sich um Fälle, in denen der Pflichtteil zweifelsfrei für den Unterhalt des Pflichtteilsberechtigten verwendet werden müsste, weil er insoweit auf Sozialleistungen angerechnet werden würde.

Für den Unterhalt unter Lebenden gilt in diesem Zusammenhang, dass Sozialleistungen des Staates subsidiär gegenüber Unterhaltsansprüchen sind. Diese können folglich auch nicht zu Lasten des Sozialträgers ausgeschlossen werden. Für den Verwandtenunterhalt stellt § 1614 Abs. 1 BGB sehr eindeutig klar, dass

---

727 MünchKomm/*Langeheine*, § 1614 BGB Rn. 1 ff.

728 Vgl.: *Dutta*, AcP 209 (2009), 760, 787 ff.

729 *Wachter*, ZErb 2004, 238 ff.; *Wachter*, ZErb 2004, 306 ff.; *Dutta*, AcP 209 (2009), 760ff; *Kühle*, Die gerichtliche Überprüfung von Erb- und Pflichtteilsverzichtsverträgen im Spiegel ehevertraglicher Inhaltskontrolle, 2011.

730 Siehe S. 39 ff.

731 Siehe S. 74.

ein Verzicht nicht möglich ist, auch um das öffentliche Interesse daran, dass Unterhalt gezahlt wird, zu schützen.[732]

Doch gerade diese Wertungen aus dem Unterhaltsrecht übertrug der BGH nicht auf den Pflichtteilsverzicht. Ein Pflichtteilsverzicht eines behinderten Sozialleistungsempfängers ist nach höchstrichterlicher Rechtsprechung grundsätzlich möglich.[733] Die Haltung des BGH läuft dabei parallel zu den Wertungen, die in Bezug auf das Behindertentestament gelten, das grundsätzlich wirksam ist.[734] Das Pflichtteilsrecht gilt dem individuellen Schutz des Berechtigten und nicht dem Rückgriff durch den Staat und dem darin verwurzelten ordnungspolitischen Gedanken des Subsidiaritätsprinzips.[735] Die Unterhaltsfunktion des Pflichtteils ist damit nicht im gleichen Umfang mit einer primären normativ festgelegten Unterhaltspflicht des Erblassers oder des Nachlasses verknüpft.

Eine besondere Inhaltskontrolle des Pflichtteilsverzichtsvertrages durch die Gerichte in Hinblick auf eine unterhaltsrechtliche Funktion würde diesen grundsätzlichen Wertungen wiedersprechen.

6.2.2 Eheliches Vermögen als Gesamtbetrachtung

In Hinblick auf die Übertragbarkeit der Kernbereichslehre sind Pflichtteilsverzichtsverträge gesondert zu betrachten, soweit sie einer einheitlichen ehelichen Vermögensplanung dienen. Es ist hier zunächst naheliegend, dass für Ehe- und Lebenspartner, die sowohl einen Ehe- oder Lebenspartnerschaftsvertrag als auch einen Pflichtteilsverzichtsvertrag schließen, nur eine einheitliche Bewertung in Betracht kommt.

Anhaltspunkte, die darauf schließen lassen, dass eheliche Vermögensplanung und erbrechtliche Beteiligung miteinander verknüpft sind, lassen sich zumindest teilweise schon im Gesetz finden. In der Regelung des § 1371 BGB (§ 6 LPartG i.V.m. § 1371 BGB) werden erbrechtliche Überlegungen mit Fragen des ehelichen Vermögens verknüpft. So wird im gesetzlichen Güterstand der Zugewinnausgleich durch eine Erhöhung der gesetzlichen Erbquote herbeigeführt. Hierbei handelt es sich jedoch grundsätzlich um eine sehr spezifische Ausnahme. Die Regelung des § 1371 Abs. 1 BGB wird oft als Anomalie kritisiert, die eheliches

732 MünchKomm/*Langeheine*, § 1614 1BGB Rn. 1.

733 So BGHZ 188,96; ausführlich auch schon S. 107.

734 Dazu ausführlich S. 77 ff.

735 Vergleiche im Kontrast dazu die sehr dezidierten Ausführungen in BGHZ 86, 82, 88 zur Unterhaltspflicht zwischen Ehegatten.

Güterrecht auf systemwidrige Weise mit erbrechtlichen Gestaltungsinstrumenten verknüpft. [736]

In der Konsequenz lassen sich hieran aber keine Kriterien für eine Inhaltskontrolle knüpfen. Gerade die Regelung des § 1371 Abs. 1 BGB führt ohnehin eher eine Besserstellung des Ehegatten im Vergleich zum tatsächlichen Zugewinn herbei. Wollte man an dieser Stelle einen Vergleich zu den Wertungskriterien der Kernbereichslehre ziehen, so müsste man letztendlich zu dem Schluss kommen, dass auf den Pflichtteil des Ehegatten, ähnlich dem Zugewinn, regelmäßig verzichtet werden kann.[737] Hinzu kommt, dass der überlebende Ehegatte, wenn er auf den Pflichtteil verzichtet hat, immer noch einen Zugewinnausgleich nach § 1371 Abs. 2 BGB fordern kann. Im Rahmen der anderen Güterstände findet § 1371 BGB ohnehin keine Anwendung. Im Gesamtbild lässt sich damit kein erhöhter Schutzmaßstab feststellen.

Auch die Rechtsprechung lehnt folgerichtig eine generelle Übertragung der Kernbereichslehre auf Pflichtteilsverzichtsverträge zwischen Ehegatten ab.[738] Eine Ausnahme hiervon bildet die schon zuvor behandelte Entscheidung des LG Regensburg. Ein Pflichtteilsverzicht, der in Zusammenhang mit einem nach § 138 Abs. 1 BGB nichtigen Ehevertrag geschlossen wurde, wurde ebenfalls für nichtig gehalten.[739] Entscheidendes Kriterium war, dass in der Gesamtbetrachtung Ehevertrag und Pflichtteilsverzicht Teil einer einheitlichen Vermögensplanung waren und daher sich die Ungleichgewichtslage, die schon im Ehevertrag deutlich wurde, auch auf den Pflichtteilsverzicht erstreckte.[740]

Entscheidend ist an dieser Stelle, dass es sich hierbei nicht um eine grundsätzliche Inhaltskontrolle für sämtliche Pflichtteilsverzichtsverträge zwischen Ehe- oder Lebenspartnern handelt. Es unterfällt vielmehr der Entscheidungsgewalt der Ehegatten selbst, ob sie einen Pflichtteilsverzicht in ihre eheliche Vermögensplanung integrieren. Damit ist es im Ergebnis auch gerechtfertigt, dass sie an den von ihnen selbst aufgestellten Maßstäben gemessen werden.

Konkret bedeutet dies, dass ein im Zusammenhang mit einem Ehevertrag ausdrücklich zum Zweck einer einheitlichen Vermögensplanung geschlossener Pflichtteilsverzicht im Rahmen einer Gesamtbetrachtung nach § 138 BGB

---

736 *Leipold*, AcP 180 (1980), 160, 176; ausführlich S. 26.

737 *Kühle*, Die gerichtliche Überprüfung von Erb- und Pflichtteilsverzichtsverträgen im Spiegel ehevertraglicher Inhaltskontrolle, 2011, S. 153.

738 Vgl. OLG Nürnberg, ZEV 2003, 514, 514.

739 LG Ravensburg, ZEV 2008, 598.

740 LG Ravensburg, ZEV 2008, 598, 600.

nichtig sein kann, wenn sich im Einzelfall eine einseitig nachteilige Lastenverteilung ergibt. Da hier eine Ausnahme zu dem Grundsatz gemacht wird, dass Ehevertragsrecht und Pflichtteilsrecht eigenständig zu bewerten sind, sind an die Voraussetzungen für eine solche Gesamtbetrachtung hohe Anforderungen zu stellen. Ist die Intention der Ehegatten nicht eindeutig oder haben sie mittels einer salvatorischen Klausel erklärt, dass der Pflichtteilsverzicht in jedem Fall wirksam bleiben soll, ist für eine Gesamtbetrachtung kein Raum.[741]

6.3 Eine systematische Inhaltskontrolle von Verträgen im familiären Kontext

6.3.1 Emotionale und soziale Einflussnahme

Die bisher vorgestellten Lösungsansätze bemühen eine punktuelle Übertragung einzelner Aspekte der Kernbereichslehre auf den Pflichtteilsverzichtsvertrag. Es stellt sich aber auch die ganz grundlegende Frage, ob nicht eine übergreifende Systematik möglich ist. Als ein möglicher Ansatz für eine solche Systematisierung wird diskutiert, inwieweit die besondere Nähebeziehung zwischen Vertragsparteien im familiären Kontext einen der Vertragspartner in seiner Entscheidungsfindung beeinträchtigen könnte.[742] Die grundlegende These von *Röthel* ist in diesem Zusammenhang, dass die enge Beziehung der Beteiligten Einfluss auf die Fähigkeit hat, eine eigenverantwortliche Entscheidung zu treffen.[743]

Der Gedanke, dass bei Verträgen im familiären Umfeld, insbesondere zwischen Ehegatten, ein unterschiedliches Durchsetzungsvermögen besteht und damit der Vertragsinhalt eher auf eine emotionale Verbundenheit zurückgeht, klingt zunächst schon in der Rechtsprechung bezüglich der Eheverträge an.[744] Auch oder gerade im Eltern-Kind Verhältnis, so die Vermutung *Röthels*, sei es möglich, dass eine einseitige Vorgabe des Vertragsinhaltes erfolgt.[745] Möglichkeiten für eine Beeinflussung bieten zunächst das (durch elterliche Autorität geprägte) Erziehungsverhältnis, die aufgrund des Altersunterschiedes stark abweichende Geschäftserfahrenheit sowie eine (eventuell grundlegende) Angewiesenheit des

---

741 *Münch*, ZEV 2008, 571, 578.

742 So schon die grundlegende These von *Röthel*, in: dies. (Hrsg.), Verträge in der Unternehmerfamilie, 2014, S. 9, 17.

743 *Röthel*, in: dies. (Hrsg.), Verträge in der Unternehmerfamilie, 2014, S. 9, 45; vgl. auch: *Röthel*, AcP 212 (2012), 157, 192.

744 Ausführlich S. 111; vgl. BVerfG NJW 2001, 2248.

745 *Röthel*, in: Limmer (Hrsg.), Gestaltungspraxis und Inhaltskontrolle, 2014, S. 49, 59.

Kindes auf seine Eltern.[746] Das ungleiche Verhältnis der Beteiligten trete dabei umso drängender in den Vordergrund, je jünger die Kinder seien. Gerade bei jungen Erwachsenen, die erst seit kurzem aus der elterlichen Sorge entlassen sind, sei der elterliche Einfluss noch besonders greifbar.[747]

Auch über das Stadium des noch heranreifenden, jungen Erwachsenen hinaus kann die Familienbeziehung als Spannungsverhältnis beschrieben werden, welches nachhaltig auf den Entscheidungsprozess einwirkt.[748] Sozialwissenschaftlich wird dabei von Ambivalenzen gesprochen. Eine Ambivalenz bezeichnet dabei einen dauerhaften, nicht auflösbaren Wiederspruch in der jeweiligen Beziehung.[749] Sie ist gekennzeichnet durch einen Widerspruch zwischen Solidarität und Reziprozität, zwischen Autonomie und Abhängigkeit.[750] Resultat ist ein polarisiertes Denken und Fühlen der Beteiligten, die die bestehenden Konflikte als prinzipiell unauflösbar beschreiben.[751] Die ambivalente, von emotionalen Überlegungen und Konflikten bestimmte Situation der Beteiligten unterscheidet sich damit von dem Bild der individualistischen und willensgetragenen Privatautonomie, welches der Vertragsgestaltung an sich zugrunde liegt.[752]

6.3.2 Vertragsgerechtigkeit in der Familie

Röthel schlägt als möglichen Lösungsansatz zunächst vor, dass der Abschluss eines Pflichtteilsverzichtsvertrages auch für den Verzichtenden ein persönliches Rechtsgeschäft sein soll.[753] Dass § 2347 Abs. 2 S. 1 BGB den persönlichen Vertragsschluss nur für den Erblasser vorschreibe, sei ein historischer Anachronismus, der den Bedürfnissen eines modernen Pflichtteilsrechtes zuwider laufe.[754] Ebenso kämen Informationspflichten oder Wartefristen zugunsten des Verzichtenden in Betracht, die gezielt einer Beeinflussung entgegen wirken sollen.[755]

---

746 *Röthel*, in: Limmer (Hrsg.), Gestaltungspraxis und Inhaltskontrolle, 2014, S. 49, 57.

747 *Röthel*, in: dies. (Hrsg.), Verträge in der Unternehmerfamilie, 2014, S. 9, 46. Siehe auch BGHZ 206, 125, 206, 213 (zur Sittenwidrigkeit von Familienbürgschaften).

748 *Röthel*, in: dies. (Hrsg.), Verträge in der Unternehmerfamilie, 2014, S. 9, 33; *Röthel*, AcP 212 (2012), 157, 192.

749 *Szydlik*, Lebenslange Solidarität, 2000, S. 40.

750 *Szydlik*, Lebenslange Solidarität, 2000, S. 40.

751 *Szydlik*, Lebenslange Solidarität, 2000, S. 40.

752 Siehe S. 90.

753 *Röthel*, NJW 2012, 337, 341.

754 *Röthel*, NJW 2012, 337, 341.

755 *Röthel*, in: dies. (Hrsg.), Verträge in der Unternehmerfamilie, 2014, S. 9, 53 f.

Zu bedenken ist allerdings auch, dass für einen Pflichtteilsverzichtsvertrag nach § 2348 BGB schon ein notarielles Formerfordernis besteht. Auch dieses erfüllt eine Warn- und Beratungsfunktion für den Verzicht.[756] Darüber hinaus können Minderjährige nach § 2347 Abs. 1 S. 1 BGB einen Verzichtsvertrag nur mit Zustimmung des Familiengerichtes schließen. Dieses wird jedoch bei missbräuchlichen Vereinbarungen die Genehmigung verweigern.[757] Es ist damit zu bezweifeln, dass weitere formale Hürden einem Missbrauch des Pflichtteilsverzichtes noch besser vorbeugen könnten.

6.3.3 Inhaltskontrolle statusbezogener Verträge

Will man also einen höheren Schutzmaßstab für Verträge im familiären Kontext einführen, so braucht es materiellrechtliche Kriterien, anhand derer eine Inhaltskontrolle durchgeführt werden kann. Hier schlägt *Röthel* vor, eine generelle Inhaltskontrolle statusbezogener Verträge durchzuführen.[758] Unter einem statusbezogenen Vertrag versteht *Röthel* dabei einen Vertrag, der sich inhaltlich mit den statusbezogenen Pflichten der Beteiligten befasst, und nimmt damit insbesondere Eheverträge aber auch Erb- und Pflichtteilsverzichtsverträge in den Blick.[759]

Die hergebrachte Herangehensweise kennt diese Unterscheidung zwischen statusbezogenen und statusneutralen Verträgen allerdings nicht.[760] Die Ansätze in der Rechtsprechung hinsichtlich einer Inhaltskontrolle für Eheverträge und für Angehörigenbürgschaften umfassen vielmehr statusbezogene Verträge und nichtstatusbezogene Verträge gleichermaßen, ohne auf die statusrechtliche Relevanz der Vereinbarung einzugehen.[761]

Röthel hält eine Unterscheidung zwischen statusbezogenen und anderen, rein schuldrechtlichen Verträgen dennoch für zweckdienlich, weil statusbezogene Verträge sowohl im einfachen Recht als auch im Verfassungsrecht durch eine gesonderte „Ordnungsaufmerksamkeit" des Staates geprägt seien, bei der durch normative Vorgaben eine staatlich erwünschte Ordnung familiärer Verhältnisse zum Ausdruck komme.[762] Die Möglichkeit, von den so vorgegebenen Normen

---

756 Siehe S. 91.

757 Vgl. OLG Hamm NJW 2017, 576.

758 *Röthel*, in: dies. (Hrsg.), Verträge in der Unternehmerfamilie, 2014, S. 9, 72.

759 *Röthel*, in: dies. (Hrsg.), Verträge in der Unternehmerfamilie, 2014, S. 9, 70.

760 *Röthel*, in: dies. (Hrsg.), Verträge in der Unternehmerfamilie, 2014, S. 9, 70.

761 BVerfG NJW 2001, 2248; BGH NJW 2008, 3426; BGH NJW 2009, 2671, 3426; BGH NJW 2013, 1359.

762 *Röthel*, in: dies. (Hrsg.), Verträge in der Unternehmerfamilie, 2014, S. 9, 71.

abzuweichen, sei allein dem Bedürfnis geschuldet, auf individuelle Verhältnisse besser eingehen zu können.[763] Es sei daher zu überprüfen, ob die Parteien ein *„berechtigtes Gestaltungsinteresse"* an der Regelung haben.[764] Familienkonstellationen, die nicht der dem BGB zugrundeliegenden Vorstellung entsprechen, oder auch die Unternehmensinteressen eines in der Familie geführten Unternehmens, können ein solches Gestaltungsinteresse darstellen.[765] Umgekehrt gilt, je mehr ein Familienverhältnis der gesetzlichen Norm entspricht, desto größer sei das Rechtfertigungsbedürfnis für eine Abweichung von den gesetzlichen Rechtsfolgen.[766]

Schon die Grundannahme, dass Eheverträge und Pflichtteilsverzichtsverträge unter dem Oberbegriff des statusrechtlichen Vertrages eine einheitliche Kategorie bilden, ist verfehlt. Die Ehe ist eine dauerhafte Bindung zwischen zwei Personen, die auf eine gemeinsame Lebensplanung gerichtet ist.[767] Sie hat damit eine grundsätzlich dynamische und entwicklungsoffene Struktur.[768] Ganz anders ist die Situation im Eltern-Kind Verhältnis. Die elterliche Sorge endet mit Volljährigkeit des Kindes.[769] Danach mag eine wirtschaftliche und soziale Abhängigkeit noch einige Jahre fortbestehen.[770] Generell ist jedoch davon auszugehen, dass die Abhängigkeit des Kindes von seinen Eltern mit zunehmendem Alter abnimmt.[771]

Darüber hinaus wird mit einer generellen Kontrolle statusbezogener Verträge ein unnötiger Generalverdacht geschaffen. Der Pflichtteilsverzicht ist im deutschen Erbrecht die einzige Möglichkeit, die gesetzliche Ausgangslage an die individuellen Bedürfnisse einer Familie anzupassen.[772] Gerade im Rahmen einer nichtehelichen Lebensgemeinschaft kann es vorkommen, dass zwischen den Partnern oder zu Stiefkindern eine gefestigte soziale Bindung besteht, die keine Auswirkung auf das gesetzliche Erbrecht hat. Hier kann es sinnvoll und

---

763 *Röthel*, in: dies. (Hrsg.), Verträge in der Unternehmerfamilie, 2014, S. 9, 73.

764 *Röthel*, in: dies. (Hrsg.), Verträge in der Unternehmerfamilie, 2014, S. 9, 73.

765 *Röthel*, in: dies. (Hrsg.), Verträge in der Unternehmerfamilie, 2014, S. 9, 74.

766 *Röthel*, in: dies. (Hrsg.), Verträge in der Unternehmerfamilie, 2014, S. 9, 74.

767 *Aldinger*, Die Übertragbarkeit der Inhaltskontrolle von Eheverträgen auf Pflichtteilsverzichtsverträge, 2012, S. 159.

768 *Sanders*, Statischer Vertrag und dynamische Vertragsbeziehung, 2008, S. 119.

769 MünchKomm/*Huber*, § 1626 BGB Rn. 21.

770 *Röthel*, in: Limmer (Hrsg.), Gestaltungspraxis und Inhaltskontrolle, 2014, S. 49, 57.

771 *Aldinger*, Die Übertragbarkeit der Inhaltskontrolle von Eheverträgen auf Pflichtteilsverzichtsverträge, 2012, S. 159.

772 Siehe S. 48.

notwendig sein, dass die Beteiligten im Rahmen der gewillkürten Erbfolge eine Nachfolgeregelung für ihre konkrete Situation finden. Dies kann es im Einzelfall auch erforderlich machen, dass ein Pflichtteilsverzichtsvertrag geschlossen wird, um den Gestaltungsspielraum des Erblassers zusätzlich zu erweitern. Die Notwendigkeit, eine individuelle Vereinbarung zu treffen, ist in vielen Fällen ohnehin eine hohe Hürde für die Betroffenen. Es wäre unverhältnismäßig, sie mit einer zusätzlichen generellen Rechtfertigungspflicht zu belasten.

6.4 Schutz der Familie

6.4.1 Der Pflichtteilsverzicht zwischen Verwandten in gerader Linie

Auch wenn eine Vergleichbarkeit zwischen Eheverträgen und Pflichtteilsverzichtsverträgen grundsätzlich nicht gegeben ist, kommt dem Pflichtteil eine Schutzfunktion zugunsten des Pflichtteilsberechtigten zu, die zumindest für den Kindespflichtteil sogar in der Verfassung verankert ist. Daher ist zu überlegen, inwieweit im Erb- und Pflichtteilsrecht Wertungskriterien zu finden sind, anhand derer eine systematische Inhaltskontrolle durchgeführt werden kann.

Aus dem verfassungsrechtlichen Schutzgebot selbst lassen sich solche Kriterien allenfalls in extremen Ausnahmefällen ableiten, da es gerade nicht darum gehen kann eine bestimmte Familienform vorzuschreiben. Das BVerfG betont die familienschützende Funktion des Pflichtteilsrechtes durch bedarfsunabhängige Beteiligung[773], gerade in Situationen, in denen Betroffene ansonsten gar nicht mehr bei der Nachfolge von Todes wegen berücksichtigt werden.[774] Dieses Schicksal trifft überdurchschnittlich häufig nichteheliche Kinder, die beim anderen Elternteil leben.[775] Diese Schutzfunktion muss für den Pflichtteil und den Pflichtteilsverzicht gleichermaßen gelten. Wird also die Möglichkeit des Pflichtteilsverzichtes genutzt, um den Beteiligten faktisch aus der Familie zu drängen, so muss sich diese Vereinbarung an dem grundsätzlichen Schutzgedanken des Pflichtteilsrechtes messen lassen.

6.4.2 Pflichtteilsverträge zwischen Ehe- und Lebenspartnern

Anders als beim Kindespflichtteil wird eine besondere Schutzfunktion des Ehegattenpflichtteils kaum vertreten. Dies mag insbesondere damit zusammenhängen, dass die Ehe durch die Beteiligten jederzeit durch Scheidung beendet werden

773 Siehe S. 35 ff.
774 BVerfGE 112, 332, 353.
775 Vgl. BVerfGE 112, 357.

kann. Das Bundesverfassungsgericht stellt in seiner Entscheidung zum Kindespflichtteil auf die besondere Schutzwürdigkeit in Fällen ab, in denen das Familienverhältnis dauerhaft zerrüttet ist.[776] Ist eine Ehe dauerhaft zerrüttet, stellt sich die Frage nach dem Pflichtteilsverzicht oft nicht mehr, weil sich die Ehepartner in einem solchen Fall regelmäßig scheiden lassen werden. § 1933 BGB schließt das Erbrecht des Ehegatten und folglich auch dessen Pflichtteilsanspruch auch in den Fällen aus, in denen die Voraussetzungen für eine Scheidung vorlagen, und der Erblasser diese beantragt hatte, oder ihr zugestimmt hatte. Stattdessen gewährt § 1933 BGB dem geschiedenen überlebenden Ehegatten einen Unterhaltsanspruch nach Maßgabe des Scheidungsfolgenrechtes.[777]

Im Ergebnis ist die Schutzbedürftigkeit des Ehegatten damit eher eine Frage des Scheidungsfolgenrechtes als eine Frage des Pflichtteilsrechtes. Es wurde schon zuvor erörtert, dass sich die Nichtigkeit eines Ehevertrages in Einzelfällen auch auf einen Pflichtteilsverzicht zwischen Ehegatten erstrecken kann, wenn dieser dem Zweck einer einheitlichen Strukturierung des ehelichen Vermögens diente.[778] Erforderlich ist hier jedoch, dass die Absicht der Ehegatten, eine einheitliche Regelung zu treffen, eindeutig zum Ausdruck kommt.[779] Eine weitere Ausdehnung dieses Schutzes zugunsten eines Ehegatten ist in Hinblick auf die Wertung des § 1933 BGB, die sehr eindeutig dem Scheidungswillen des Erblassers den Vorrang gibt, grade nicht gerechtfertigt.

6.5 Abhängigkeit und Überforderung

Eine grundlegende Überlegung in Hinblick auf eine Inhaltskontrolle von Pflichtteilsverzichtsverträgen ist die Frage, inwieweit der Verzichtende durch den Pflichtteilsverzichts benachteiligt ist. Zumindest im Einzelfall werden Pflichtteilsverzichtsverträge durch die Rechtsprechung auch als wirtschaftlich nachteilig bewertet und bei Hinzutreten anderer Kriterien auch als sittenwidrig eingestuft.[780]

Eine generelle Feststellung, nach welchen Maßstäben die Nachteiligkeit eines Pflichtteilsverzichtes zu bewerten ist, lässt sich jedoch aus den im Einzelfall ergangenen Entscheidungen nicht ablesen. Insbesondere ist in diesem Zusammenhang zunächst festzuhalten, dass nach gesetzlicher Vorgabe ein

776 BVerfGE 112, 332, 355.
777 Siehe S. 41.
778 Vgl. OLG Hamm NJW 2017, 576; LG Ravensburg, ZEV 2008, 598.
779 Vgl. OLG Hamm NJW 2017, 576; LG Ravensburg, ZEV 2008, 598.
780 OLG München MittBayNot 2006, 428; OLG Hamm NJW 2017, 576.

Pflichtteilsverzicht gänzlich ohne Abfindung ausgestaltet werden kann. Gerade in Konstellationen, in denen der Pflichtteilsverzicht genutzt wird, um die gesetzlichen Vorgaben des Erbrechts an die Familiensituation anzupassen, steht eine Abfindung gar nicht im Mittelpunkt der Überlegungen, sondern es geht vielmehr um die soziale Beziehung der Beteiligten zueinander.

6.5.1 Der Wert des Pflichtteils

Es ist daher zunächst zu überlegen, unter welchen Umständen dem Pflichtteil ein feststellbarer Wert zukommt, anhand dessen sich dann beurteilen ließe, ob ein Pflichtteilsverzicht tatsächlich nachteilig ist. Im Urteil vom 07. Juli 2015 stellt der BGH diesbezüglich die grundsätzliche Vermutung auf, dass eine Abfindung für einen Pflichtteilsverzicht als Schenkung einzuordnen ist.[781] Der Erb- und Pflichtteilsverzicht wird dabei vom BGH im Regelfall nicht als Gegenwert oder Berechnungsgrundlage für die Abfindung betrachtet, sondern als ein weiteres Regelungsinstrument, dass lebzeitige Zuwendungen bei der Erbzumessung zum Ausgleich bringen soll.[782] Auch sei der Abfindungsempfänger durch die Anwendung des Schenkungsrechtes, insbesondere die Rückforderungsmöglichkeiten bei Verarmung und groben Undank, nicht übermäßig benachteiligt, da auch die Erb- und Pflichtteilserwartung – etwa durch einen subsequenten Vermögensverlust des Erblassers – enttäuscht werden könne.

Der BGH hat dabei zwar nicht vollständig ausgeschlossen, dass es Fälle geben mag, in denen einem Erb- oder Pflichtteilsverzicht ein messbarer Wert zukommt. Dies muss jedoch durch die konkreten Umstände dargelegt werden. In allen anderen Fällen wird es sehr schwer sein, darzulegen, dass der Verlust des Pflichtteilsrechtes einen zum Zeitpunkt des Vertragsschlusses messbaren finanziellen Nachteil hat.

6.5.2 Eheverträge: Beziehungsspezifische Investitionen

Die untergeordnete wirtschaftliche Bedeutung des Pflichtteilsrechts lässt sich auch im Vergleich zum Ehevertragsrecht feststellen. Im Verlauf der Ehe tätigen die Ehepartner oft beziehungsspezifische Investitionen, die ihren Wert nur im Rahmen einer fortgesetzten und fortdauernden Beziehung realisieren können.[783] Ein Beispiel wäre hier die Betreuung von Kindern oder ein Umzug

781 BGH Urteil vom 7. Juli 2015, Az. X ZR 59/13.
782 BGH Urteil vom 7. Juli 2015, Az. X ZR 59/13.
783 *Sanders*, Statischer Vertrag und dynamische Vertragsbeziehung, 2008, S. 119.

zugunsten des anderen Partners.[784] Nacheheliche Ansprüche sind hier ein Ausgleich für die nur schwer quantifizierbaren Nachteile, die im Ergebnis dadurch entstehen, dass eine Ehe durch Scheidung beendet wird.

Insbesondere dann, wenn ein Kind erwachsen wird und die Hausgemeinschaft der Eltern dauerhaft verlässt, nimmt dagegen die wechselseitige Verflechtung zwischen Eltern und ihrem Kind spürbar ab.[785] Eine vergleichbare wirtschaftliche Verflechtung zwischen Kindern und Eltern, wie sie in der Ehe üblicherweise vorkommt, gibt es damit gerade nicht. Die wirtschaftlichen Verflechtungen innerhalb einer Familie können daher auch nicht als generalisierte Begründung dafür herangezogen werden, dass ein Pflichtteilsverzicht nachteilig ist.

6.5.3 Bürgschaften: Wirtschaftliche Überforderung

Auch bei Bürgschaftsverträgen steht die finanzielle Überforderung sehr viel eindeutiger im Blickpunkt als bei Pflichtteilsverzichtsverträgen. Das BVerfG stellte in einer Grundsatzentscheidung fest, dass bei dem Vorliegen einer strukturellen Ungleichgewichtslage ein Bürgschaftsvertrag über die Generalklauseln des BGB zu korrigieren sei.[786] Beim Abschluss einer Bürgschaft zugunsten eines nahen Angehörigen, insbesondere zugunsten eines Ehepartners oder zugunsten eines Elternteils, wird die emotionale Bindung als wesentliche Ursache dafür gewertet, dass einer Schuldübernahme zugestimmt wird.[787]

Im Verlauf der Rechtsentwicklung wurde das Kriterium der krassen finanziellen Überforderung durch die Rechtsprechung zunehmend in den Mittelpunkt gerückt.[788] Damit wird der nachteilige Charakter des Rechtsgeschäftes ein wesentliches Kriterium für die Bewertung nach § 138 BGB,[789] sodass die Angehörigenbürgschaft auch als ein Unterfall des generell sittenwidrigen Knebelungsgeschäftes gewertet werden kann.[790] Nach inzwischen verfestigter Rechtsprechung ist eine Angehörigenbürgschaft dann sittenwidrig, wenn eine krasse

784 *Sanders*, Statischer Vertrag und dynamische Vertragsbeziehung, 2008, S. 121.

785 *Aldinger*, Die Übertragbarkeit der Inhaltskontrolle von Eheverträgen auf Pflichtteilsverzichtsverträge, 2012, S. 1589.

786 BVerfGE 89, 214.

787 Jauernig/*Mansel*, § 138 BGB Rn. 12.

788 *Habersack/Giglio*, WM 2001, 1100.

789 *Habersack/Giglio*, WM 2001, 1100, 1103.

790 Jauernig/*Mansel*, § 138 BGB Rn. 12.

finanzielle Überforderung vorliegt, an der der Bürge kein eigenes persönliches Interesse hat.[791]

Die Kriterien einer erheblichen finanziellen Überforderung oder Belastung sind jedoch auf den Pflichtteilsverzicht nicht übertragbar. Schon der Erbe kann einen überschuldeten Nachlass ausschlagen (vgl. § 1942 BGB) oder die Haftung für Nachlassschulden begrenzen (§§ 1975ff BGB). Noch viel weniger kann die Beteiligung für einen Pflichtteilsberechtigten auf einen negativen Betrag sinken. Hier mit einer krassen wirtschaftlichen Überforderung zu argumentieren wäre verfehlt.

6.5.4 Der Pflichtteilsverzicht als Risikogeschäft

Ein wesentlicher Grund für die Zurückhaltung, ein weiterreichendes erbrechtliches Konzept der Vertragsungerechtigkeit zu entwickeln, ist der Umstand, dass es sich beim Pflichtteilsverzicht um ein aleatorisches Rechtsgeschäft handelt.[792] Weder die Entwicklung des Nachlasses noch der Wert und die Beständigkeit einer Abfindung lassen sich für den Zeitpunkt des Erbgangs vorhersagen.

Dies hat zunächst zur Konsequenz, dass eine subjektiv von beiden Seiten unerwartete Entwicklung des Nachlasses nach Abschluss des Pflichtteilsverzichtsvertrages nachträglich nicht zu beanstanden ist.[793] Ausnahme bleibt hier die sehr enge Konstellation, dass sich die wirtschaftliche Gesamtsituation so dramatisch geändert hat, dass ein Festhalten schlicht unzumutbar ist, wie es die Rechtsprechung für Wiedervereinigungsfälle schon entschieden hat.[794] Diese Fallgruppe lässt sich indes kaum über die besonders extreme Situation, die durch eine komplette Reform des staatlichen Wirtschaftssystems entsteht, ausdehnen. Eine Ausübungskontrolle, wie sie die Rechtsprechung beim Ehevertrag für nachträglich geänderte Umstände gelten lässt, ist damit im Pflichtteilsrecht kaum zu begründen.[795]

---

791 BGH MDR 2001, 403; MünchKomm/*Armbrüster*, § 138 BGB Rn. 92; dies gilt auch bei grundsätzlicher Möglichkeit der Restschuldbefreiung, *Wagner*, NJW 2005, 2956, 2957.

792 *Lange*, ErbR 2017, 397, 400; siehe auch S. 104.

793 Erman/*Simon*, Vor § 2346 BGB Rn. 15.

794 OLG Hamm, ZEV 2000, 507, siehe auch S. 106.

795 So auch Erman/*Simon*, Vor § 2346 BGB Rn. 15.

6.5.5 Verhaltenssteuerung durch den Erblasser

Eine konkret aus dem Erbrecht bekannte Thematik ist die Frage, inwieweit der Erblasser mittels erbrechtlicher Gestaltungsinstrumentarien auf Verhalten und insbesondere die Lebensplanung des Erben Einfluss nehmen darf. Eine Potestativbedingung in einem Testament ist nach § 138 Abs. 1 BGB sittenwidrig, wenn der Erbe dadurch in seinen grundrechtlich geschützten Freiheiten auf unzumutbare Weise beeinträchtigt wird.[796]

Zwar handelt es sich hierbei um eine einseitig durch den Erblasser getroffene Verfügung, so dass die hier entwickelten Grundsätze nicht deckungsgleich auf ein Vertragsverhältnis übertragen werden können. Allerdings beeinflusst die rechtliche Argumentation zur Sittenwidrigkeit die Vertragsrechtsdogmatik wesentlich.[797]

In Fortführung dieser Argumentation spricht daher viel dafür, die Beschränkungen, die schon für eine einseitige Verfügung gelten auch für den zweiseitigen Vertrag anzuwenden. Die hohe soziale Bedeutung des Erbens und Vererbens ist bei der Testamentsgestaltung ebenso präsent wie bei der Aushandlung eines Pflichtteilverzichtes, und in der Konsequenz muss es zu einem Gleichlauf der rechtlichen Sanktionen kommen. Sofern ein einseitiger Machtmissbrauch vorliegt, der den Pflichtteilsempfänger in seinen grundrechtlich geschützten Freiheiten einschränkt, sollte auch ein Pflichtteilsverzicht nach § 138 Abs. 1 BGB unwirksam sein.

Auch in der Rechtsprechung lässt sich dieser Ansatz wiederfinden: Die Einschränkung der beruflichen Entscheidungsfreiheit des Pflichtteilsverzichtenden durch die einseitige Bedingung der Abfindung war ein wesentliches Argument, mit dem das OLG Hamm die Sittenwidrigkeit des Pflichtteilsverzichtes nach § 138 Abs. 1 BGB begründete.[798] Zu beachten ist hierbei, dass das OLG Hamm seiner Entscheidung ein ganzes Bündel an Gründen zugrunde legte, die an anderer Stelle schon ausführlich besprochen wurden. Dies zeigt, wie offensichtlich der sittenwidrige Charakter der der Entscheidung zugrunde liegenden Vereinbarung war.

Die Argumentationslinie, dass der Erblasser mit dem Pflichtteilsverzichtsvertrag in unbilliger Weise auf die Berufswahlfreiheit seines Sohnes Einfluss nehmen wollte, ist dabei gerade im erbrechtlichen Kontext die systematisch

---

796 Vgl. BVerfGE 2004, 2008; ausführlich S. 82 ff.

797 *Röthel*, AcP 210 (2010), 32, 33.

798 OLG Hamm NJW 2017, 576, 577.

am besten passende, da es hier, genauso wie auch im Rahmen der Potestativbedingung bei Testamenten, darum geht, die durch das Erb- und Pflichtteilsrecht entstehenden Machtstrukturen rechtlich einzuordnen. Der Erblasser soll seine Befugnis, nach Belieben über sein Vermögen verfügen zu können, nicht dazu nutzen können, einseitige Bedingungen zu diktieren, unabhängig davon, ob er dies mittels Testament oder im Rahmen eines Pflichtteilsverzichtes zum Zwecke einer vorweggenommenen Erbfolge tut.

Darüber hinaus sind die Kriterien, die im Rahmen der Potestativbedingung entwickelt wurden, am ehesten geeignet, mit der grundlegenden Frage umzugehen, wann ein Pflichtteilsverzicht für den Verzichtenden nachteilig ist. Ohne weiteren Kontext ist die Beurteilung, ob ein Pflichtteilsverzicht ein erheblicher Nachteil ist, schwierig.[799] Dagegen ist nach der rechtlichen Wertung, die zur Potestativbedingung in Testamenten entwickelt wurde, ein Nachteil für den Erben regelmäßig gegeben, wenn der Erblasser seine Vermögensposition nutzen konnte, um einseitige Bedingungen zu diktieren, die geeignet sind, auf die zukünftige Lebensplanung des Verzichtenden erheblichen Einfluss zu nehmen.[800]

Gleichzeitig ist dabei zu bedenken, dass auch dieser Ansatz nur für eine ganz bestimmte Fallkonstellation brauchbare Ergebnisse liefert. Insbesondere kommen nur solche Verzichtsverträge in Betracht, die zu einem Zeitpunkt geschlossen werden, zu dem sich der Pflichtteilsverzichtende noch in einer Lebensphase befindet, in der eine Einflussnahme durch den Erblasser möglich ist. Der Zeitpunkt ist hier in zweifacher Hinsicht von Bedeutung: Zum einen nimmt mit dem Alter die finanzielle Unabhängigkeit der Kinder des Erblassers zu und die Bedeutung des Pflichtteils dementsprechend ab.[801] Zum anderen sind mit zunehmendem Alter wichtige Entscheidungen, etwa die Berufswahl, schon getroffen und können somit nicht mehr sinnvoll Gegenstand eines Pflichtteilsverzichtes werden.

Im Ergebnis handelt es sich hierbei also nur um eine sehr spezifische Gruppe von Pflichtteilsverzichtsverträgen. In Anbetracht der Vielschichtigkeit des Pflichtteilsrechtes, das eine ganze Reihe von Funktionen erfüllt und in ganz unterschiedlichen Konstellationen von Bedeutung ist, handelt es sich hierbei also nicht um ein umfassendes Wertungskriterium, das eine generelle Inhaltskontrolle von Pflichtteilsverzichtsverträgen erforderlich macht.

---

799 Siehe S. 116.

800 Siehe S. 79.

801 *Röthel*, in: Verhandlungen des 68. Deutschen Juristentages, 2010, S. A 9-112, 51.

6.6 Zusammenfassung

Ausgehend von der Entscheidung des Bundesverfassungsgerichtes im Jahr 2001 zur richterlichen Kontrolle eines Ehevertrages[802] entbrannte die Diskussion, in welchem Maße Eheverträge im Besonderen und weitere Verträge zwischen Familienangehörigen im Allgemeinen richterlich zu überprüfen seien.[803] Davon ausgehend hat sich für Eheverträge eine umfassende Kasuistik zur Kernbereichslehre entwickelt, mit der die Zulässigkeit einer ehevertraglichen Vereinbarung überprüft werden kann.[804] Bei der Kernbereichslehre handelt es sich um eine Abstufung der einzelnen Scheidungsfolgen. Je näher ein bestimmter Anspruch am Kernbereich der Scheidungsfolgen liegt, desto stärker unterfällt er der richterlichen Inhalts- und Ausübungskontrolle [805]

Es gibt verschiedene Lösungsansätze, die eine Inhaltskontrolle auch für das Pflichtteilsrecht etablieren wollen. In Anlehnung an die Kernbereichslehre wird dabei vor allem eine Kontrolle des Pflichtteilsrechtes nach funktionalen Gesichtspunkten vorgeschlagen, wobei insbesondere der Unterhaltsaspekt des Pflichtteils als schutzwürdig erachtet wird.[806] Ein weiterer Ansatz, der im Ergebnis auch einen stärkeren Schutz der Unterhaltsfunktion zur Folge hätte, ist eine entsprechende Anwendung des § 1614 Abs. 1 BGB.[807]

Beide Ansätze scheitern jedoch daran, dass sich das Pflichtteilsrecht nicht funktional ausdifferenzieren lässt. Zwar muss dem Pflichtteil eine grundsätzliche Unterhaltsfunktion zugesprochen werden,[808] jedoch ist diese weder von den anderen Funktionen des Pflichtteils abgrenzbar, noch ist die Unterhaltsfunktion in der gesetzgeberischen Wertung mit lebzeitigen Unterhaltsansprüchen gleichzusetzen.[809] Damit lässt sich eine Inhaltskontrolle des Pflichtteilsverzichtes nicht mit einer Übertragung der Kernbereichslehre oder einer besonderen Bedeutung des Unterhalts rechtfertigen.[810]

Wird ein Pflichtteilsverzicht zwischen Ehepartnern im Zusammenhang einer einheitlichen ehelichen Vermögensplanung geschlossen, kann es jedoch

---

802 BVerfGE 103, 89; BVerfG NJW 2001, 2248.
803 Siehe S. 99.
804 Siehe S. 102.
805 Siehe S. 102.
806 Siehe S. 105.
807 Siehe S. 104.
808 Ausführlich S. 30 ff.
809 Siehe S. 106.
810 Siehe S. 106.

zumindest im Einzelfall zu einer Gesamtbetrachtung zwischen Ehevertrag und Pflichtteilsverzicht kommen.[811]

Grundsätzlich besteht im familiären Kontext eine größere Möglichkeit, dass ein Vertragsschluss durch emotionale Wertungen und Einflüsse motiviert wird.[812] Eine generalisierte Kontrolle für statusrechtliche Verträge, also insbesondere Eheverträge und Erb- und Pflichtteilsverzichtsverträge, lässt sich damit aber nicht begründen.[813] Dies scheitert schon ganz grundlegend daran, dass Eheverträge und Pflichtteilsverzichtsverträge nicht generell vergleichbar sind.[814]

Wesentlich ist, dass der Pflichtteilsverzicht in der Mehrzahl der Fälle ein Gestaltungsinstrument darstellt, das dazu dient, die Vermögensnachfolge an die individuellen Bedürfnisse anzupassen. Hier ist die individuelle Gestaltungsentscheidung der Betroffenen zu berücksichtigen.[815] Eine Inhaltskontrolle hinsichtlich eines Pflichtteilsverzichtes kann daher regelmäßig nur nach dem allgemeinen Sittenmäßigkeitsmaßstab des § 138 Abs. 1 BGB erfolgen.

Eine Überschreitung der Grenze des Zulässigen ist zunächst in Fällen denkbar, in denen die Vereinbarung offenkundig dazu dient, die eigenen Kinder aus der Familie zu drängen.[816] Hierbei handelt es sich jedoch eher um einen Ausnahmefall, der nur bedingt auf alle Pflichtteilsverzichtsverträge verallgemeinert werden kann. Gerade bei Ehegatten besteht zumindest die grundsätzliche Möglichkeit, dass die Beziehung durch eine Scheidung beendet wird. Die Frage nach einem Pflichtteilsverzicht stellt sich dann nicht mehr und die Interessen des anderen Ehepartners müssen im Rahmen des Güterrechts und des Scheidungsfolgenrechtes berücksichtigt werden.[817]

Darüber hinaus birgt ein Pflichtteilsverzicht ein sehr viel geringeres wirtschaftliches und finanzielles Risiko als ein Ehevertrag oder eine Bürgschaft. Das Scheidungsfolgenrecht dient auch der Sicherung von wechselseitigen Investitionen der Ehepartner in ihre Beziehung, die diese gerade im Vertrauen auf den Bestand der Ehe getätigt haben.[818] Eine Bürgschaft kann je nach Höhe der

---

811 Siehe S. 107.
812 Siehe S. 108.
813 Siehe S. 110.
814 Siehe S. 111.
815 Siehe S. 112.
816 Siehe S. 113.
817 Siehe S. 113.
818 Siehe S. 115.

Bürgschaft und vorhandener finanzieller Ressourcen für den Bürgen eine erhebliche persönliche Haftung nach sich ziehen.[819]

Einem Pflichtteilsverzicht wird dagegen allenfalls im Einzelfall eine wirtschaftliche Nachteiligkeit bescheinigt.[820] Hinzu kommt, dass die Erb- und Pflichtteilserwartung immer mit einer gewissen Unsicherheit verbunden ist, weil der Wert des Nachlasses sich bis zum Tod des Erblassers erheblich verändern kann.[821] Entscheidend ist, dass eine Schutzbedürftigkeit regelmäßig nur dann besteht, wenn der Pflichtteilsverzicht tatsächlich als nachteilig zu bewerten ist, was sich aus den konkreten Umständen des Falls ergeben muss.

Soweit der Erblasser den Pflichtteilsverzicht als Gestaltungsinstrument nutzt, um auf die Entscheidungsfreiheit des Verzichtenden und insbesondere dessen Lebensplanung Einfluss zu nehmen, muss die Wirksamkeit der Vereinbarung nach den gleichen Maßstäben bewertet werden, wie ein Testament, das eine Potestativbedingung enthält.[822] Der Erblasser darf die Machtstrukturen, die durch die Vermögenverteilung Erbfall entstehen, nicht nutzen, um einen Erben oder Pflichtteilsberechtigten in seinen Freiheiten unzulässig zu beschränken. Auch hier ist zu bedenken, dass nur eine bestimmte Gruppe von Pflichtteilsverzichtsverträgen betroffen ist, und sich somit zumindest kein allgemeiner Kontrollrahmen festlegen lässt.[823]

Es zeigt sich, dass ein Pflichtteilsverzicht insgesamt ein gewisses Risiko dafür bietet, dass der Erblasser seine Interessen einseitig gegenüber Pflichtteilsverzichtenden durchsetzt. Hier bietet im Einzelfall der allgemeine Sittenwidrigkeitsmaßstab des § 138 Abs. 1 BGB ein Korrektiv, sodass offensichtlich einseitige Vereinbarungen nichtig sind. Jedoch scheitert eine Verallgemeinerung dieser Prinzipien unabhängig vom konkreten Einzelfall, und in der Konsequenz die Entwicklung einer systematischen Inhaltskontrolle für Pflichtteilsverzichtsverträge. Dies liegt daran, dass Pflichtteil und Pflichtteilsverzicht je nach Situation eine Vielzahl von Funktionen erfüllen können, ohne dass das Pflichtteilsrecht eine funktionale Ausdifferenzierung zulässt.

---

819 Siehe S. 116.
820 Siehe S. 114.
821 Siehe S. 117.
822 Siehe S. 118.
823 Siehe S. 118.

Teil B Englisches Recht

1 Der Wille des Erblassers

1.1 Testierfreiheit

Im englischen Erbrecht ist die grundlegende Prämisse, dass jeder seinen Vermögensnachfolger selbst bestimmen kann. Dabei ist im Vergleich zu Deutschland und anderen kontinentaleuropäischen Rechtsordnungen die Bedeutung der Testierfreiheit noch wesentlich stärker ausgeprägt. Zum Ende des 19. Jahrhunderts hatte ein Erblasser in England sogar die absolute Verfügungsgewalt über seinen Nachlass.[824] Ein mit dem Pflichtteil vergleichbares Rechtsinstitut für nahe Angehörige gab es nicht.[825] In der Diskussion um das Pflichtteilsrecht in Deutschland lieferte die englische Rechtsordnung damit Inspiration für all jene, die eine kritiklose Aufnahme des Pflichtteils in das BGB ablehnten.[826] *Von Schmitt* erwidert hierzu in seiner Begründung des Entwurfs eines Rechts der Erbfolge: *„Die Wiederaufnahme voller Testierfreiheit in England und Nordamerika ist gegenüber der geschichtlichen Entwicklung ein zu neuer und territorial zu beschränkter Versuch als daß er ohne weiteres für probehaltig geachtet werden könnte"*.[827]

Tatsächlich war zum Ende des 19. und zum Beginn des 20. Jahrhunderts die Testierfreiheit in England am weitesten ausgeprägt und wurde von vielen Staaten, die durch das englische Recht beeinflusst wurden, übernommen, etwa in Nordamerika, Australien oder Neuseeland.[828] Aus diesem Grund wird die Testierfreiheit als wesentliche Charakteristik des englischen Erbrechts beschrieben.[829]

---

824 *Kerridge*, in: Anderson/Arroyo i Amayuelas (Hrsg.), The law of succession: testamentary freedom, 2011, S. 129, 145.

825 *Kerridge*, in: Anderson/Arroyo i Amayuelas (Hrsg.), The law of succession: testamentary freedom, 2011, S. 129, 145.

826 Insbesondere: *Meyersburg*, in: Verhandlungen des 14. Deutschen Juristentages, 1878, S. 50, 70.

827 *Schmitt*, in: Schubert (Hrsg.), Die Vorlagen der Redaktoren für die erste Kommission zur Ausarbeitung des Entwurfs eines Bürgerlichen Gesetzbuches, 1984, S. 56.

828 *Lawson*, American Journal of Comparative Law 15 (1966-1967), 101, 102; In Quebec wurde die Beibehaltung französischen Rechtes sogar explizit an die Abschaffung jeglicher Beschränkung der Testierfreiheit gekoppelt: The Quebec Act 1774, 14 George III, c. 83 (UK).

829 Vgl. *Lawson*, American Journal of Comparative Law 15 (1966-1967), 101, 102.

Dabei ist jedoch festzuhalten, dass nur für einen sehr kurzen Zeitraum in England Testierfreiheit uneingeschränkt galt.[830] Deshalb wird dieser Zeitraum gelegentlich auch als *„historischer Unfall“* bezeichnet.[831] Die Entwicklung der Testierfreiheit lässt sich dabei in England bis ins Mittelalter zurückverfolgen, als die kirchlichen Gerichte in ihrer Rechtsprechung den römisch-rechtlichen Gedanken der Testierfreiheit rezipierten.[832] Die Auswirkungen waren zunächst begrenzt. Zum einen waren die kirchlichen Gerichte nur für das bewegliche Vermögen (*personality*) zuständig.[833] Zum anderen fand eine Dreiteilung des beweglichen Nachlasses statt: Je ein Drittel des Nachlasses ging an die Kinder und die Witwe und nur das letzte Drittel stand damit dem Erblasser zur freien Verfügung.[834] Im Laufe der weiteren Rechtsentwicklung verloren Kinder und Ehefrauen ihre Rechte am beweglichen Nachlass. Am längsten, bis 1724, wurden sie in London beibehalten.[835]

Immobilien unterfielen traditionell der Jurisdiktion der Gerichte des *Common Law* und blieben damit zunächst der testamentarischen Verfügungsbefugnis des Erblassers entzogen.[836] Als Heinrich VIII. seine unsichere Machtposition stärken wollte, machte er den landbesitzenden Adligen ein politisches Geschenk:[837] Mit dem Erlass des Statute of Wills im Jahr 1540[838] unterfiel auch das Grundeigentum vollständig der Verfügungsbefugnis des Erblassers. Unfall oder nicht – die Testierfreiheit hat sich im Lauf der Rechtsentwicklung als schon fast axiomatischer Grundsatz des englischen Rechts entwickelt.

---

830 *Schaul-Yoder*, Boston College International and Comparative Law Review 8 (1985), 205, 208.

831 *Schaul-Yoder*, Boston College International and Comparative Law Review 8 (1985), 205, 208; *Dainow*, Cornell Law Quarterly 1940, 337, 338.

832 *Lobinger*, American Bar Association Journal 11 (1925), 265, 268.

833 *Kerridge*, in: Anderson/Arroyo i Amayuelas (Hrsg.), The law of succession: testamentary freedom, 2011, S. 129, 131.

834 *Schaul-Yoder*, Boston College International and Comparative Law Review 8 (1985), 205, 207.

835 *Kerridge*, in: Anderson/Arroyo i Amayuelas (Hrsg.), The law of succession: testamentary freedom, 2011, S. 129, 131.

836 *Kerridge*, in: Anderson/Arroyo i Amayuelas (Hrsg.), The law of succession: testamentary freedom, 2011, S. 129, 132. Bis zum Erlass des Statute of Uses (27 Hen VIII c. 10) in 1535 konnte dies jedoch durch die Errichtung von *uses* (den Vorläufern von *Trusts*) umgangen werden (ausführlich S. 143).

837 *Kerridge*, in: Reid/Waal/Zimmermann (Hrsg.), Intestate succession, S. 323, 325.

838 32 Hen VIII c. 1.

1.2 Der trust als Aliud zum Erbrecht

Um ein vollständiges Bild der erbrechtlichen Entwicklung in England zu erhalten, muss jedoch ein weiteres Rechtsinstitut in den Blick genommen werden. Der *trust* als ubiquitäres Rechtsinstrument des englischen Rechts hat wie kein anderes erbrechtliche Funktionen übernommen. Es ist daher notwendig, dieses Rechtsphänomen zumindest in den Grundzügen zu erfassen. Entwickelt wurde der *trust* im Mittelalter von den für *Equity* zuständigen Gerichten der *Chancery*.[839] Die Gerichte der *Chancery* gehen dabei auf die Befugnis des *Lord Chancellor* zurück, im Einzelfall über Petitionen rechtsverbindlich zu entscheiden.[840] Im Laufe der Zeit entwickelte sich hieraus *Equity*, welches als eigenständiges Rechtssystem parallel zum *Common Law* existierte.[841] Es sollte dabei das *Common Law* keinesfalls verdrängen, sondern lediglich in den Fällen, in denen das *Common Law* zu unflexibel war, Ausgleich schaffen.[842]

Sachenrechtlich ermöglicht *Equity* die Übereignung eines Grundstücks (oder eines anderen Vermögensgegenstandes) an eine Person A zum Nutzen einer Person B.[843] Der rechtliche Eigentümer des Grundstücks (A) galt nach *Common Law* als vollwertiger Eigentümer.[844] Er wurde jedoch von den Gerichten der *Chancery* verpflichtet, die Nutzungen, im Regelfall also den Gebrauch oder die Erträge, dem *beneficiary* (ursprünglich französisch: *cestui que use*) (B) zu überlassen.[845] Die hier bestehende Verpflichtung ist dinglicher Natur, so dass faktisch eine duale Eigentümerstellung entsteht.[846]

Daraus ergeben sich für den kreativen Juristen vielfältige Möglichkeiten der Rechtsgestaltung – nicht nur im Erbrecht. *Uses*, eine Vorform des *trusts*, wurden erstmals eingesetzt, um die Restriktionen des *Common Law* in Bezug auf Eigentumsrechte zu überwinden.[847] Im Erbrecht wurde insbesondere das bis 1540 geltende Verbot, über Grundeigentum testamentarisch zu verfügen, umgangen.[848] Das Testierverbot nach *Common Law* galt zwar weiterhin für den rechtlichen

839 *Penner/Padfield*, The law of trusts, [7]2010, S. 8.
840 *Slapper/Kelly*, The English legal system, [14]2013, S. 6.
841 *Slapper/Kelly*, The English legal system, [14]2013, S. 6.
842 *Huxley-Binns/Martin*, Unlocking the English legal system, [4]2014, S. 6.
843 *Penner/Padfield*, The law of trusts, [7]2010, S. 10.
844 *Penner/Padfield*, The law of trusts, [7]2010, S. 10.
845 *Penner/Padfield*, The law of trusts, [7]2010, S. 11.
846 *Dixon*, Modern land law, [7]2010, S. 10.
847 *Kerridge*, in: Reid/Waal/Zimmermann (Hrsg.), Intestate succession, S. 323, 325.
848 *Kerridge*, in: Reid/Waal/Zimmermann (Hrsg.), Intestate succession, S. 323, 325.

Eigentümer (A) und bis 1875 wurden Eigentumspositionen nach *Equity* von den Gerichten des *Common Law* überhaupt nicht berücksichtigt.[849] Die Eigentumsposition des *beneficiary* (B) wurde jedoch von den Gerichten der *Chancery* gegen den Eigentümer (A) durchgesetzt.[850] Die Eigentumsposition des beneficiary (B) unterlag den Beschränkungen des *Common Law* grundsätzlich nicht. Damit konnte auch Grundeigentum - de facto - vererbt werden.

Da sich der Gebrauch von *uses*, als Umgehungsgeschäft jeglicher Form, in England flächendeckend durchsetzte, wurden diese mit dem Statute of Uses 1535[851] abgeschafft.[852] Die Rechtspraxis, eine doppelte Eigentumsstellung nach *Common Law* und *Equity* zu schaffen, wurde jedoch nahezu unvermindert fortgesetzt - nunmehr unter der heute noch geläufigen Bezeichnung *trust*.[853] Auch nachdem das Testierverbot für Grundeigentum entfiel, wurde auf den *trust* als Instrument der Nachfolgeplanung zurückgegriffen. Jedoch änderte sich hierbei die grundlegende Zielsetzung. Die Eigentumsposition des *beneficiarys* (B) konnte so ausgestaltet werden, dass das in einem *trust* gebundene Vermögen automatisch an die nächste Generation fiel.[854] Dadurch wurde insbesondere die testamentarische Verfügungsgewalt über den jeweiligen Vermögensgegenstand eingeschränkt.[855] Bis zum Ende des 17. Jahrhunderts entwickelte sich auf diese Weise die Form des *strict settlements* in England als verbreitete Form der Vermögensbildung.[856] Hier wurden zunächst die Kinder als Vermögensnachfolger eingesetzt und nach deren Tod dann die Enkel.[857] Eine Vermögensbindung, die darüber hinaus reichte, war rechtlich nicht zulässig.[858] Es wurde allerdings

849 Vgl. *Dixon*, Modern land law, [7]2010, S. 15.

850 *Penner/Padfield*, The law of trusts, [7]2010, S. 11.

851 27 Hen VIII c. 10.

852 *Kerridge*, in: Anderson/Arroyo i Amayuelas (Hrsg.), The law of succession: testamentary freedom, 2011, S. 129, 132.

853 *Kerridge*, in: Anderson/Arroyo i Amayuelas (Hrsg.), The law of succession: testamentary freedom, 2011, S. 129, 134.

854 Vgl. *Fratcher*, Missouri Law Review 34 (1969), 39, 65.

855 *Kerridge*, in: Anderson/Arroyo i Amayuelas (Hrsg.), The law of succession: testamentary freedom, 2011, S. 129, 133.

856 *Kerridge*, in: Anderson/Arroyo i Amayuelas (Hrsg.), The law of succession: testamentary freedom, 2011, S. 129, 134.

857 *Kerridge*, in: Anderson/Arroyo i Amayuelas (Hrsg.), The law of succession: testamentary freedom, 2011, S. 129, 134.

858 *Kerridge*, in: Anderson/Arroyo i Amayuelas (Hrsg.), The law of succession: testamentary freedom, 2011, S. 129, 134.

gesellschaftliche Sitte, eine solche Vermögensbindung nicht nur einmal vorzunehmen, sondern für jede Generation neu ein *settlement* aufzusetzen, so dass faktisch eine dauerhafte Bindung des Vermögens an die Familie stattfand.[859] Der *trust* ersetzte so die schrittweise entfallende Familienbindung des Nachlasses.[860]

Doch auch die rechtliche Stellung der Frau in der englischen Gesellschaft führte zeitweise zu einem Bedeutungsgewinn des *trusts*. Der *trust* war ein geeignetes Instrument, um ihr eine gewisse Unabhängigkeit zu gewähren, denn nach dem *doctrine of unity* gab es bis 1882 keine Möglichkeit, dass Frauen einen von ihren Ehemännern unabhängigen Eigentumstitel im *Common Law* erhielten.[861] Gleichzeitig konnten verheiratete Frauen jedoch sehr wohl *beneficiary* eines *trusts* sein und damit in *Equity* einen eigenständigen Eigentumstitel erlangen.[862] Damit spielte der *trust* während des 18. und 19. Jahrhunderts eine sehr wesentliche Rolle dabei, (verheirateten) Frauen eine gewisse wirtschaftliche Unabhängigkeit zu ermöglichen.[863] Es wurde daher üblich, vor der Eheschließung ein sogenanntes *marriage settlement* aufzusetzen, welches die Vermögensposition der Eheleute umfassend regeln sollte.[864]

In der weiteren Rechtsentwicklung verliert der *trust* jedoch als Instrument der familiären Vermögensplanung teilweise an Bedeutung. Steuerliche Nachteile machten die hergebrachte Ausgestaltung grundsätzlich unattraktiv.[865] Hinzu kam, dass Frauen seit 1882 auch im *Common Law* eine Eigentumsposition erwerben konnten und somit nicht mehr auf den *trust* angewiesen waren.[866] Es werden zwar nach wie vor größere Vermögen in Form von *trusts* verwaltet, allerdings geht es hier nicht mehr primär um eine erbrechtliche Vermögensbindung.[867]

859 *Spring*, American Journal of Legal History 1964, 209, 212.
860 *Kerridge*, in: Anderson/Arroyo i Amayuelas (Hrsg.), The law of succession: testamentary freedom, 2011, S. 129, 135.
861 *Cretney*, Family law in the twentieth century, 2003, S. 91; ausführlich oben S. 183.
862 *Cretney*, Family law in the twentieth century, 2003, S. 92.
863 *Cretney*, Family law in the twentieth century, 2003, S. 92.
864 *Cretney*, Family law in the twentieth century, 2003, S. 92; *Griffin*, The Historical Journal 46 (2003), 59, 212.
865 *Kerridge*, in: Anderson/Arroyo i Amayuelas (Hrsg.), The law of succession: testamentary freedom, 2011, S. 129, 145.
866 Married Women's Property Act 1882; ausführlich oben S. 183.
867 *Kerridge*, in: Anderson/Arroyo i Amayuelas (Hrsg.), The law of succession: testamentary freedom, 2011, S. 129, 145.

Insbesondere die Form des *strict settlements* wurde spätestens zu Beginn des 20. Jahrhunderts nicht mehr verwendet.[868]

1.3 Frühe Gegenentwürfe zur Testierfreiheit

1.3.1 Public Policy

Es haben sich allerdings einige Rechtsinstrumente entwickelt, die die Testierfreiheit einschränken oder modifizieren sollen. Eine testamentarische Bedingung kann in England aus Gründen der *public policy* nichtig sein.[869] Es handelt sich hierbei um ein Rechtsinstitut, das dem deutschen Institut der Sittenwidrigkeit ähnlich ist. Allerdings erhält auch im Zusammenhang mit *public policy* die Testierfreiheit in England eine übergeordnete Rolle.[870] Dies soll beispielhaft an testamentarisch auferlegten Eheverboten erläutert werden. Hier ist von dem generellen Grundsatz auszugehen, dass ein solches Eheverbot in einem Testament dazu führt, dass diese Bedingung ungültig wird.[871] Faktisch gilt dies jedoch nur für absolute Eheverbote. Zulässig ist insbesondere, bei einer testamentarischen Zuwendung für den Fall einer Eheschließung einen Nacherben einzusetzen.[872] Ebenso ist es zulässig, den Erben dazu zu veranlassen, nicht vor einem bestimmten Alter (beispielsweise 28 Jahre) zu heiraten.[873] Testamentarische Bedingungen, die eine Eheschließung mit einer Person aus einer bestimmten Personengruppe oder einer bestimmten Person verbieten, sind ebenfalls generell zulässig.[874]

Ebenso wurde zumindest in der früheren Rechtsprechung die Bedingung für zulässig gehalten, dass der Erbe eine bestimmte Person heiraten soll.[875] Da es

---

868 *Kerridge*, in: Anderson/Arroyo i Amayuelas (Hrsg.), The law of succession: testamentary freedom, 2011, S. 129, 134.

869 *Barlow, Richard Francis Dudley/Sherrin/Williams, William James,* Williams on wills, [9]2008, S. 367.

870 Vgl. *Barlow, Richard Francis Dudley/Sherrin/Williams, William James,* Williams on wills, [9]2008, S. 367.

871 *Barlow, Richard Francis Dudley/Sherrin/Williams, William James,* Williams on wills, [9]2008, S. 377.

872 *Godfrey v Hughes* (1847) 163 E.R. 1147.

873 *Younge v Furse* (1857) 44 E.R. 581.

874 *Perrin v Lyon* (1807) 9 East 170 (Verbot einen Schotten zu heiraten); *Jenner v Turner* (1880-81) L.R. 16 Ch. D. 188 (Verbot eine Hausangestellte zu heiraten); *In Re Bathe* [1925] Ch. 377 (Verbot eine namentlich bezeichnete Frau zu ehelichen).

875 *Davis v Angel* (1862) 31 Beavan 223.

hierzu keine abweichenden Entscheidungen gibt, handelt es sich um einen bis heute gültigen Präzedenzfall. In der modernen Rechtspraxis wird in vergleichbaren Fällen daher auf *family provsion* als Korrektiv der Testierentscheidung ausgewichen.[876]

Gerade im Vergleich zum deutschen Recht zeigt sich, dass dem Erblasser im englischen Recht ein sehr weiter Verfügungsraum eingeräumt wird. Das Rechtsinstitut der *public policy* stellt damit zwar eine absolute Grenze der Testierfreiheit dar, jedoch werden sehr hohe Anforderungen für die Nichtigkeit von Testamenten gestellt. Eine weitere Beobachtung ist, dass das verfügbare Fallrecht sehr alt ist und nach Einführung der *family provision* im Jahr 1938[877] nur noch sehr selten auf Nichtigkeit einer testamentarischen Verfügung geklagt wird. *Family provision* haben in diesem Zusammenhang die Bedeutung des Rechtsinstituts der *public policy* deutlich zurückgedrängt, das allenfalls noch von Bedeutung ist, sofern eine Verfügung nicht in den Geltungsumfang der *family provision* fällt.[878]

1.3.2 Interpretation von Testamenten

Kerridge stellt darüber hinaus die These auf, dass vor allem im 18. und 19. Jahrhundert die Auslegung von Testamenten dazu genutzt wurde, die Testierfreiheit normativ einzuschränken.[879] In diesem Zeitraum wurden Testamente vor allem wortlautgebunden ausgelegt, so dass eine ersichtliche Intention des Erblassers dann unbeachtet blieb, wenn sie nicht explizit aus dem Wortlaut entnehmbar war.[880] Ein wesentliches Beispiel hierfür ist die Erbeinsetzung nichtehelicher

---

876 *Re Dewhirst* [1948] Ch. 198 ist einer der wenigen Fälle, in denen ein Eheverbot nach 1938 diskutiert wurde. Letztendlich kam es zu keiner Entscheidung der Rechtsfrage, da der Erbin der Nachweis gelang, dass die in Frage stehende Ehe annulliert worden war. In *Re Goodchild* [1996] 1 W.L.R. 694 wurde zunächst ein Antrag auf *family provision* mit dem Antrag auf Feststellung eines Verstoßes gegen *public policy* verbunden. Die nächste Instanz, *Re Goodchild* [1997] 1 W.L.R. 1216, beschäftigte sich dann nur noch mit dem (erfolgreichen) Antrag auf *family provision.*

877 Dazu S. 155 ff.

878 *Creasey v Sole* [2013] EWHC 1410 (Ch) Rn. 63 (Verstoß gegen das Gebot ein Testament höchstpersönlich zu errichten); *Gibbs v Harding* [2007] EWHC 3 (Ch), (Zuwendung zum Wohl der Gemeinschaft, verbunden mit einer Diskriminierung bestimmter Personengruppen).

879 *Kerridge*, in: Anderson/Arroyo i Amayuelas (Hrsg.), The law of succession: testamentary freedom, 2011, S. 129, 137.

880 *Kerridge*, in: Anderson/Arroyo i Amayuelas (Hrsg.), The law of succession: testamentary freedom, 2011, S. 129, 137.

Kinder. Die Erbeinsetzung von Kindern und anderen Abkömmlingen schloss nichteheliche aus, soweit diese nicht explizit benannt wurden.[881]

Hierbei handelt es sich nicht um eine absolute Hürde der Testierfreiheit. Der Erblasser konnte, sofern er dies wünschte, auch nichteheliche Kinder in seinem Testament berücksichtigen. Richtig ist jedoch, dass durch die wortlautgebundene Interpretation die Geltung eines Testamentes normativ beeinflusst wurde.[882] Ein Erblasser, der entgegen herrschender sozialer Normen und Wertungen testieren wollte, musste erhöhte Anforderungen erfüllen. Das Ergebnis war, dass die englische Testamentspraxis stark von klauselartig vorformulierten Textbausteinen geprägt war, die eine individuelle Ausgestaltung zwar nicht unmöglich machten, aber erheblich erschwerten.

Dies widerspricht jedoch einer grundsätzlichen Auffassung von Privatautonomie und Testierfreiheit, die den Erblasser zur Willkür jenseits sozialer Normen berechtigt.[883] Es ist hier eine Errungenschaft der modernen Rechtsentwicklung, dass nunmehr der tatsächliche Wille des Erblassers ausschlaggebend ist, unabhängig vom stringenten Einhalten bestimmter, durch die Rechtspraxis vorgegebener Klauseln.[884] Damit kommt der Interpretation von Testamenten im englischen Recht, so wie es auch im deutschen Recht der Fall ist, die Aufgabe zu, den wahren Willen des Erblassers zu erforschen.

1.4 Der vermutete Erblasserwille - Die gesetzliche Erbfolge

1.4.1 Gesetzliche Regelung

Im Jahr 1925 wurde die gesetzliche Erbfolge in England grundlegend reformiert und restrukturiert.[885] Auch das heutige System geht in seinen Grundzügen noch auf diese Reformen zurück.[886] Über Jahrhunderte hatte die flächendeckende Verwendung von *trusts* das Erbrecht in den Hintergrund gedrängt.[887] Die Folge

---

881 *In Re Fish* [1894] 2 Ch. 83; vgl. auch *Warren*, Current Legal Thought 1936, 633, 635.

882 *Kerridge*, in: Anderson/Arroyo i Amayuelas (Hrsg.), The law of succession: testamentary freedom, 2011, S. 129, 138.

883 *Kerridge*, in: Anderson/Arroyo i Amayuelas (Hrsg.), The law of succession: testamentary freedom, 2011, S. 129, 141.

884 *Thomas*, Trust Law International 2014, 157, 158.

885 *Cook*, in: Zimmermann (Hrsg.), Freedom of testation - Testierfreiheit, 2012, S. 125, 129; ausführlich *Kerridge*, in: Reid/Waal/Zimmermann (Hrsg.), Intestate succession, S. 323, 327.

886 *Kerridge*, in: Reid/Waal/Zimmermann (Hrsg.), Intestate succession, S. 323, 327.

887 *Burns*, UNSW Law Journal 2013, 470, 476.

war ein regelrechter Reformstau, und über lange Zeit wurde das Erbrecht nur stückweise und unzulänglich an eine sich ändernde Gesellschaft angepasst.[888]

Die Reformen von 1925 führten einige wesentliche Errungenschaften eines modernen Erbrechts ein. Dies ist zunächst die Angleichung der Erbfolge für Mobiliar- und Immobiliarvermögen.[889] Ebenso wichtig war die Gleichstellung weiblicher und männlicher Nachkommen, sowie älterer und jüngerer Geschwister.[890] Eine weitere wichtige Reform war die Einführung von Erbrechten für den überlebenden Ehepartner.[891] Mit dem Intestate's Estate Act 1890 erhielt die überlebende Witwe erstmals eine Geldsumme nach dem Tod ihres Ehemanns. Mit der Reform von 1925 wurden diese Ansprüche noch einmal ausgebaut und die Position des Ehegatten in der gesetzlichen Erbfolge gestärkt.[892] In sukzessiven Reformen wurde die Position des Ehegatten zum Nachteil der Kinder und übrigen Verwandten weiter ausgebaut.[893] Teilweise wird diese Berücksichtigung des aktuellen Ehepartners als übermäßig kritisiert: Insbesondere dann, wenn keine gemeinsamen Kinder vorhanden sind, der Erblasser jedoch Kinder aus einer anderen Beziehung habe, würden diese in vielen Fällen nur unverhältnismäßig durch die gesetzliche Erbfolge berücksichtigt.[894] Später wurden die gesetzlichen Vorschriften angepasst, um eine Gleichberechtigung für nichteheliche Kinder zu erreichen (s 14 Family Law Reform Act 1969). Zuletzt erhielten auch gleichgeschlechtliche Partner Berücksichtigung im Rahmen der gesetzlichen Erbfolge, zunächst im Rahmen einer eingetragenen Lebenspartnerschaft (s 71 Civil Partnership Act 2004), seit 2014 auch im Rahmen einer Ehe, die nunmehr auch für gleichgeschlechtliche Partner zugänglich ist (s 11 Marriage (Same Sex Couples) Act 2013).

Die heute gültige Fassung der gesetzlichen Erbfolge findet sich in s 46 des Administration of Estates Act 1925. Dies wurde zuletzt durch das Inheritance and Trustees' Power Act 2014 geändert: Sind keine Abkömmlinge vorhanden, erbt der Ehepartner oder eingetragene Lebenspartner (s 46 AE Act 1925 i.V.m. s 1 (2) ITP Act 2014). Andernfalls erhält der Partner als Vorraus die persönlichen

888 Ausführlich mit weiteren Nachweisen *Sparks*, Statute Law Review 1988, 146.

889 Law Commission, ‚Intestacy and family provision claims on death', Report No 331, 2011, para 1.44; *Cretney*, Quarterly Law Review 1995, 77, 80.

890 *Cretney*, Quarterly Law Review 1995, 77, 80.

891 *Cretney*, Quarterly Law Review 1995, 77, 80.

892 *Kerridge*, in: Reid/Waal/Zimmermann (Hrsg.), Intestate succession, S. 323, 328.

893 *Kerridge*, in: Reid/Waal/Zimmermann (Hrsg.), Intestate succession, S. 323, 333.

894 *Kerridge*, Edinburgh Law Review 14 (2010), 323, 324; siehe auch *Reid*, Edinburgh Law Review 12 (2008), 391, 411.

Gegenstände und den Hausrat des Verstorbenen und einen gesetzlich festgesetzten Anteil an der Erbmasse in Höhe von bis zu 250.000 £. Diese Ansprüche haben gegenüber allen weiteren gesetzlichen Anrechten am Nachlass Vorrang. Darüber hinaus erhält der überlebende Ehegatte ein lebzeitiges Nutzungsrecht an der Hälfte der nach Abzug der vorrangingen Anrechte verbleibenden Erbmasse (s 46 AE Act 1925 i.V.m. schedule 1 ITP Act 2014; s 2 The Family Provision (Intestate Succession) Order 2009). Die übrige Erbmasse fällt in einen gesetzlichen *trust*: die Abkömmlinge partizipieren aufgeteilt nach Stämmen und erwerben ihren Anteil unter dem *trust*, wenn sie das 18. Lebensjahr erreichen oder heiraten (s 47 (1) (i) AE Act 1925). Sind keine Ehepartner vorhanden, fällt der gesamte Nachlass in den gesetzlichen *trust* (s 46 (1) (ii) AE Act 1925). Sind weder Ehepartner noch Abkömmlinge vorhanden, erben die weiteren Verwandten in der folgenden Reihenfolge: Eltern, Geschwister, Halbgeschwister, Großeltern, Onkel und Tanten, Halbonkel und Halbtanten (s 46 (1) AE Act 1925). Finden sich keine gesetzlichen Erben, so fällt das Vermögen an die Krone[895] (s 46 (1) (vi) AE Act 1925).

1.4.2 Systematische Einordnung

Der Platz, der der gesetzlichen Erbfolge im englischen Erbrecht zugewiesen wird, ist dabei relativ eindeutig. Sie soll die Lücke füllen, die durch eine fehelende Testierentscheidung (oder anderweitige Verfügung des Erblassers) entstanden ist. Dies kommt schon durch die Bezeichnung als ‚*intestare*‘ Erbfolge (*intestate succession*) zum Ausdruck. Umgangssprachlich wird auch vom „*Testament des armen Mannes*“ gesprochen.[896] Leisten kann die gesetzliche Erbfolge in diesem Zusammenhang allerdings nur den Durchschnitt. Es geht darum Regeln aufzustellen, die in der Mehrheit der Fälle ein adäquates Ergebnis herbeiführt.[897] Anhaltspunkte bieten das tatsächliche Testierverhalten,[898] aber auch die öffentlichen Vorstellungen von Gerechtigkeit,[899] sowie die vorherrschenden

895 Bzw. Duchy of Lancester oder Duchy of Cornwall.

896 Wörtlich: ‚poor man's will‘ *Sherrin/Bonehill*, The law and practice of intestate succession, ^{3}2004, S. 4.

897 *Law Commission*, 'Intestacy and family provision claims on death', Report No 331, 2011, para 1.15.

898 *Law Commission*, 'Intestacy and family provision claims on death', Report No 331, 2011, Appendix D.

899 *Law Commission*, 'Intestacy and family provision claims on death', Report No 331, 2011, para 1.30.

Familienkonstellationen.[900] Das Ergebnis spiegelt eine klare Präferenz für die Kernfamilie des Erblassers und eine sehr deutlich hervortretende Bevorzugung des Ehepartners.[901] Die jüngsten Gesetzesänderungen führten dabei - auf Empfehlung der Law Commission - zu noch weitreichenderen Rechten von Ehegatten am Nachlass.[902]

1.5 Zusammenfassung

Zum Ende des 19. Jahrhunderts war die Testierfreiheit in England in einem Umfang verwirklicht, der in ähnlicher Form sonst nur im klassischen Rom bekannt war.[903] Gleichzeitig war ein Großteil des Vermögens in England dem Erbgang nicht zugänglich, weil es dauerhaft in *trusts* gebunden war.[904] Dennoch bildete in der Folge der Gedanke der Testierfreiheit die Ausgangslage für die weitere Entwicklung des Erbrechtes.

Hier ist zunächst auf die gesetzliche Erbfolge zu verweisen, deren Entwicklung auch als eine Ergänzung zur gewillkürten Erbfolge verstanden werden muss.[905] Sie soll in vielen Punkten dem mutmaßlichen Willen des Erblassers entsprechen.[906] Auffallend ist dabei die zunehmende Bedeutung des Ehepartners, dem auch in der gesetzlichen Erbfolgen weiterreichende Teilhaberechte zugesprochen werden.[907]

Entscheidend ist jedoch die Erkenntnis, dass der Erblasser immer noch zur Willkür berechtigt ist und auch selbst auffallend ungerechte und inakzeptabel Ergebnisse produzieren kann.[908] Dies veranlasste allerdings grundlegend dazu, über andere Rechtsinstitute eine gewisse normative Kontrolle zu verwirklichen.

900 *Law Commission*, 'Intestacy and family provision claims on death', Report No 331, 2011, para 1.24.

901 Vgl auch: *Kerridge*, in: Reid/Waal/Zimmermann (Hrsg.), Intestate succession, S. 323, 333.

902 Neu ist insbesondere, dass Ehepartner und Lebenspartner nun vor Eltern und Geschwistern zur Alleinerbfolge berufen sind; vgl. insbesondere den Vorschlag der Law Commission, 'Intestacy and family provision claims on death', Report No 331, 2011, para. 2.154.

903 Siehe S. 143 ff; vgl. auch *Lawson*, American Journal of Comparative Law 15 (1966-1967), 101.

904 Siehe S. 125.

905 Siehe S. 129.

906 Siehe S. 129.

907 Siehe S. 129.

908 Siehe S. 123.

So lässt sich vor der Einführung familiärer Beteiligungsrechte in einer Vielzahl von Fällen die Geltendmachung der Nichtigkeit eines Testamentes erkennen.[909] Rechtlich änderte dies jedoch nur wenig an dem umfassenden Gestaltungsspielraum des Erblassers.[910] Auch bei der Auslegung von Testamenten spielten normative Überlegungen eine übergeordnete Rolle.[911] Hierbei handelte es sich jedoch um keine absoluten Grenzen der Testierfreiheit.[912]

2 Family provision

2.1 Erste Einschränkung der Testtierfreiheit

Keine (europäische) Rechtsordnung hat die absolute Willensherrschaft eines Erblassers dauerhaft uneingeschränkt zugelassen.[913] Es ist also nicht verwunderlich, dass auch in England sehr bald der Ruf nach einer Beschränkung derselben laut wurde. Schon im Jahre 1928 begann auf Betreiben von Viscount Astor der Parlamentarische Prozess zugunsten einer Einschränkung der Testierfreiheit.[914] Eine naheliegende Überlegung für eine Gesetzesnovelle war, zunächst Inspiration im schottischen Recht zu suchen.[915] Schottland hatte an der ursprünglich auch in England vorhandenen Tradition der Dreiteilung des beweglichen Vermögens über die Jahrhunderte festgehalten,[916] und im Einklang mit vielen kontinentalen Rechtsordnungen sind auch heute noch feste Beteiligungsquoten für nahe Angehörige vorgesehen.[917] Kinder erhalten insgesamt ein Drittel des Nachlasses als *legitim* und der überlebende Ehegatte eine weiteres Drittel als *ius relictae/relicti*.[918] Diese Lösung wurde jedoch von Beginn an als zu starke Einschränkung der Befugnisse des Erblassers betrachtet.[919] Der Gedanke

909 Siehe S. 126.

910 Siehe S. 127.

911 Siehe S. 127.

912 Siehe S. 127.

913 Vgl. *Dutta*, FamRZ 2011, 1829; siehe auch *Kahn-Freund*, Modern Law Review 1938, 304.

914 Hansard, HL Deb., 16. Mai 1928, vol 71, cc 37-61; siehe auch: *Gold*, Modern Law Review 1938, 296, 298.

915 *Gold*, Modern Law Review 1938, 296, 298.

916 Zur Rechtsentwicklung in England ausführlich S. 141.

917 *Reid*, Edinburgh Law Review 12 (2008), 391, 398.

918 *Reid*, Edinburgh Law Review 12 (2008), 391, 398.

919 Hansard, HL Deb., 16. Mai 1928, vol. 71, cc 37-61 - siehe insbesondere den Redebeitrag von *Viscount Haldane*.

an eine Rückkehr zu den hergebrachten Regeln wurde infolgedessen schnell verworfen.[920]

Mit dem Inheritance (Family Provision) Act 1938 wurde stattdessen eine gänzlich andere Regelung eingeführt. Sie glich in vielen Punkten den Gesetzgebungsinitiativen, die nur wenige Jahrzehnte zuvor in Neuseeland ihren Anfang nahmen.[921] Neuseeland – wie auch viele andere Staaten – hatte mit dem *Common Law* Englands auch dessen Präferenz für eine unbeschränkte Testierfreiheit übernommen.[922] Mit dem Testators' Family Maintenance Act 1900 wurde diese umfassende Verfügungsbefugnis erstmalig wieder eingeschränkt. Es folgten mit ähnlichen Regeln Australien[923] und die Kanadischen Provinzen.[924]

Kennzeichnend für die mit wenigen Unterschieden in verschiedenen Rechtssystemen eingeführten Regeln war zunächst, dass einzelnen Antragsstellern ermöglicht wurde, ein Testament gerichtlich anzugreifen und eine Versorgung nach richterlichem Ermessen aus dem Nachlass zu beantragen.[925] Die Regeln entstanden im Kontrast zu und in Abkehr von der in Europa weitläufig praktizierten Beteiligung im Rahmen einer vorher festgelegten Quote.[926] Sie weisen zumindest in ihrer ursprünglichen Ausgestaltung von 1938 eine starke Ähnlichkeit zur im römischen Recht bekannten *querela inofficiosi testamenti* auf.[927] In England wurde eine solche Antragsberechtigung zunächst für Ehepartner, minderjährige und erwerbsunfähige Söhne und unverheiratete Töchter geschaffen (vgl. s 1 des Inheritance (Family Provision) Act 1938). Bei bestehendem Antragsrecht auf *family provision* erhielt der Familienrichter die Möglichkeit,

---

920 *Gold*, Modern Law Review 1938, 296, 298.

921 *Wolff*, Pflichtteilsrecht - Forced Heirship - Family Provision, 2011, S. 153; siehe auch: Testators' Family Maintenance Act 1900.

922 Siehe S. 141.

923 Widows and Young Children Maintenance Act 1906 (Victoria); Testators' Family Maintenance Act 1912 (Tasmania); Testators' Family Maintenance Act 1914 (Queensland); Testator's Family Maintenance Act 1918 (South Australia); Testators' Family Maintenance and Guardianship of Infants Act 1916 (New South Wales); Guardianship of Infants Act 1920 (West Australia).

924 Im Detail *Schaul-Yoder*, Boston College International and Comparative Law Review 8 (1985), 205, 208 f.

925 *Schaul-Yoder*, Boston College International and Comparative Law Review 8 (1985), 205, 209.

926 *Gold*, Modern Law Review 1938, 296, 297.

927 *Dutta*, FamRZ 2011, 1829, 1834; *Peart*, New Zealand Recent Law Review 1994, 193, 210; *Gold*, Modern Law Review 1938, 296, 297, einen historischen Bezug verneint *Dainow*, Michigan Law Review 1938, 1107.

nach billigem Ermessen zu entscheiden ob und in welcher Höhe einem Antrag zu entsprechen ist.[928]

2.2 Heutiger Regelungsgehalt

2.2.1 Schutz von Familienangehörigen vor Enterbung

Die bewusst schlank gehaltene Regelung des Gesetzes von 1938 war – trotz aller Kritik[929] – ein Erfolg. Die Vorhersagen einer weiteren Ausdehnung der Regelung erfüllten sich zunehmend.[930] Die heutigen Regelungen finden sich in der Neufassung des Inheritance (Provision for Family and Dependants) Act 1975. Kerngedanke der Regelung war schon 1938 der Schutz naher Familienangehöriger vor pflichtwidriger Enterbung durch den Erblasser.[931] Diese Zielrichtung hat sich weitestgehend erhalten. Insbesondere die Betonung des richterlichen Ermessensspielraums ist erhalten geblieben.[932] Zuständig sind sowohl die *Family Division* als auch die *Chancery Division* des *High Court* und die *County Courts*.[933] Es ist dabei regelmäßig sinnvoll, den Antrag vor dem Gericht zu stellen, das sich entweder schon mit der Verteilung des Nachlasses beschäftigt oder in dessen Zuständigkeit weitere relevante Rechtsmittel fallen.[934]

Nach aktueller Regelung sind Kinder sowie Ehe- und Lebenspartner aufgrund ihres familienrechtlichen Status antragsberechtigt (vgl. s 1 (a) und (c) I (PFD) Act 1975). Nicht erfasst sind jedoch weitere Abkömmlinge oder Eltern.[935] Die grundsätzliche Antragsberechtigung reicht jedoch nicht aus, um eine Beteiligung am Nachlass zu erstreiten. Vielmehr müssen alle Antragsberechtigten nachweisen, dass keine angemessene Vorsorge (*reasonable provision*) für sie getroffen wurde (s 1 (2) I (PFD) Act 1975). Dabei hat sich je nach Antragsteller ein grundsätzlich verschiedener Maßstab herausgebildet, auf den im Folgenden eingegangen werden soll.

---

928 *Gold*, Modern Law Review 1938, 296, 297.
929 *Cretney*, Oxford Journal of Legal Studies, 299.
930 Vgl. *Dainow*, Cornell Law Quarterly 1940, 337, 338.
931 Vgl. *Gold*, Modern Law Review 1938, 296, 298.
932 *Kerridge/Parry*, Parry & Kerridge, The law of succession, [12]2008, S. 169.
933 *Kerridge/Parry*, Parry & Kerridge, The law of succession, [12]2008, S. 166.
934 *Kerridge/Parry*, Parry & Kerridge, The law of succession, [12]2008, S. 166.
935 *Trulsen*, Pflichtteilsrecht und englische family provision um Vergleich, 2004, S. 95, 104.

2.2.1.1 *Kinder*

Ausgangspunkt ist die Überlegung, dass eine angemessene Versorgung am Unterhaltsbedarf zu messen ist (s 1 (2) (b) I (PFD) Act 1975). Zwar sind, anders als in der ursprünglichen Fassung, Ehe oder Volljährigkeit keine grundsätzlichen Ausschlusskriterien für einen Antrag (vgl. s 1 des Inheritance (Family Provisions) Act 1938). Erwachsene Kinder, die in der Lage sind, ihren Unterhalt selbst zu bestreiten, haben dennoch nur sehr geringe Aussichten, einen erfolgreichen Antrag zu stellen.[936] Sie müssen (eine grundsätzliche Bedürftigkeit vorausgesetzt[937]) besondere Umstände nachweisen, die einen besonderen moralischen Anspruch substantiieren. In Frage kommen Situationen, in denen der Erblasser suggeriert hatte, einen bestimmten Anteil zu hinterlassen,[938] oder der Antragsteller zu Lebzeiten des Erblassers für diesen erhebliche Arbeits-[939] und Pflegeleistungen[940] erbracht hatte. Die Notwendigkeit, Bedürftigkeit des Antragstellers nachzuweisen, kann dabei teilweise zu ungerechten Ergebnissen führen, insbesondere dann, wenn der Antragsteller zum Beispiel durch die Erbringung von Pflegeleistungen einen hohen moralischen Anspruch auf Berücksichtigung hat.[941]

Der im Ergebnis geschuldete Betrag wird im Rahmen des I (PFD) Act 1975 nur sehr grob auf ein Mittelmaß zwischen der notwendigen und der bestmöglichen Versorgung angesetzt.[942] Konkretere Anhaltspunkte, nach denen diese Summe zu bestimmen wäre, fehlen jedoch bisher.[943] Dies ist nicht zuletzt Resultat einer auf Einzelfallregelungen bedachten Rechtsprechung.[944] In der jüngsten Entscheidung des Supreme Court *Ilott v Blue Cross* wurde diesbezüglich ein weiter Entscheidungsrahmen für die Gerichte bestätigt.[945] Anhaltspunkte können dabei der Bezug von Sozialleistungen, aber auch die lebzeitige Beziehung zwischen Erblasser und Antragsteller sein.[946]

---

936 *Cook*, in: Zimmermann (Hrsg.), Freedom of testation - Testierfreiheit, 2012, S. 125, 131; *Pearce*, Inheritance Act claims, ^{2}2011, S. 134.

937 *Sloan*, Informal carers and private law, 2013, S. 190.

938 *Re Goodchild* [1997] 1 W.L.R. 1216.

939 *Re Abram (Deceased)* [1996] 2 FLR 379.

940 *Espinosa v Bourke* [1999] 1 FLR 747.

941 *Sloan*, Informal carers and private law, 2013, S. 190.

942 *In Re Coventry* [1980] Ch. 461, 485.

943 Vgl. *Cook*, in: Zimmermann (Hrsg.), Freedom of testation - Testierfreiheit, 2012, S. 125, 128.

944 Vgl. *In Re Coventry* [1980] Ch. 461, 485.

945 [2017] UKSC 17.

946 *Ilott v Blue Cross* [2017] UKSC 17, Rn 42 ff.

2.2.1.2 *Ehepartner*

Für Ehe- und Lebenspartner ist der Begriff der angemessenen Versorgung schon in der gesetzlichen Ausgangslage nicht auf Unterhalt beschränkt (vgl. s 1 (2) (a), (aa) I (PFD) Act 1975). Darüber hinaus ist zu berücksichtigen, welche Ansprüche der Partner im Fall einer Scheidung gehabt hätte (s 3 (2) I (PFD) Act 1975). In der Konsequenz hat der Ehepartner im Regelfall eine sehr gute Möglichkeit, einen Anspruch durchzusetzen. Für die Güterverteilung[947] nach der Scheidung haben sich in England drei Richtwerte entwickelt, die eine faire Verteilung ermöglichen sollen: Halbteilung des Vermögens, Bedürftigkeit und Entschädigung für ehebedingte Verluste.[948]

Soweit es um eine Aufteilung des ehelichen Vermögens geht, ist eine hälftige Verteilung als Ausgangspunkt zu nehmen, von der nur mit besonderer Begründung abgewichen werden kann, etwa weil ein Vermögensgegenstand sehr eindeutig dem Verdienst eines Ehepartners zugeordnet werden kann.[949] Dies muss im Grundsatz auch für den Erbfall gelten.[950] Abweichungen können jedoch entstehen, wenn weitere spezifische Umstände des Erbfalls zu berücksichtigen sind.[951]

Auch ehemalige Ehe- und Lebenspartner haben ein Antragsrecht nach s 1 (1) (b) I (PFD) Act 1975, soweit sie nicht wieder geheiratet haben.[952] Hier ist auch die im Rahmen der Scheidung getroffene Regelung zu berücksichtigen. Wurde eine einmalige Vermögenszuweisung (*clean break*) als abschließende Regelung vorgenommen, ist ein neuerlicher Antrag nur unter außergewöhnlichen Umständen erfolgsversprechend.[953] Besteht zugunsten des Antragstellers

---

947 Einen Güterstand der Eheleute kennt das englische Familienrecht nicht. Vielmehr ist Gütertrennung der einzig zulässige Vermögensstand. Ein Ausgleich nach der Scheidung erfolgt nach gesetzlichen Ausgleichsansprüchen, die nicht nach Unterhalt und Vermögenszuweisung differenzieren. *Miles*, in: Scherpe (Hrsg.), Marital agreements and private autonomy in comparative perspective, 2012, S. 89, 90. Soweit möglich ist nach s 25A (1) Matrimonial Causes Act 1973 regelmäßig eine abschließende Regelung im Sinne einer einmaligen Vermögenszuweisung (*clean break*) in Betracht zu ziehen. Ausführlich: *Herring*, Family law, 2015, S. 228 ff.

948 *Miller; McFarlane* [2006] UKHL 24.

949 Vgl. *White v White* [2001] 1 A.C. 596; *Charman v Charman* [2007] EWCA Civ 503 Rn. 104.

950 *Pearce*, Inheritance Act claims, ^{2}2011, S. 158.

951 *Pearce*, Inheritance Act claims, ^{2}2011, S. 158.

952 Erstmals eingeführt mit ss 26- 28 des Matrimonial Causes Act 1965

953 *Pearce*, Inheritance Act claims, ^{2}2011, S. 167; siehe auch: *Barras v Harding and Newman* [2001] FLR 138.

allerdings eine Pflicht zu Unterhaltszahlungen, können diese Anlass sein, auch eine Verfügung unter dem I (PFD) Act 1975 zu beantragen.[954] Allerdings können entsprechende Ansprüche durch ehemalige Partner im Rahmen des Scheidungsprozesses gerichtlich ausgeschlossen werden (vgl. s 15 I (PFD) Act 1975).

2.2.2 Ausdehnung auf die gesetzliche Erbfolge

Mit dem Intestates' Estate Act 1952 erhielten die *family provisions* erstmals eine grundsätzlich neue Schutzdimension. Der Anwendungsbereich des Inheritance (Family Provision) Act 1938 wurde auch auf Erbfälle ausgeweitet, die der gesetzlichen Erbfolge unterfielen (s 7 (a) Intestates' Estate Act 1952). Zuvor hatten neuseeländische Gerichte die dortige Regelung auf testamentarische Abweichungen von der gesetzlichen Erbenstellung der Antragsteller beschränkt.[955] Die *Law Commission* lehnte eine derartige Beschränkung in England allerdings ab.[956] Da eine entsprechende Entwicklung in der englischen Rechtsprechung jedoch nicht vorhersehbar war, sollte diese im Rahmen einer Gesetzesreform vorweggenommen werden, die die Regelungen auch auf die gesetzliche Erbfolge ausdehnte.[957]

Ausschlaggebend war dabei auch die Überlegung, dass die gesetzliche Erbfolge zwar als pauschale Regelung der Vermögensnachfolge geeignet ist, in einigen Fällen jedoch zu ungerechten Ergebnissen führen kann.[958] Als Beispiel wurde insbesondere das Erbrecht des Ehegatten angeführt.[959] Kennzeichnend ist hier insbesondere, dass Ehepartner ein vorrangiges Vermächtnis aus dem Nachlass erhalten.[960] Die Höhe war schon 1925 so konzipiert, dass zumindest bei kleinen Erbschaften der Ehegatte den wesentlichen Teil des Nachlasses für sich beanspruchen konnte, und wurde subsequent in mehreren Schritten stark erhöht.[961] Die grundlegende Kritik, dass dies unter bestimmten Umständen zu

---

954 Vgl.: *Pearce*, Inheritance Act claims, ²2011, S. 167.

955 *Yuill v Tripe* (1924) 27 GLR 65.

956 'Report of the Committee on the Law of Intestate Succession' (Morton Report), 1950-51, para 50.

957 'Report of the Committee on the Law of Intestate Succession' (Morton Report), 1950-51, para 44 u 50.

958 'Report of the Committee on the Law of Intestate Succession' (Morton Report), 1950-51, para 46

959 'Report of the Committee on the Law of Intestate Succession' (Morton Report), 1950-51, para 46

960 Siehe S. 150.

961 *Cretney*, Quarterly Law Review 1995, 77, 80 ff.

Lasten der Kinder gehen kann,[962] sollte durch die *family provision* zumindest in Teilen ausgeglichen werden.[963] Insgesamt ermöglicht dies eine einzelfallbezogene Berücksichtigung individueller Verpflichtungen des Erblassers, die sich im Rahmen einer pauschalen und starren Beteiligung einzelner Angehöriger nicht abbilden lassen.[964]

2.2.3 Die soziale Familie

Während zunächst die Antragsberechtigung an die Verwandtschaft oder Ehe zum Verstorbenen geknüpft war (s 1 Inheritance (Provisions for Family) Act 1938), stellte sich die *Law Commission* im Jahr 1974 erstmals die Frage, ob eine Verpflichtung des Erblassers auch außerhalb einer solchen statusrechtlichen Beziehung denkbar sei.[965] In der Folge entwickelte sich ein differenziertes System, welches einer Reihe von Personen ein Antragsrecht zugesteht, unabhängig vom tatsächlichen Status.

2.2.3.1 Stief- und Pflegekinder

Zunächst wurde die Antragsbefugnis nach s 1 (1) (d) I (PFD) Act 1975 neben den eigenen Kindern auch auf Stief- oder Pflegekinder ausgedehnt. Hier ist Voraussetzung, dass das Kind vom Erblasser im Rahmen einer Ehe- oder Lebenspartnerschaft als Kind seiner Familie (*child of the family*) behandelt wurde (s 1 (1) (d) I (PFD) Act 1975). Diese Antragsvoraussetzung ist dabei den Bestimmungen in ss 23 (3) (a) und 52 (1) des Matrimonial Causes Act 1973 ähnlich, welche zugunsten von Kindern der Familie in bestimmten Fällen Unterhaltspflichten im Rahmen einer Scheidung festlegten.

Im erbrechtlichen Kontext ist dabei insbesondere Voraussetzung, dass die Beziehung, die der Verstorbene mit seinem Stiefkind pflegte, über das Maß an Zuneigung und Gastfreundschaft hinausgeht, das Stiefeltern den Kindern ihres Ehepartners üblicherweise entgegenbringen.[966] Entscheidend ist, dass die Beziehung zwischen dem Stiefelternteil und dem Antragsteller der eines Elternteiles zu

---

962 Siehe dazu auch schon oben S. 154.

963 'Report of the Committee on the Law of Intestate Succession' (Morton Report), 1950-51, para 46; vgl s. 1 (2) Intestates' Estate Act 1952.

964 *Whitty*, Edinburgh Law Review 7 (2003), 285, 330.

965 Law Commission 'Second report on family property: Family provision on death' (Law Com. No. 61) para 85 und para 65.

966 *Re Leach (Deceased)* [1985] FLR 1120, 1129.

seinem Kind entspricht.[967] Ein solches Verhältnis kann auch zu einem erwachsenen Kind[968] oder nach dem Tod des Ehepartners entstehen.[969]

2.2.3.2 Dependants

Daneben führte die Reform von 1975 eine weitere Kategorie antragsberechtigter Personen ein. Losgelöst von jeder verwandtschaftlichen Verbindung zum Verstorbenen erhielten all jene Personen (*dependants*) ein Antragsrecht nach s 1 (1) (e) I (PFD) Act 1975, die vom Erblasser vor dessen Tod ganz oder zum Teil unterhalten wurden. Während die *Law Commission* in ihrem Vorschlag bewusst davon absah, die Gruppe der antragsberechtigten Personen näher einzugrenzen,[970] wird doch relativ deutlich, welche Konstellationen die Regelungen vornehmlich in den Blick nahmen.

Es ging darum, dem nichtehelichen Partner ein Antragsrecht zu geben, soweit er bis zum Tod durch den Verstorbenen unterhalten wurde. Von den englischen Gerichten wurde diese Entwicklung durch den Rechtssatz vorgezeichnet, dass die moralische Verpflichtung für die Geliebte angemessen zu sorgen, dem Antrag des Ehegatten auf *family provision* entgegenstehen kann.[971] Die Antragsbefugnis nach s 1 (1) (e) I (PFD) Act 1975 nimmt auf diese Verpflichtung Bezug[972] und sichert so in begrenztem Umfang eine Versorgung auch des nichtehelichen Lebenspartners. Darüber hinaus sind – aufgrund der sehr weit gefassten Definition – auch Anträge von Personen möglich, die ausdrücklich keine Lebenspartner sind, soweit sie aus anderen Gründen vom Erblasser unterhalten wurden.[973]

2.2.3.3 Nichteheliche Lebenspartner

Es wurde jedoch zunehmend als inadäquat betrachtet, dass nichteheliche Lebenspartner schon im Rahmen der Antragsberechtigung nachweisen mussten, dass der Erblasser zu ihrem Lebensunterhalt in substantieller Weise beigetragen

967 *Re Callaghan (Deceased)* [1985] FLR 116, 121.

968 *Re Callaghan (Deceased)* [1985] FLR 116, 117.

969 *Re Leach (Deceased)* [1985] FLR 1120, 1121.

970 Law Commission 'Second report on family property: Family provision on death' (Law Com. No. 61)para 92: 'any person'.

971 *Re Joslin* [1941] Ch. 200.

972 Law Commission 'Second report on family property: Family provision on death' (Law Com. No. 61) para 89.

973 *Pearce*, Inheritance Act claims, ^{2}2011, S. 85; vgl. auch *Re Vinder (Deceased), Kreeger v Cooper* [1978] CLY 3.

hatte.[974] Folglich wurde mit dem Law Reform (Succession) Act 1995 ein eigenes Antragsrecht für nichteheliche Lebenspartner aufgrund ihrer partnerschaftlichen Beziehung eingeführt. Seit 2004 gilt dieses auch für gleichgeschlechtliche Partner.[975]

Herzstück der Regelung ist zunächst eine Definition des nichtehelichen Partners (*cohabitant*) durch das Gesetz (s 1 (1A) und (1B) I (PFD) Act 1975. Im Rahmen des I (PFD) Act 1975 wird gemeinsames Zusammenleben als Ehemann und Ehefrau oder als gleichgeschlechtliche Partner über einen Zeitraum von zwei Jahren unmittelbar vor dem Tod des Erblassers vorausgesetzt (s 1 (1A) (1B)). Schwierig ist dabei, dass eine Entscheidung für ein Zusammenleben ohne rechtlich verbindliche Partnerschaft in sehr verschiedenen Lebensumständen getroffen wird und die Partnerschaft damit auch in ihrer Ausgestaltung und Verbindlichkeit stark variiert.[976] Dies kann mitunter zu erheblichen Beweisschwierigkeiten führen.[977] Lässt sich eine entsprechende Beziehung nicht nachweisen, bleibt einem Betroffenen jedoch grundsätzlich der Rückgriff auf s 1 (1) (e) I (PFD) Act 1975, der für *dependants* auch weiterhin gilt und in Hinblick auf die nichteheliche Lebensgemeinschaft nunmehr als Auffangvorschrift fungiert.[978] Entscheidend ist dann nicht mehr die Qualität oder Dauer der Beziehung. Vielmehr kommt es dann nur darauf an, dass der Erblasser den Anspruchsteller unterhalten hat.

Auch wenn bei einer bestehenden nichtehelichen Lebensgemeinschaft die Antragsmöglichkeiten erheblich erweitert wurden bleibt der Unterhaltsbezug der Regelungen grundsätzlich bestehen.[979] Anders als Ehepartner haben nichteheliche Lebenspartner gerade keinen Anspruch auf eine Versorgung ähnlich wie bei einer Scheidung. Sie müssen vielmehr – wie alle Antragsteller – nachweisen, dass sie auf eine Beteiligung aus dem Nachlass angewiesen sind, um den eigenen Lebensunterhalt zu bestreiten (vgl. s 1 (2) (b) I (PFD) Act 1975).

---

974 Law Commission 'Distribution on intestacy' (Law Com. No. 187) para 59.

975 Sch. 4 des Civil Partnership Act 2004 para. 15 (3); siehe auch *Saunders v Garrett* [2005] WTLR 749.

976 *Herring*, Family law, 2015, S. 111.

977 Vgl. *Baynes v Hedger* [2008] EWHC 1587 (Ch)Rn. 149.

978 *Churchill v Roach* [2004] 2 FLR 989.

979 *Sloan*, Cambridge Law Journal 2011, 623, 629.

2.2.4 *Entscheidung nach richterlichem Ermessen*

Auch wenn ein Antragsrecht auf *family provision* besteht, bleibt der tatsächliche Anspruch an das richterliche Ermessen gebunden. In einer zweistufigen Entscheidung muss das Gericht zunächst feststellen, dass der Antragsteller nicht angemessen am Nachlass beteiligt wird: „*... [T]he court may, if it is satisfied, that the disposition of the deceased's estate effected by his will or the law relating to intestacy, or the combination of his will and that law, is not such as to make reasonable provision for the applicant, make any one or more of the following orders.*" (s 2 (1) I (PFD) Act 1975) Die Beurteilung, was angemessen ist, trifft das Gericht dabei unabhängig von den subjektiven Vorstellungen des Erblassers.[980]

Hat es diese Feststellung getroffen, so kann das Gericht dann in einem zweiten Schritt festlegen, welche Ansprüche dem Antragsteller im Einzelnen zustehen.[981] In die Entscheidung einzubeziehen sind dabei grundsätzlich alle relevanten Umstände: Dies sind zunächst die Bedürfnisse des Antragsstellers und verfügbare Ressourcen, aus denen der Antragsteller seinen Unterhalt bestreiten kann (s 3 (1) (a) I (PFD) Act 1975). Ein besonderes Augenmerk liegt auch auf weiteren Personen, die Ansprüche an den Nachlass stellen können (s 3 (1) (b) I (PFD) Act 1975). Ebenso zu berücksichtigen sind alle Personen, die von dem Erblasser als Erben eingesetzt wurden (s 3 (1) (c) I (PFD) Act 1975), sowie weitere Personen, gegenüber denen der Erblasser eine besondere Verpflichtung hatte (s 3 (1) (d) I (PFD) Act 1975). Gesondert zu beachten ist, wenn der Antragsteller oder eine andere am Verfahren beteiligte Person aufgrund einer Behinderung besondere Bedürfnisse hat (s 3 (1) (f) I (PFD) Act 1975). Auch die Größe und Zusammensetzung des Nachlasses kann bei der Entscheidung berücksichtigt werden (s 3 (1) (e) I (PFD) Act 1975). Weitere Faktoren können immer dann in die Entscheidung einbezogen werden, wenn sie für den konkreten Fall relevant sind (s 3 (1) (g) I (PFD) Act 1975).

Diese Herangehensweise ermöglicht sehr flexible Lösungen im Einzelfall.[982] Allerdings ist das Ergebnis auch schwerer vorhersehbar, da eine ganze Reihe von Faktoren berücksichtigt und abgewogen werden muss. Dies kann die Kosten des Nachlassverfahrens in die Höhe treiben und dabei insbesondere den Nachlass schmälern und so einzelne Antragsteller von einer Geltendmachung ihrer Rechte abhalten.[983]

---

980 *Kerridge/Parry*, Parry & Kerridge, The law of succession, [12]2008, S. 172.

981 *Re Coventry* [1980] Ch. 461, 469.

982 *Whitty*, Edinburgh Law Review 7 (2003), 285, 330.

983 *Whitty*, Edinburgh Law Review 7 (2003), 285, 330.

2.3 Reichweite und Umfang der Regelung

2.3.1 Die vom I (PFD) Act 1975 erfassten Vermögensgegenstände

Der Vermögensübergang nach dem Tod ist in England grundlegend anders ausgestaltet als in Deutschland. Ein wesentlicher Unterschied ist, dass nach englischem Verständnis nicht automatisch alle Vermögensgegenstände den erbrechtlichen Regeln unterfallen, sondern in vielen Fällen ein gesonderter Vermögensübergang nach Spezialregelungen stattfindet.[984] Weil die Gerichte *family provision* ursprünglich nur in Bezug auf Vermögensgegenstände anordnen konnten, die im engeren Sinne den erbrechtlichen Regeln unterfielen, kam das Inheritance (Family Provision) Act 1938 in vielen Fällen nicht zur Anwendung (vgl. s 5 (1) Inheritance (Family Provision) Act 1938).[985] Dies führte dazu, dass im Rahmen der Reform 1975 eine konkrete Liste der Vermögensgegenstände geschaffen wurde, auf die das I (PFD) Act 1975 anwendbar ist, unabhängig davon, ob der Vermögensgegenstand im Einzelfall den erbrechtlichen Regeln unterfällt oder nicht (vgl. s 8 (1) und s 9 (1) des I (PFD) Act 1975).

Um eine Vorstellung von der Systematik und Reichweite des I (PFD) Act 1975 zu bekommen, ist es daher unerlässlich, zunächst einen Überblick darüber zu gewinnen, welche Vermögensgegenstände einer richterlichen Anordnung nach dem I (PFD) Act 1975 zugänglich sind.

2.3.1.1 Der absolute Anwendungsbereich

Die Befugnisse der englischen Gerichte, *family provision* anzuordnen, erstrecken sich zunächst unbeschränkt auf alle Eigentumsgegenstände, über die der Erblasser mittels Testament verfügen konnte. Abzuziehen sind dabei die Beerdigungskosten, die Testaments- und Verwaltungskosten, Schulden und Verbindlichkeiten und aus dem Nachlass zu begleichende Steuern (s 25 (1) I (PFD) Act 1975). Diese relativ umfassende Regelung dürfte in einer Vielzahl der Fälle das gesamte Vermögen des Erblassers umfassen.[986]

Weitere Vermögensgegenstände werden der Berechnung der *family provision* nach s 25 (1) zugrunde gelegt, wenn der Erblasser zwar nicht Eigentümer im Rechtssinne war, ihm aber zu Lebzeiten eine generelle Verfügungsbefugnis zustand (*general power of appointment*), aufgrund derer er ohne Einschränkungen gleich einem Eigentümer über den Vermögensgegenstand verfügen konnte.

---

984 Ausführlich *Braun*, in: Braun/Röthel (Hrsg.), Passing wealth on death, S. 51, 53.

985 *Ross*, Inheritance Act claims, ^{3}2011, S. 62.

986 *Ross*, Inheritance Act claims, ^{3}2011, S. 61.

Ebenfalls in die Berechnung der *family provision* einzubeziehen sind von den bisherigen Regeln noch nicht erfasste Vermögensgegenstände, über die der Erblasser durch Nominierung (*nomination*) (s 8 (1)) oder als Geschenke von Todes wegen (*donatio mortis causa*) (s 8 (2)) verfügte. In beiden Fällen findet der Vermögensübergang zum Zeitpunkt des Todes statt, ohne dass dieser den erbrechtlichen Regeln unterfällt.

2.3.1.2 Ermessensabhängiger Anwendungsbereich

Ein Sonderfall ist die Eigentumsform des Gesamthandsvermögens *in joint names*. Hier gehört ein Vermögensgegenstand mehreren Personen zusammen, wobei jedoch keine individuellen Bruchteile entstehen.[987] Stirbt ein Miteigentümer, so erwerben die Überlebenden den Teil des Verstorbenen automatisch.[988]

Unter dem Gesichtspunkt der Versorgungsverpflichtung gegenüber nahen Angehörigen kann sich dabei ein sehr zufälliges oder unbilliges Resultat ergeben.[989] Oft wird die Entscheidung für den Erwerb eines Gegenstandes *in joint names* getroffen ohne erbrechtliche Konsequenzen in den Blick zu nehmen.[990] Alternativ bietet sich hier natürlich auch eine Möglichkeit, Ansprüche anderer Anspruchsberechtigter Personen zu vereiteln.[991] Darüber hinaus besteht für den Erblasser bis zum Zeitpunkt seines Todes die grundsätzliche Möglichkeit, die Eigentumsanteile einseitig in Bruchteilsanteile umzuwandeln, die dem Erwerb im Wege der Erbfolge zugänglich sind.[992]

---

987 *Dixon*, Modern land law, ^{7}2010, S. 126.

988 *Kerridge*, in: Reid/Waal/Zimmermann (Hrsg.), Intestate succession, S. 323, 329; *Braun*, in: Braun/Röthel (Hrsg.), Passing wealth on death, S. 51, 59.

989 *Ross*, Inheritance Act claims, ^{3}2011, S. 67.

990 Law Commission 'Second report on family property: Family provision on death' (Law Com. No. 61) para. 140.

991 Ein Beispiel hierfür findet sich in *Hanbury v Hanbury* [1999] 2 FLR 255, 268: Die Antragstellerin, Tochter des Erblassers aus erster Ehe, war schwer behindert und ein Leben lang auf Betreuung angewiesen. Der Erblasser und seine zweite Ehefrau begannen Vermögensanteile entweder im Namen der Ehefrau oder gemeinsam als Gesamthandseigentum zu erwerben. Ein Vorgehen, das Judge Bromly QC in seinem Urteil als „*[...] a joint scheme by Mr and Mrs Hanbury to defeat a claim by Celia, as now made, and that could of course be done by spouses who trusted one another, as these did, by putting assets either into joint names or into Mrs Hanbury's sole name – an apparent sole beneficial ownership after Mr Hanbury's death*" bezeichnet.

992 Bei Grundbesitz besteht nach s 36 (2) Law of Property Act 1925 ein gesetzliches Kündigungsrecht, das jedem Miteigentümer zusteht. Ansonsten kann eine Umwandlung nach den in *Williams v Hensman* [1861] 70 ER 862 festgelegten Prinzipien erfolgen. Zu

Diese Wertungswidersprüche löst s 9 (1) I (PFD) Act 1975 dadurch, dass die betreffenden Miteigentumsanteile dem anrechenbaren Nachlass hinzugerechnet werden können, soweit dies den Umständen des Einzelfalls gerecht wird. Diesbezüglich haben sich im Rahmen der richterlichen Rechtsentwicklung zunächst keine Prinzipien entwickelt, nach denen ein Richter sein Ermessen im Rahmen von s 9 auszuüben hat, da der Gesetzeswortlaut ausreichen soll, um eine fehlerfreie Ermessensentscheidung zu treffen.[993]

Die Interessen des Miteigentümers werden dabei in verschiedener Hinsicht berücksichtigt. Zunächst beinhaltet s 9 (1) eine Antragsfrist von sechs Monaten nach Anordnung der Nachlassverwaltung. Diese Frist dient dazu, dem Miteigentümer schnell rechtliche Sicherheit bezüglich der eigenen Rechtsposition zu verschaffen.[994] Dabei sind im Rahmen einer ermessensfehlerfreien Entscheidung auch die Interessen von Antragsgegnern und anderen Leistungsberechtigten zu berücksichtigen.[995] Insbesondere der ehelichen Wohnung, Vermögensgegenständen, die von den Eltern überlassen wurden, und Gegenständen des persönlichen Gebrauchs kommt bei der Bewertung eine besondere Rolle zu.[996] Zuletzt legt s 9 (3) I (PFD) Act 1975 fest, dass der (Mit-) Eigentümer der in Frage stehenden Vermögenspositionen nicht für Handlungen, die vor einer entsprechenden Gerichtsentscheidung vorgenommen wurden, haftbar gemacht werden kann. Dies ist insbesondere dann von Bedeutung, wenn der (Mit-) Eigentümer, nachdem ihm der Eigentumsanteil des Verstorbenen zugefallen ist, den Gegenstand veräußert, bevor eine gerichtliche Anordnung in Hinblick auf *family provision* getroffen wurde. Nach der gesetzlichen Wertung ist damit die Verfügungsbefugnis des Eigentümers gegenüber möglichen Ansprüchen auf *family provision* vorrangig. Antragsteller auf *family provision* müssten ihre Rechte gegebenenfalls im Eilrechtsschutz durchsetzen (vgl. s 5. I (PFD) Act 1975).

2.3.1.3 Trusts

Der *trust* wurde vorhergehend schon als Aliud zum erbrechtlichen Vermögensübergang vorgestellt.[997] Die grundsätzliche Dichotomie zwischen *Common Law*

---

beachten ist jedoch, dass die Umwandlung lebzeitig zu erfolgen hat, und jeder Versuch einen Gesamthandseigentumsanteil in einem Testament zu einen Bruchteilsanteil zu machen fehlgeht: *Gould v Kemp* (1834) 39 E.R. 959.

993 *Re Crawford (Deceased) (FD)* (1983) 4 FLR 273, 280.

994 *Ross*, Inheritance Act claims, ^{3}2011, S. 67.

995 *Pearce*, Inheritance Act claims, ^{2}2011, S. 222.

996 *Hanbury v Hanbury* [1999] 2 FLR 255, 273.

997 Siehe S. 122.

und *Equity* wirkt sich dabei auch auf die *family provision* aus. Zunächst ist eindeutig festzuhalten, dass in einem *trust* gebundenes Vermögen grundsätzlich nicht unter der Definition in ss 8 und 9 des I (PFD) Act 1975 Nachlassbestandteil wird.[998]

Dieser Problematik begegnet das I (PFD) Act 1975 zumindest in Ansätzen. Zunächst unterfallen alle Verfügungen, mit denen der Erblasser zu seinen Lebzeiten den rechtlichen Vermögenstitel an einen *trustee* überträgt, nach s 13 des I (PFD) Act 1975 dem allgemeinen Umgehungsverbot nach ss 10 und 11 des I (PFD) Act 1975.[999] Darüber hinaus können *ante- nuptial* und *post-nuptial settlements* durch richterliche Verfügung im Rahmen von s 2 (1) (f) und (g) I (PFD) Act 1975 abgewandelt werden.[1000] Das Konzept eines *ante-nuptial* oder *post-nuptial settlement* ist sehr weit gefasst, sodass alle Vereinbarungen, die das Vermögen zwischen Ehegatten betreffen, erfasst werden, unabhängig davon ob dadurch das Vermögen in einer trustbasierten Struktur organisiert wird oder eine andere sachen- oder schuldrechtliche Konstruktion gewählt wurde.[1001] Entscheidend ist, dass ein Ehebezug zum Zeitpunkt der Errichtung vorhanden ist.[1002]

2.3.1.4 Unternehmensbestandteile

Das Verhältnis von Unternehmensrecht und Erbrecht ist in England grundsätzlich einfach ausgestaltet. Unternehmensbestandteile sind, soweit nicht eine der Ausnahmen[1003] greift, Nachlassbestandteile. Im Licht der grundsätzlich umfänglichen Testierbefugnis des Erblassers ist zunächst der simple Rat zu erteilen, dass

998 Eine Ausnahme stellt die Situation dar, in der der Erblasser bezüglich eines Trusts eine allgemeine Verfügungsbefugnis (*general power of appointment*) hat (vgl. s 25 (1) (a) und (b) I (PFD) Act 1975). Ausgenommen sind jedoch eingeschränkte Verfügungsbefugnisse (*special power of appointment*) (vgl. s 25 (1) (a) I (PFD) Act 1975). Verfügungsbefugnisse sind im Trustrecht ein weit verbreitetetes Gestaltungsinstrument, wobei sie jedoch meistens in irgendeiner Form beschränkt werden (*Penner/Padfield*, The law of trusts, ^{7}2010, S. 54ff).

999 Ausführlich zum Umgehungsverbot S. 177 ff.

1000 Diese Möglichkeit ist ähnlich den Rechten, die s 24 (1) (c) den Gerichten im Fall der Scheidung einräumt (Law Comm. No 61, para 121; ausführlich dazu: *Scott*, International Family Law 2010, 259).

1001 *Nicolle v Nicolle, Fermain Trust* [2005] EWHC 2908 (Fam).

1002 *Pearce*, Inheritance Act claims, ^{2}2011, S. 192.

1003 Ausführlich S. 142 ff.

die gewillkürte Vermögensnachfolge im Sinne des Unternehmens auszugestalten ist.[1004]

Eine einfache testamentarische Verfügung kann allerdings nicht die Anwendung des I (PFD) Act 1975 verhindern, so dass – unter Umständen – auch über ein Unternehmen entschieden werden muss.[1005] Die Zusammensetzung des Nachlasses und die Beschaffenheit der einzelnen Vermögensgegenstände sind dabei nach s 3 (1) (e) I (PFD) Act 1975 in die Ermessensabwägung einzubeziehen. Hierunter fällt auch die Frage, inwieweit ein Unternehmen durch einen notwendig werdenden Verkauf erhebliche Wertverluste erleiden könnte.[1006] Dabei ist zu beachten, dass keine grundsätzliche Pflicht besteht, ein Unternehmen als Einheit oder in der Familie zu erhalten.[1007] Nichtsdestoweniger ist die Intention des Erblassers, ein Unternehmen oder einen landwirtschaftlichen Hof als wirtschaftliche Einheit zu erhalten, bei der Entscheidungsfindung zu berücksichtigen.[1008]

Handelt es sich bei dem Unternehmen um eine Gesellschaft mit eigener Rechtspersönlichkeit, ist dann weiterhin zu beachten, dass grundsätzlich nur auf die Gesellschaftsanteile, nicht aber auf die Vermögensgegenstände der Gesellschaft selbst zugegriffen werden kann.[1009] Dies kann als Fassade dienen, um wesentliche Vermögensgegenstände der Entscheidungsbefugnis der Gerichte zu entziehen.[1010] Da die *family provision* der Natur nach keine Geldansprüche gegen den Erben sind, sondern im Grundsatz aus dem Nachlass zu erbringen sind,[1011] kann dies eine erhebliche Einschränkung der möglichen Regelungen sein. Vor allem in der Familiengerichtsbarkeit wurden daher einige, sehr begrenzte Möglichkeiten eingeführt, um auf das Gesellschaftsvermögen direkt zuzugreifen.[1012] Diese sind jedoch angesichts der mannigfaltigen Gestaltungsmöglichkeiten leicht zu umgehen.[1013]

1004 Siehe S. 121.

1005 *Ross*, Inheritance Act claims, ^{3}2011, S. 88.

1006 *Ross*, Inheritance Act claims, ^{3}2011, S. 89

1007 *Ross*, Inheritance Act claims, ^{3}2011, S. 89.

1008 *Re Rowlands (*1984) Fam Law 280.

1009 *Mayson/French/Ryan*, Mayson, French & Ryan on company law, ^{30}2014, S. 121.

1010 *George*, Family Law 2013, 991.

1011 Vgl. ausführlich: *Pearce*, Inheritance Act claims, ^{2}2011, S. 178.

1012 *Prest v Petrodel Resources Ltd.* [2013] 2 A.C. 415; ausführlich auch: *Mayson/French/Ryan*, Mayson, French & Ryan on company law, ^{30}2014, xxvi.

1013 *George*, Family Law 2013, 991, 994.

2.3.2 *Umgehungsverbot*

Die Tatsache, dass nicht alle Vermögenspositionen des Erblassers gleichermaßen dem Rahmen des I (PFD) Act 1975 unterfallen, macht eine Umgehung der Vorschriften leicht.[1014] Darüber hinaus mag es auch Situationen geben, in denen der Erblasser bereit ist, einen Teil seines Nachlasses schon zu Lebzeiten gänzlich an eine dritte Person zu übergeben, um auf diese Weise die Möglichkeit eines Antrags auf *family provision* zu umgehen. Um letztere Möglichkeit einzuschränken wurden in der Novellierung von 1975 die ss 10, 11 und 12 des I (PFD) Act 1975 eingeführt.

Während sich der Anspruch auf *family provision* grundsätzlich gegen den Nachlass richtet, wird im Fall eines Umgehungsgeschäftes von dieser Vorgabe eine Ausnahme gemacht. Nach s 10 I (PFD) Act 1975 kann ein Antrag auf *family provision* auch gegen den Begünstigten aus dem Umgehungsgeschäft gerichtet werden.

2.3.2.1 *Umgehungsgeschäft*

Ein Umgehungsgeschäft nach s 10 I (PFD) Act 1975 ist „*any payment of money (including the payment of a premium under a policy of assurance) and any conveyance, assurance, appointment or gift of property of any description*" (s 10 (7) I (PFD) Act 1975). Hierunter fallen nach s 13 des I (PFD) Act 1975 auch Dispositionen an einen *trustee*, um einen *trust* zu errichten.

Nicht erfasst sind alle Verfügungen, die der Erblasser aufgrund einer Sondervollmacht (*special power of appointment*) vorgenommen hat (vgl. s 10 (7) (b)).[1015] Hierbei handelt es sich um Vermögensgegenstände, die nicht zum Vermögen des Erblassers gehören, hinsichtlich derer der Erblasser jedoch eine eingeschränkte Verfügungsbefugnis hatte.[1016]

2.3.2.2 *Zeitliche Begrenzung*

Begrenzt wird der Anspruch von einer Ausschlussfrist von sechs Jahren vor dem Erbfall. Vor diesem Zeitpunkt vorgenommene Rechtsgeschäfte bleiben

---

1014 Für die Möglichkeiten, in diesem Zusammenhang einen Anspruch durchzusetzen, siehe oben S. 141 ff.

1015 Ausführlich: *Pearce*, Inheritance Act claims, ^{2}2011, S. 230: Hierin zeigt sich sehr konsequent die Haltung des Gesetzgebers, dass Vermögen, das einer Sondervollmacht unterfällt, nicht dem Erblasser zuzurechnen ist. Siehe auch S. 171 Fn. 1126.

1016 Diese Vermögensgegenstände sind nicht vom Anwendungsbereich des I (PFD) Act 1975 erfasst, siehe S. 173.

unberücksichtigt (s 10 (2) (a) I (PFD) Act 1975). Dies verhindert, dass auch Verfügungen, die lange zurück liegen, neu aufgerollt werden müssen.[1017] Auch die Verfügungen, die gegen eine dem vollen Wert entsprechende Gegenleistung vorgenommen wurden, bleiben nach s 10 (2) (b) außer Betracht.

2.3.2.3 *Sonderfall:* Contract to make a will

Eine dem Umgehungsgeschäft ähnliche Problemstellung ergibt sich nach dem englischen Rechtsverständnis auch bei einem *contract to make a will.* Hierbei handelt es sich nicht um eine vertragliche Erbeinsetzung, die das englische Erbrecht im Vergleich zu Deutschland nicht kennt. Vielmehr gilt in England der übergeordnete Grundsatz der Testierfreiheit, die durch eine vertragliche Erbeinsetzung nicht einzuschränken ist. Schließt der Erblasser dennoch einen Vertrag in Bezug auf den Nachlass oder einen Teil des Nachlasses (*contract to make a will*), so entsteht hier lediglich eine Nachlassverbindlichkeit.[1018] In Bezug auf die *family provision* entsteht damit eine Rangfolgeproblematik, da diese grundsätzlich erst nach Begleichung der Nachlassverbindlichkeiten durch die Gerichte festgelegt wird.[1019] In einem australischen Fall wurde daher der vertragliche Anspruch als Nachlassverbindlichkeit vorranging bedient.[1020]

Diese Wertung, dass ein Vertrag auf Erbeinsetzung einer Nachlassverbindlichkeit gleichsteht, wurde von der englischen *Law Commission* abgelehnt.[1021] In der Folge wurde s 11 des I (PFD) Act 1975 eingeführt, welcher grundsätzlich die Möglichkeit eröffnet, einen derartigen vertraglichen Anspruch zurückzustellen. Da betroffene Vermögensgegenstände bis zum Erbfall Teil der Vermögensmasse des Erblassers sind, ist nach s 11 keine Ausschlussfrist vorgesehen.[1022]

2.3.2.4 *Umgehungsabsicht*

Erfasst sind nach den ss 10 und 11 jedoch nicht alle Verfügungen. Entscheidend ist vielmehr, dass sie in der Absicht getätigt wurden, Ansprüche aus dem

---

1017 Law Commission 'Second report on family property: Family provision on death' (Law Com. No. 61) para 211.

1018 Ausfühlich zu *contracts to make a will: Barlow, Richard Francis Dudley/Sherrin/Williams, William James,* Williams on wills, [9]2008, S. 28 ff.

1019 Ausführlich S. 132.

1020 *Schaefer v Schuhmann* [1972] 2 W.L.R. 481.

1021 Law Commission 'Second report on family property: Family provision on death' (Law Com. No. 61) para 226.

1022 *Ross,* Inheritance Act claims, [3]2011, S. 74.

I (PFD) Act 1975 zu vereiteln (s 10 (2) (a) und s 11 (2) (b) I (PFD) Act 1975). Gänzlich ausgenommen sind damit zunächst alle Verfügungen, die für eine vollwertige Gegenleistung erfolgen. Zuletzt muss das Gericht überzeugt sein, dass der Erblasser die Verfügung vorgenommen hat mit der Absicht, einen Antrag auf *family provisions* zu verhindern (s 10 (2) (a) I (PFD) Act 1975; s 11 (2) (c) I (PFD) Act 1975).

In anderen Fällen ist es wesentlich schwieriger, eine konkrete Verfügungsabsicht nachzuweisen.[1023] Dem wird mit der Festlegung von bestimmten Beweisstandards in s 12 I (PFD) Act 1975 begegnet: Hierbei reicht es, dass das Gericht nach dem zivilrechtlichen Wahrscheinlichkeitsmaßstab *on balance of probabilities* überzeugt ist, dass der Erblasser die Absicht hatte, einen Anspruch auf *family provision* zu verhindern oder zu verringern. Als Nachweis genügt insbesondere, wenn der Erblasser im Zusammenhang mit der Transaktion rechtlichen Rat eingeholt hat, der darauf abzielte, die Möglichkeiten einer Umgehung zu erörtern.[1024]

2.3.3 Exkurs: Internationales Privatrecht

Besondere Schwierigkeiten bereitet die Anknüpfung der *family provision* nach englischem internationalen Privatrecht. Für das I (PFD) Act 1975 wurde eine eigene Regelung geschaffen, die sich nach dem Domizil des Erblassers richtet: *„Where after the commencement of this Act a person dies domiciled in England and Wales...“* (s 1 (1) I (PFD) Act 1975).

Unter dem Domizil versteht das englische Kollisionsrecht eine rechtliche Verbindung zwischen einer Person und einem bestimmten Staat.[1025] Grundsätzlich muss das Domizil nicht mit dem Wohnort oder der Staatsangehörigkeit einer Person identisch sein.[1026] Bei Geburt erwirbt eine Person zunächst das Domizil ihrer Eltern.[1027] Ein neues Domizil kann dann begründet werden, wenn sich eine Person in einem anderen Staat niederlässt und die Absicht hat, dauerhaft dort zu bleiben.[1028] Das Domizil unterscheidet sich damit von dem Anknüpfungsmoment des gewöhnlichen Aufenthalts im autonomen deutschen

1023 Law Commission 'Second report on family property: Family provision on death' (Law Com. No. 61) para 199

1024 Dawkins v Judd (FD) [1986] 2 FLR 360, 366;

1025 *Hill/Ní Shúilleabháin*, Clarkson & Hill's conflict of laws, ^{5}2016, S. 316.

1026 *Hill/Ní Shúilleabháin*, Clarkson & Hill's conflict of laws, ^{5}2016, S. 316.

1027 *Collins/Dicey*, The conflict of laws, ^{14}2006, S. 130.

1028 *Collins/Dicey*, The conflict of laws, ^{14}2006, S. 133.

und europäischen internationalen Privatrecht, da hier jeder nicht nur vorübergehende Aufenthalt ausreichend ist.[1029] Für einen Anspruch auf *family provision* obliegt es dabei grundsätzlich dem Antragsteller nachzuweisen, dass das letzte Domizil des Erblassers in England lag.[1030]

Die Anknüpfung der *family provision* unterscheidet sich von der allgemeinen erbrechtlichen Anknüpfung im englischen internationalen Privatrecht. Bei Bestimmung des Erbstatuts unterscheidet das englische Recht zwischen beweglichem und unbeweglichem Vermögen: Das Erbstatut für bewegliches Vermögen bestimmt sich nach dem letzten Domizil des Erblassers.[1031] Das Erbstatut für unbewegliche Vermögen bestimmt sich nach dem Ort der Belegenheit.[1032] Die Qualifikation eines Gegenstandes als bewegliches oder unbeweglichen Vermögen ist eine rechtliche Frage, die ebenfalls nach dem Recht des Belegenheitsortes zu entscheiden.[1033]Aufgrund der unterschiedlichen Anknüpfung für Immobiliarvermögen und bewegliches Vermögen im englischen internationalen Privatrecht kann es gelegentlich dazu kommen, dass das Erbstatut für Immobiliarvermögen und bewegliches Vermögen auseinanderfällt.

Da die *family provision* jedoch nur an das Domizil anknüpfen, kann es hier zu erheblichen Regelungslücken kommen: Beispielsweise kann ein Erblasser über lange Jahre in England leben und dort substantielle Vermögensgegenstände erwerben, ohne dabei ein Domizil in England zu begründen.[1034] In einem solchen Fall würde das gesamte in England belegene Immobiliarvermögen dem englischen Erbstatut unterfallen. Ein Anspruch auf *family provision* nach englischem Recht käme jedoch nicht in Betracht.

Dies führt nach strikter Anwendung der kollisionsrechtlichen Regelungen zu einem Wertungswiderspruch, weil erhebliche Vermögensgegenstände nicht für einen Anspruch auf *family provision* in Betracht kommen. Änderungsvorschläge der *Law Commission*, diese Diskrepanz zu überwinden, wurden vom englischen Parlament bisher nicht umgesetzt.[1035] Es gibt also keine expliziten gesetzlichen Regelungen, die sich mit dieser Frage beschäftigen.

1029 MünchKomm/*Dutta*, Art. 4 EuErbVO Rn. 3.
1030 *Pearce*, Inheritance Act claims, ^{2}2011, S. 12.
1031 *Collins/Dicey*, The conflict of laws, ^{14}2006, S. 1238.
1032 *Collins/Dicey*, The conflict of laws, ^{14}2006, S. 1236.
1033 *Collins/Dicey*, The conflict of laws, ^{14}2006, S. 1109.
1034 Agulian & Anr v Cyganik [2006] EWCA Civ 128.
1035 Law Com No 331, 7.29.

Damit stellt sich die Frage, ob die englischen Gerichte an dieser Stelle das Recht des Staates anwenden können, in dem der Erblasser sein Domizil hat, um auf diese Weise familiäre Teilhaberechte zu bestimmen.[1036] Ein australisches Gericht lehnte bei vergleichbarer Rechtslage die Anwendung fremden Rechts ab und verneinte einen Anspruch auf familiäre Teilhabe.[1037] Entscheidender Faktor war, dass es sich bei familiären Teilhaberechten nach australischen Rechtsverständnis um richterliche Gestaltungsentscheidungen handelt, die nur von einem Gericht, das im Domizil des Erblassers ansässig ist, getroffen werden dürfen. [1038]

Ein vergleichbarer englischer Präzedenzfall fehlt bisher.[1039] Allerdings geht die englische Rechtswissenschaft grundsätzlich davon aus, dass auch in England eine richterliche Gestaltungsentscheidung nicht gemäß fremden Rechts vorgenommen werden kann.[1040] Es ist daher davon auszugehen, dass englische Gerichte hier ähnlich entscheiden werden und somit im vorliegenden Fall keine Ansprüche durch nahe Angehörige vor englischen Gerichten geltend gemacht werden können.

Auch der umgekehrte Fall führt regelmäßig zu Anwendungslücken: Hat der Erblasser sein Domizil in England, so fällt zunächst der gesamte Nachlass in den Anwendungsbereich des I (PFD) Act 1975. Problematisch sind dann im Ausland befindliche Immobilien, welche nach den Regeln des englischen internationalen Privatrechts grundsätzlich der *lex rei sitae* unterfallen.[1041] Hier gäbe es zwei grundsätzliche Herangehensweisen: Zunächst könnte ein Anspruch auf *family provision* auch in Bezug auf im Ausland befindliche Immobilien zugesprochen werden. Dies wurde bei vergleichbarer Rechtslage in der australischen Rechtsprechung abgelehnt.[1042] Alternativ könnten Schutzvorschriften zugunsten von Familienangehörigen auch dem Erbstatut entnommen werden. Auch dies wurde durch die australische Rechtsprechung bei vergleichbarer Rechtslage grundsätzlich abgelehnt.[1043] Hier ist grundsätzlich davon auszugehen, dass

---

1036 Vgl. *Re Annesley* [1926] Ch. 692.

1037 *Taylor v Farrugia* [2009] NSWSC 801.

1038 *Taylor v Farrugia* [2009] NSWSC 801.

1039 In *Agulian & Anr v Cyganik* [2006] EWCA Civ 128 wurde im Rahmen der Berufungsverhandlung zu der Anwendbarkeit ausländischen Rechts nicht Stellung genommen.

1040 Vgl. *Bresslauer*, Modern Law Review 1938, 306; *Miller*, International and Comparative Law Quarterly 1990, 261, 272; *Frimston*, Private Client Business 2013, 192.

1041 *Collins/Dicey*, The conflict of laws, [14]2006, S. 1236.

1042 *Taylor v Farrugia* [2009] NSWSC 801, Rn. 26; siehe auch *Miller*, International and Comparative Law Quarterly 1990, 261, 271 mit weiteren Nachweisen.

1043 *Taylor v Farrugia* [2009] NSWSC 801, Rn. 26; siehe auch *Miller*, International and Comparative Law Quarterly 1990, 261, 271 mit weiteren Nachweisen.

englische Gerichte ähnlich entscheiden werden. Damit kann ein Anspruch auf familiäre Teilhabe vor englischen Gerichten nur geltend gemacht werden, wenn es zu einem Gleichlauf von Erbstatut und Anwendbarkeit von *family provision* kommt.[1044]

Anders würde ein zuständiges deutsches Gericht entscheiden: *Family provision* sind eindeutig von der Verweisung nach Art. 23 Abs. 2 lit. h EuErbVO erfasst.[1045] Erbrechtliche Teilhaberechte sind damit ganz grundsätzlich dem Erbstatut zu entnehmen. Das führt im Ergebnis dazu, dass ein deutsches Gericht, das über einen Erbfall nach englischem Recht zu entscheiden hat, immer auch einen Anspruch auf *family provision* zusprechen kann und muss.

2.4 Zusammenfassung

Die *family provision* im Englischen Recht erfüllen eine duale Aufgabe, die sowohl den Schutz eines Erben vor dem übermäßigen Gebrauch der Testiermacht umfasst[1046] als auch eine flexible Anpassung der gesetzlichen Erbfolge ermöglichen soll.[1047] Mögliche Antragsteller sind zunächst Kinder und Ehe- oder Lebenspartner als Familienangehörige[1048] aber auch rechtliche nicht verwandte Personen, die sich mit dem Erblasser in einer qualifizierten Beziehung befinden.[1049] Interessant ist dabei insbesondere das Nebeneinander von klassischer Familienstruktur auf der eine Seite und nichtehelichen Lebenspartnern und Stiefkindern auf der anderen Seite. Gerade nichtehelichen Lebenspartnern wurde schon sehr früh durch die Rechtsprechung zugesprochen, dass ein Erblasser unter moralischen Gesichtspunkten zu ihrer Versorgung verpflichtet ist.[1050]

Es handelt sich jedoch nicht um feste Beteiligungsquoten, sondern um Antragsrechte, die dem entscheidenden Richter einen Ermessensspielraum zusprechen.[1051] Anknüpfungspunkt für die meisten Antragsteller ist eine Unterhaltsbedürftigkeit, die gesondert nachzuweisen ist (vgl. s 1 (2) (b) I

1044 So auch *Frimston*, Private Client Business 2013, 192.

1045 *Castellanos Ruiz*, in: Calvo Caravaca/Davì/Mansel (Hrsg.), The EU succession regulation, 2016, Art. 23 EuErbVO Rn. 346; ausführlich auch: MünchKomm/*Dutta*, Art 23 EuErbVO Rn. 34 ff.

1046 Siehe S. 141.

1047 Siehe S. 137.

1048 Siehe S. 136 ff.

1049 Siehe S. 139 ff.

1050 Siehe S. 139.

1051 Siehe S. 141.

(PFD) Act 1975). Dies stellt insbesondere erwachsene, erwerbsfähige Kinder vor eine besonders hohe Hürde.[1052] Gleichzeitig kommt sehr eindeutig zu Ausdruck, dass es primäre Funktion der *family provision* ist, Unterhaltslücken zu schließen. Privilegiert sind Ehegatten. Ihr Anspruch bemisst sich nach den Maßstäben, die auch im Fall einer Scheidung anzuwenden wären.[1053] Dabei rücken zumindest partiell Teilhabereche in den Vordergrund. Dennoch ist der Geltungsbereich des I (PFD) Act 1975 nicht unbegrenzt und eine Vielzahl von Ausnahmen und Umgehungsmöglichkeiten schränken die Effektivität der Regelungen ein.[1054]

3 Familiäre- und soziale Verpflichtungen als Grenze der Privatautonomie in England?

3.1 Grundsatz

3.1.1 Vermögen zwischen Familienbindung und Verfügungsfreiheit

Die schon skizzierte Rechtsentwicklung zeigt, dass historisch gesehen die Familie ein wesentlicher Faktor war, wenn es darum ging, Vermögen zuzuweisen: Privatautonome Reglungen von Todes wegen waren für Immobilien grundsätzlich ausgeschlossen, und auch das bewegliche Vermögen war zu zwei Dritteln durch die Familie gebunden.[1055] Die Entwicklung hin zu einer weiterreichenden Verfügungsbefugnis wurde dabei zunächst in *Equity* durch den Gebrauch von *uses* vorgezeichnet.[1056]

Auch die lebzeitige Vermögensverteilung orientierte sich stark am familiären Status. Nach dem *doctrine of unity* war das Vermögen von Eheleuten eine untrennbare Einheit.[1057] Ehefrauen verloren sogar jegliche eigenständige Rechtsposition an ihren Ehemann und waren daher weder in der Lage, eigene Verfügungen zu tätigen, noch berechtigt, vor Gericht als Partei aufzutreten oder in eigenem Namen für Forderungen zu haften.[1058]

Die Eigentümerstellung im *Common Law* ist im Verlauf der Rechtsentwicklung immer stärker erweitert worden, bis schließlich auch die testamentarische

---

1052 Siehe S. 135.

1053 Siehe S. 136 ff.

1054 Siehe S. 142 ff.

1055 Siehe oben S. 121.

1056 *Kerridge*, in: Reid/Waal/Zimmermann (Hrsg.), Intestate succession, S. 323, 325; *Fratcher*, Missouri Law Review 34 (1969), 39, 45.

1057 *Cretney*, Family law in the twentieth century, 2003, S. 91.

1058 *Cretney*, Family law in the twentieth century, 2003, S. 91.

Verfügungsgewalt nahezu unbeschränkt war.[1059] Anzumerken ist, dass Frauen von dieser Entwicklung aufgrund ihrer sehr eingeschränkten Eigentümerstellung zunächst nur begrenzt betroffen waren.

Etwa im 18. Jahrhundert verwarfen dann die für *Equity* zuständigen Gerichte der *Chancery* das *doctrine of unity* mit weitreichenden Konsequenzen:[1060] In einem *trust* befindliches Vermögen wurde der Ehefrau als eigenständiges Vermögen zugesprochen, auf welches der Ehemann und seine Gläubiger nur sehr eingeschränkt Zugriff hatten.[1061] Die Errichtung eines *marriage settlements* gehörte damit zum Pflichtprogramm fürsorglicher Eltern, die ihrer Tochter auch auf lange Sicht eine gewisse Unabhängigkeit sichern wollten.[1062]

Die nach wie vor eingeschränkte Position der Ehefrau im *Common Law* wurde jedoch zunehmend als Missstand wahrgenommen.[1063] Doch auch als mit dem Matrimonial Causes Act 1857 die (verschuldensabhängige) Ehescheidung eingeführt wurde, wurde die Vermögenssituation der Ehefrau nur unzureichend geregelt: Wenn sie von ihrem Ehemann verlassen wurde, konnte ihr Einkommen gerichtlich zu einem Sondervermögen erklärt werden (s 11 MC Act 1857), und im Fall der gerichtlichen Trennung war sie wie eine alleinstehende Frau (*feme sole*) in Bezug auf ihre Rechtsstellung zu behandeln (s 14). Mit dem Married Women's Property Act 1870 erhielten schlussendlich auch verheiratete Frauen Eigentumsrechte an ihren Einkünften (s 1), Erbschaften bis zu einer Höhe von 200 £ und bestimmte Sparguthaben (s 2-5). Grundlegende Änderungen erfolgten erst mit dem Married Women's Property Act 1882, welches Frauen die grundlegende Rechtsfähigkeit Eigentum zu besitzen und zu erwerben unabhängig vom Familienstand zusprach (s 1-2).[1064]

Im Ergebnis lässt sich damit festhalten, dass zum Ende des 19. Jahrhunderts Vermögensgegenstände in England unabhängig von familiärer Verpflichtung dem jeweiligen Eigentümer zur freien (erbrechtlichen und lebzeitigen) Verfügung zustanden.

1059 Siehe oben S. 142.

1060 *Cretney*, Family law in the twentieth century, 2003, S. 92.

1061 *Cretney*, Family law in the twentieth century, 2003, S. 92.

1062 *Cretney*, Family law in the twentieth century, 2003, S. 92.

1063 *Cretney*, Family law in the twentieth century, 2003, S. 93.

1064 Insbesondere im Rahmen der deliktischen Haftung blieb das *doctrine of unity* auch nach 1882 noch wirksam, vgl. *Cretney*, Family law in the twentieth century, 2003, S. 100 ff.

3.1.2 *Familiäre Gerechtigkeit: Vermögensausgleich nach Billigkeitsgesichtspunkten*

Die rein individualistische Ausrichtung des Erbrechtes war in England von entschieden kurzer Dauer.[1065] Sie wurde durch ein auf Billigkeitsgesichtspunkten beruhendes System mit den *family provision* grundlegend eingeschränkt.[1066] Diese Dualität aus individueller Entscheidung und billigkeitsgetragener richterlicher Vermögenszuweisung findet sich im gesamten englischen Familienrecht wieder:

> Unterhaltsansprüche nach billigem Ermessen sind seit Einführung der gerichtlichen Scheidung regelmäßiger Bestandteil des Verfahrens (s 32 Matrimonial Causes Act 1857). Ein Vermögensausgleich der Ehepartner war jedoch in den Anfangsstadien des Scheidungsfolgenrechtes nicht vorgesehen.[1067] Die Regelung der Scheidungsfolgen nach Billigkeitsgesichtspunkten hat sich bis heute erhalten und wurde stark erweitert.[1068] Gesetzliche Grundlage für den Vermögensausgleich im Rahmen der Scheidung ist heute Teil II des Matrimonial Causes Act 1973. Hier wird dem Richter eine sehr weitreichende Verfügungsbefugnis eingeräumt, um die nachehelichen Verhältnisse der Beteiligten zu regeln.[1069]

In dem Jahrhundert, das zwischen den beiden Gesetzen liegt, hat sich die Herangehensweise jedoch grundsätzlich gewandelt. Eine nicht – zwangsläufig beabsichtigte – Folge der 1882 eingeführten Gütertrennung war, dass Vermögensgegenstände, die während der Ehe willkürlich einem Partner zugeordnet wurden, auch nach Auflösung der Ehe bei diesem verblieben.[1070] Besonders problematisch war die Situation, dass ein Haus auf den Namen eines Partners mit gemeinsamen Mitteln erworben wurde.[1071] Die Gerichte suchten mit gemischten Erfolgen Abhilfe im Trustrecht.[1072] Es war *Lord Denning*, der in der Entscheidung *Wachtel v Wachtel* erstmals eine familienrechtliche Neuverteilung

---

1065 Siehe S 132.

1066 Ausführlich S. 133 ff.

1067 *Cretney*, Family law in the twentieth century, 2003, S. 397; eine Ausnahme bildeten Vorschriften, die es ermöglichten separates Vermögen einer des Ehebruchs schuldigen Frau für ihren Ehemann und die Kinder zu sichern (s 45 MC Act 1957).

1068 Ausführlich: *Cretney*, Child and Family Law Quarterly 2003, 403, 407 ff.

1069 *Miles*, in: Scherpe (Hrsg.), Marital agreements and private autonomy in comparative perspective, 2012, S. 89, 93.

1070 *Cretney*, Child and Family Law Quarterly 2003, 403, 408.

1071 *Cretney*, Child and Family Law Quarterly 2003, 403, 408.

1072 *Cretney*, Child and Family Law Quarterly 2003, 403, 408.

des Vermögens anordnete, um die nacheheliche Versorgung zu sichern.[1073] In *White v White* wurde vom House of Lords erstmals die Aufteilung des Vermögens als zumindest eine nach richterlichem Ermessen mögliche Entscheidung anerkannt.[1074] Diese Entscheidung bildete den Ausgangspunkt für eine Rechtsentwicklung, die den Ehepartnern zunehmend auch wechselseitige Ansprüche am jeweiligen Vermögen des anderen zuspricht.[1075] *Cretney* geht so weit, hierin eine durch die Rechtsprechung entwickelte Gütergemeinschaft zu sehen.[1076]

Bei der Entscheidungsfindung obliegt es jedoch immer noch dem Familienrichter, flexibel auf die Umstände des Einzelfalls einzugehen.[1077] Nach s 25 (1) Matrimonial Causes Act 1973 ist dabei insbesondere auf das Wohlergehen des Kindes einzugehen. Daneben sind alle weiteren für die Ehe relevanten Umstände ebenfalls zu berücksichtigen (s 25 (2) MC Act 1973). Die Rechtsprechung hat verschiedene Grundsätze entwickelt, die für die Entscheidung relevant sind: Bedürftigkeit, Halbteilung des ehelichen Vermögens und Entschädigung für ehebedingte Verluste.[1078] Insgesamt wird eine Regelung bevorzugt, welche zu einer zeitnahen Beendigung des Verhältnisses zwischen den Ehegatten führt (*clean break*).[1079]

Gerade in der Frage der Vermögensverteilung kommt es schlussendlich zu inhaltlichen Überschneidungen zwischen erb- und familienrechtlichen Regeln im englischen Recht, auf die auch an anderer Stelle vereinzelt schon eingegangen wurde.[1080] Hauptgedanke ist der Gleichlauf von Ehescheidungsrecht und Ansprüchen hinterbliebener Ehepartner, welcher durch s 3 (2) I (PFD) Act 1975 gesetzlich verankert ist. Bezuggenommen wurde in der Entstehung insbesondere auf die großzügigen Regelungen, die zunehmend im Scheidungsrecht (unter Federführung von *Lord Denning*) erzielt wurden.[1081] Die Ursprungsfassung von

---

1073 *Wachtel v Wachtel (No.2)* [1973] Fam. 72, 94 Interessanterweise entnahm *Denning* dies der kirchenrechtlichen Rechtsprechung, die vormals der Ehefrau bei Tod oder unverschuldeter Scheidung ein Drittel am Vermögen ihres Ehemannes zusprach. Die Begrenzung auf ein Drittel gilt mittlerweile als ungleich und in einem antiquierten Rollenbild verhaftet: *Herring*, Family law, 2015, S. 287.

1074 White v White [2001] 1 AC 596.

1075 Vgl. *Cretney*, Family law in the twentieth century, 2003, S. 429 ff.

1076 *Cretney*, Child and Family Law Quarterly 2003, 403, 412.

1077 *Frank*, Eheverträge als effektives Gestaltungsinstrument, 2015, S. 25.

1078 *Miller; McFarlane* [2006] UKHL 24; siehe dazu auch schon oben S. 160.

1079 *Cretney*, Family law in the twentieth century, 2003, S. 436.

1080 Siehe S. 135.

1081 Law Comm No. 61 para 26 nimmt Bezug auf *Wachtel v Wachtel (No.2)* [1973] Fam. 72, 94, in der Lord Denning der Ehefrau ein grundsätzliches Recht an einem Drittel

1938 war im Gegensatz dazu noch darauf beschränkt, Unterhalts- und Versorgungslücken zu schließen (vgl. s 1 des Inheritance (Family Provisions) Act 1938).

3.1.3 Recht und Rechtsbehelf

In einer Gesamtbetrachtung lässt sich das Nebeneinander von individueller Verfügungsbefugnis und richterlicher Kontrolle als Ausgleichsmechanismus als bezeichnendes Charakteristikum des englischen Erb- und Familienrechts festhalten: *Whitty* stellt – unter Bezugnahme auf das schottische Recht – die These auf, das dieses Charakteristikum der gerichtszentrierten prozeduralen Struktur des englischen Rechts geschuldet ist.[1082] In Weiterentwicklung der römischen Actio haben die kontinentalen Rechtsordnungen (und in der Folge das schottische Recht) materielles Recht und prozessualen Rechtsbehelf getrennt.[1083] Ein Anspruch (etwa auf erbrechtliche Teilhabe oder auf Unterhalt) ist dabei zunächst eine Frage des materiellen Rechts und erst danach stellt sich die Frage der prozeduralen Umsetzung.[1084]

In England wurde die Trennung zwischen Recht und Rechtsbehelf nicht mit gleicher Konsequenz umgesetzt. Nun ist zwar grundsätzlich zuzugestehen, dass auch in England ein streng actionenrechtliches Rechtssystem mit Abschaffung des *writ* seit 1873 nicht mehr gegeben ist.[1085] Jedoch kann im weiteren Sinn auch dann noch von einer ähnlichen Charakteristik gesprochen werden, wenn die juristische Auseinandersetzung sich überwiegend mit der prozessualen Durchsetzung der Rechte beschäftigt.[1086] Zumindest soweit die familien- und erbrechtlichen Rechtsbehelfe in England in den Blick genommen werden, ist eine solche prozessrechtliche Charakteristik zu bejahen. Das I (PFD) Act 1975 stellt die Antragsberechtigung (s 1) und die möglichen Anträge (s 2) den weiteren inhaltlichen Fragen voran und hebt damit den prozeduralen Charakter der Norm hervor. Die Regelungen zu den Scheidungsfolgen in Teil II des MC Act 1973 sind in

---

des Vermögens zusprach. Interessanterweise entnahm er dieses Drittel der kirchenrechtlichen Rechtsprechung, die dieses vormals der Ehefrau bei Tod oder unverschuldeter Scheidung zusprach. Die Begrenzung auf ein Drittel gilt mittleweile als gleichbehandlungswidrig und in einem antiquierten Rollenbild verhaftet: *Herring*, Family law, 2015, S. 287.

1082 *Whitty*, Edinburgh Law Review 7 (2003), 285, 295.

1083 *Whitty*, Edinburgh Law Review 7 (2003), 285, 305.

1084 *Whitty*, Edinburgh Law Review 7 (2003), 285, 304.

1085 *Wieacker*, Privatrechtsgeschichte der Neuzeit, 2016, S. 187 Fn. 48.

1086 *Wieacker*, Privatrechtsgeschichte der Neuzeit, 2016, S. 187 Fn. 48.

einzelne Gerichtsverfügungen gegliedert und entsprechen damit ebenfalls schon dem ersten Anschein nach einer prozessualen Ausgestaltung.

3.2 Konzepte konsensualer Gestaltung - Beispiel Ehevertrag

Im englischen Recht ist es so zunächst Aufgabe des Richters, innerhalb des familienrechtlichen Prozesses Ausgleichsansprüche für die einzelnen Familienmitglieder zu bestimmen. Eine explizite Festlegung der jeweiligen Ansprüche mittels Vertrag blieb den Parteien dabei zunächst verschlossen.[1087] Allerdings besteht grundsätzlich Bedarf an einer umfassenden ehevertraglichen Vereinbarung. Sie schafft Rechtssicherheit und den Parteien Klarheit darüber, welche Ausgleichspflichten tatsächlich in welchem Umfang entstehen.[1088] Das Konzept eines Ehevertrages wurde dabei für die rechtliche Diskussion in England kontinentaleuropäischen Rechtsordnungen entlehnt.[1089] Die jüngste Diskussion zu Eheverträgen im englischen Recht wurde passenderweise durch einen deutschen Ehevertrag ausgelöst, über den letztinstanzlich der englische Supreme Court zu entscheiden hatte.[1090]

Die Dualität zwischen Prozess und materiellem Recht spiegelt sich dabei auch in der Herangehensweise an ehevertragliche Vereinbarungen wieder. Auf sachrechtlicher Ebene ist die Frage einer grundsätzlichen rechtlichen Bindungswirkung für die Parteien zu beantworten. Eine Frage, die zumindest im Grundsatz weitgehend bejaht wird.[1091] Etwas komplizierter ist die Frage, welche Wirkungen diese Vereinbarung dann im Prozess hat, denn es ist ebenso Grundgedanke des englischen Eherechtes, dass eine vertragliche Regelung niemals die Entscheidungsbefugnis des Gerichtes einschränken kann.[1092]

3.2.1 Consent orders

Wollen die Parteien ihrer Vereinbarung trotzdem eine weiterreichende Gültigkeit verleihen, besteht die Möglichkeit, diese dem Gericht im Rahmen eines

---

1087 *Cretney*, Child and Family Law Quarterly 2003, 403, 413.

1088 *Morley*, International Family Law 2006, 196, 201.

1089 Law Com No 343 Rn. 1.35.

1090 *Radmacher v Granatino* [2011] 1 A.C. 534, welcher als Entscheidungsgegenstand die Geltung eines deutschen Ehevertrages vor englischen Gerichten hatte.

1091 Hierzu das Grundsatzurteil *Radmacher v Granatino* [2011] 1 A.C. 534; zum Bedarf weiterer rechtlicher Klärung *Miles*, in: Scherpe (Hrsg.), Marital agreements and private autonomy in comparative perspective, 2012, S. 89, 121.

1092 *Hyman v Hyman* [1929] P. 1.

Scheidungsverfahrens vorzulegen und nach s 33A MC Act 1973 eine *consent order* zu beantragen. Auch hier hat das Gericht letztendlich einen vollen Ermessensspielraum.[1093] Das Gericht ist jedoch gehalten, dem gemeinsamen Antrag der Parteien stattzugeben, es sei denn, es liegen besondere Umstände vor, die eine Nachforschung des Gerichtes notwendig machen (s 33A MC Act 1973). Wichtig ist jedoch, dass sich die Parteien auch bei Antragstellung noch einig sein müssen, um eine *consent order* zu erwirken, da es andernfalls zu einem streitigen Verfahren kommt.[1094] Eine langfristige ehevertragliche Bindung ist damit auf diesem Wege nicht zu erreichen.

3.2.2 Trennungsvereinbarungen

Seit langem sind vertragliche Trennungsvereinbarungen Teil des englischen Rechts, in denen die Parteien die Folgen ihrer Trennung selbständig regeln.[1095] Entscheidend ist, dass eine Trennungsvereinbarung (insbesondere im Vorfeld der Scheidung) nur dann als solche gilt, wenn sie zu einem Zeitpunkt geschlossen wurde, zu dem beide Parteien schon von einem Scheitern der Beziehung ausgingen und daran anschließend Regelungen für die weitere Zukunft treffen wollten.[1096] Solange es nur eine verschuldensabhängige Scheidung gab, gereichte eine vertragliche Regelung oft allen Beteiligten zum Vorteil: Sie sicherte die Unterhaltsposition der einen Partei und ersparte der anderen einen öffentlichen Skandal.[1097] Von Beginn an war sie mit wesentlichen Einschränkungen verbunden: Die gerichtliche Autorität, nachehelichen Unterhalt und Vermögensausgleich anzuordnen, blieb durch die vertragliche Vereinbarung unangetastet.[1098]

Solche Vereinbarungen sind mittlerweile in den ss 34 und 35 MC Act 1973 geregelt[1099] und sind insbesondere mit einem Schriftformerfordernis versehen.

1093 *Frank*, Eheverträge als effektives Gestaltungsinstrument, 2015, S. 69.

1094 *Herring*, Family law, 2015, S. 274.

1095 *Herring*, Family law, 2015, S. 274.

1096 *Frank*, Eheverträge als effektives Gestaltungsinstrument, 2015, S. 71.

1097 *Hale*, Journal of Social Welfare and Family Law 2011, 3, 5.

1098 Ausführlich zu Trennungsvereinbarungen S. Teil A:III.2.b)190.

1099 Der Wortlaut der Regelung ‚*maintenance agreement*' umfasst nach Rechtsprechung des *Privy Councel* auch Eheverträge, die nach Eheschließung vereinbart wurden: *MacLeod v MacLeod* [2010] 1 A.C. 298. Da diese Entscheidung des *Privy Councel* in England technisch nicht bindend ist, und zudem vor *Radmacher* erging, wird in der Literatur vertreten, dass Eheverträge als einheitliche Kategorie zu betrachten sind, und unter s 34 und 35 nur Trennungsvereinbarungen fallen: *Miles*, in: Scherpe (Hrsg.), Marital agreements and private autonomy in comparative perspective, 2012,

Trotz der grundsätzlichen rechtlichen Billigung ist allerdings die Bindungswirkung der Vereinbarung immer noch nur teilweise gegeben. Zunächst ist schon gesetzlich vorgesehen, dass eine Vereinbarung gerichtlich angepasst werden kann, wenn sich entweder die Umstände geändert haben oder nicht ausreichend auf die Belange der Kinder Rücksicht genommen wurde (s 35 (2) MCA 1973). Trotz dieser schon sehr umfassenden richterlichen Entscheidungskompetenz werden Anträge nach s 35 nur sehr selten gestellt.[1100]

Bei einer späteren Scheidung steht den Ehepartnern alternativ zu s 35 die Möglichkeit offen, einen regulären Antrag auf nachehelichen Unterhalt und Vermögensausgleich nach s 25 MC Act 1973 zu stellen.[1101] Diese Überlegung entspringt dem Gedanken, dass die richterliche Entscheidung nicht durch privatautonome Vereinbarung eingegrenzt werden kann.[1102] Dieser Grundsatz wurde in die gesetzliche Regelung von s 34 (1) (a) MC Act 1973 aufgenommen und in *Edgar v Edgar* in dieser Dimension auch bestätigt.[1103] Es findet also auch bei einer bestehenden Trennungsvereinbarung eine vollständige richterliche Überprüfung aller relevanten Umstände statt.[1104] Die vertragliche Einigung stellt jedoch einen wesentlichen Faktor bei der Abwägung der Scheidungsfolgen dar.[1105]

3.2.3 Eheverträge

3.2.3.1 Grundsätzliche Wirksamkeit

Entscheidendes Merkmal der vorstehend behandelten Verträge ist, dass sie zu einem Zeitpunkt geschlossen werden, zu dem das eheliche Verhältnis schon gestört ist und eine permanente Trennung für beide Parteien absehbar ist. Ein Ehevertrag im klassischen (kontinentaleuropäischen) Sinn wird jedoch typischerweise zu Beginn der Ehe oder gar noch vor Eingehung der Ehe geschlossen.[1106] Im englischen Recht galt ein solcher Vertrag lange Zeit als mit dem

S. 89, 103; *Frank*, Eheverträge als effektives Gestaltungsinstrument, 2015, S. 90. Dies ist durch die Rechtsprechung jedoch nicht abschließend geklärt.

1100 *Miles*, in: Scherpe (Hrsg.), Marital agreements and private autonomy in comparative perspective, 2012, S. 89, 110.

1101 *Miles*, in: Scherpe (Hrsg.), Marital agreements and private autonomy in comparative perspective, 2012, S. 89, 109.

1102 *Hyman v Hyman* [1929] P. 1.

1103 [1980] 1 W.L.R. 1410.

1104 *Frank*, Eheverträge als effektives Gestaltungsinstrument, 2015, S. 73.

1105 *Edgar v Edgar* [1980] 1 W.L.R. 1410, 1417.

1106 *Sanders*, International and Comparative Law Quarterly 2010, 571, 577.

Prinzip einer auf Lebenszeit geschlossenen Ehe nicht vereinbar.[1107] Erst in der jüngeren Rechtsprechung wurde diese restriktive Haltung zunächst für alle nach Eheschließung geschlossenen Verträge[1108] und dann auch für vor Eheschließung geschlossene Verträge aufgegeben.[1109]

3.2.3.2 Grenzen der vertraglichen Gestaltung

Doch auch mit *Radmacher* hat der Supreme Court daran festgehalten, dass die richterliche Entscheidung über nichtehelichen Unterhalt nicht vollständig durch vertragliche Vereinbarung eingeschränkt werden darf.[1110] Die vertragliche Bindungswirkung nach materiellem Recht tritt hierbei hinter dem prozessualen Charakter nachehelicher Ausgleichsansprüche zurück.[1111] Berücksichtigung finden diese trotzdem. Eheverträge sind ein Ausdruck der Privatautonomie der Ehepartner, die damit ihre Ehe nach ihren individuellen Bedürfnissen ausgestalten. [1112] In *Radmacher* wurde die Privatautonomie von Ehepartnern als wesentlicher Grundsatz des Ehelebens anerkannt.[1113] Daraus folgt unweigerlich, dass eine ehevertragliche Vereinbarung nicht allein deshalb außer Kraft gesetzt werden kann, weil das Gericht selbst eine andere Regelung getroffen hätte.[1114]

3.2.3.2.1 Freie Willensausübung der Parteien

Diese grundsätzliche Anerkennung individualvertraglicher Regelungen ist im englischen Recht dennoch nach wie vor bedingt. Wesentlicher Gedanke ist dabei der Schutz des in der Vertragsverhandlung (finanziell) unterlegenen Ehepartners.[1115] Daher ist ein entscheidender Faktor für die Durchsetzbarkeit von Eheverträgen, dass beide Ehepartner nachweislich aus freiem Willen der Vereinbarung zugestimmt haben.[1116] Aufgestellt werden dabei zunächst prozedurale Sicherungsmechanismen, die eine freie Willensbildung sicherstellen sollen.[1117]

1107 *Miles*, in: Scherpe (Hrsg.), Marital agreements and private autonomy in comparative perspective, 2012, S. 89, 97.
1108 Vgl. *MacLeod v MacLeod* [2010] 1 A.C. 298.
1109 *Radmacher v Granatino* [2011] 1 A.C. 534.
1110 *Radmacher v Granatino* [2011] 1 A.C. 534, 560.
1111 *Radmacher v Granatino* [2011] 1 A.C. 534, 560.
1112 *Sanders*, International and Comparative Law Quarterly 2010, 571, 571, 586.
1113 *Radmacher v Granatino* [2011] 1 A.C. 534, 564.
1114 *Radmacher v Granatino* [2011] 1 A.C. 534, 564.
1115 *Ouazzani*, International Family Law 2013, 421.
1116 *Radmacher v Granatino* [2011] 1 A.C. 534, 561.
1117 *Ouazzani*, International Family Law 2013, 421.

Ein Ehevertrag wird also nur insoweit aufrechterhalten, als das entscheidende Gericht zu dem Schluss kommt, dass beide Parteien die Trageweite der geschlossenen Vereinbarung verstanden haben.[1118] Bisher haben die Gerichte allerdings vermieden, genaue rechtliche Kriterien für einen solchen Fall festzulegen.[1119]

3.2.3.2.2 Fairer Vertragsinhalt

Nicht immer sind formale Voraussetzungen für den Vertragsschluss ausreichend, um ein faires Ergebnis zu gewährleisten.[1120] So ist auch die grundsätzliche richterliche Anerkennung von Eheverträgen an einen übergreifenden Fairnessgrundsatz gebunden.[1121] Der Ehevertrag muss sich daher an den Umständen der Ehe und ihrer Auflösung messen lassen um festzustellen, ob mit dem Ehevertrag ein grundsätzlich faires Ergebnis erzielt werden kann.

Wesentliche Punkte, die zu berücksichtigen sind, sind die Interessen etwaiger Kinder sowie die tatsächliche Bedürftigkeit eines der Ehepartner.[1122] Darüber hinaus handelt es sich trotz allem um eine Frage, die stark von den Umständen des Einzelfalls abhängt.[1123] Nicht immer finden die Parteien eine Lösung, die alle Möglichkeiten und Gefahren in Betracht zieht, und dem Familienrecht kommt in solchen Situationen eine inhärente Schutzfunktion zu.[1124]

3.2.3.3 Qualifizierter Ehevertrag

Um dem Recht der Eheverträge in England einen klaren Rahmen zu geben, empfahl die *Law Commission* im Jahr 2014 die Einführung eines qualifizierten Ehevertrages.[1125] Dieser soll als Ergänzung zu den bisherigen rechtlichen Möglichkeiten dazu dienen, den Entscheidungsrahmen der Gerichte verbindlich einzugrenzen.[1126] Eine umfassende Kontrolle, wie sie das aktuelle Recht vorsieht,

---

1118 *Sanders*, International and Comparative Law Quarterly 2010, 571, 593.

1119 *Herring*, Family law, 2015, S. 268.

1120 *Sanders*, International and Comparative Law Quarterly 2010, 571, 593.

1121 *Radmacher v Granatino* [2011] 1 A.C. 534, 564.

1122 *Miles*, in: Scherpe (Hrsg.), Marital agreements and private autonomy in comparative perspective, 2012, S. 89, 104 f.

1123 *Miles*, in: Scherpe (Hrsg.), Marital agreements and private autonomy in comparative perspective, 2012, S. 89, 104.

1124 Law Com No 343 Rn. 5.75.

1125 Law Commission "Matrimonial Property, Needs and Agreements", 2014 (Law Com No 343), Rn. 5.40.

1126 Law Com No 343, Rn 5.8.

soll gerade ausgeschlossen bleiben.[1127] Als absolute Grenze der Parteivereinbarung bleiben jedoch Unterhaltsansprüche wegen Bedürftigkeit bestehen.[1128]

Das Zustandekommen eines qualifizierten Ehevertrages wird allerdings an verschiedene Voraussetzungen geknüpft: Zunächst wird eine Ausfertigung der Vereinbarung als *deed* gefordert, der einen expliziten Hinweis auf die rechtlichen Konsequenzen der Vereinbarung enthalten muss.[1129] Darüber hinaus soll in einem Zeitraum von 28 Tagen vor der Hochzeit der Abschluss eines qualifizierten Ehevertrages grundsätzlich ausgeschlossen sein.[1130] Eine weitere Voraussetzung soll sein, dass beide Parteien alle wesentlichen Tatsachen in Bezug auf den Ehevertrag offen legen[1131] und voneinander unabhängig rechtlich über die Konsequenzen des Vertrages aufgeklärt werden.[1132] Dazu hinaus sollen auch alle Vorrausetzung für eine vertragsrechtliche Bindung der Vereinbarung erfüllt sein.[1133]

Die Empfehlungen der Law Commission gehen dabei stellenweise über das aktuell geltende Recht hinaus. Der Ehevertrag in *Radmacher* erfüllte nicht alle hier aufgestellten Kriterien.[1134]

3.2.4 Der Vorrang der richterlichen Entscheidung

Im Ergebnis sind damit ehevertragliche Vereinbarungen unabhängig vom Zeitpunkt des Vertragsschlusses oder der Ausgestaltung des Vertrages möglich. Schon die Überwindung der grundsätzlichen Bedenken gegenüber ehevertraglichen Vereinbarungen wird als Abkehr von einem anachronistischen Zug des englischen Rechtes beschrieben.[1135] Gleichwohl bleibt der richterliche Entscheidungsspielraum weitestgehend unangetastet. Auch die sehr weitreichende Bindungswirkung einer *consent order* entspringt im Ergebnis nicht dem vertraglichen Einvernehmen der Parteien, sondern der richterlichen Anordnung,

---

1127 Law Com No 343 Rn. 5.8.
1128 Law Com No 343 Rn. 5.81.
1129 Law Com No 343 Rn. 6.36, 6.40.
1130 Law Com No 343 Rn. 6.67.
1131 Law Com No 343 Rn. 6.91.
1132 Law Com No 343 Rn. 6.159.
1133 Law Com No 343 Rn. 6.12.
1134 *Radmacher v Granatino* [2011] 1 A.C. 534, 541: Weder erhielt der Ehemann rechtlichen Rat in Form eines zweiten unabhängigen Rechtsanwalts noch wurden sämtliche Vermögenspositionen der Ehefrau offen gelegt.
1135 *Miles*, in: Scherpe (Hrsg.), Marital agreements and private autonomy in comparative perspective, 2012, S. 89, 98.

die an die Parteivorgaben gerade nicht gebunden ist.[1136] Aus praktischer Sicht bedeutsam ist vor allem, dass sich die Beweislast im Prozess zugunsten der Partei verschoben hat, die sich auf die vertragliche Vereinbarung beruft, sodass nunmehr nachzuweisen ist, dass eine bestehende Vereinbarung unfair ist und damit aufgehoben werden sollte.[1137] Auch weiterreichende Vorschläge der *Law Commission* halten die richterliche Kompetenz Unterhaltsansprüche wegen Bedürftigkeit zuzusprechen, aufrecht.[1138]

3.3 Erbrecht und insbesondere family provision

3.3.1 Erbrechtliche Verträge

Ganz allgemein sind Verträge im englischen Erbrecht eher eine Randerscheinung. Dieses ist ganz grundsätzlich von einem umfassenden Verständnis der Testierfreiheit geprägt.[1139] Dies bedeutet (zumindest in der Ausgangslage), dass sich der Erblasser seiner umfassenden Testierfreiheit auch nicht mittels Vertrags entledigen kann: Die letztwillige Verfügung bleibt jederzeit widerrufbar.[1140] Doch kann mittels wirksamen Vertrages eine Verbindlichkeit begründet werden, die gegenüber dem Nachlassverwalter durchsetzbar ist.[1141] Diese positive Verpflichtung des Erblassers kann ganz unkompliziert auch mit einem Ehevertrag verbunden werden.[1142] Zu beachten ist hierbei, dass der Vertragsinhalt positiv sein muss: Es geht um die vertragliche Durchsetzbarkeit des Versprechens, jemanden einen bestimmten Teil des Nachlasses zu hinterlassen. Im Ergebnis wird dem Inhaber des vertraglichen Anspruchs dann Vorrang im Verhältnis zu den Erben eingeräumt.[1143] Ansprüche auf *family provision* gehen jedoch sowohl den erbrechtlichen als auch den vertraglichen Ansprüchen am Nachlass vor (vgl. s 11 des I (PFD) Act 1975).[1144]

1136 Siehe S. 189.

1137 *Harper/Frankle*, in: Scherpe (Hrsg.), Marital agreements and private autonomy in comparative perspective, 2012, S. 122, 123

1138 Law Com No 343 Rn. 5.81.

1139 Ausführlich S. 141 ff.

1140 *Barlow, Richard Francis Dudley/Sherrin/Williams, William James*, Williams on wills, [9]2008, S. 28.

1141 *Irani v Irani* [2006] EWHC 1811 (Ch).

1142 *Soulsbury v Soulsbury* [2007] EWCA Civ 969; siehe auch *Zamet v Hyman* [1961] 3 All ER 933.

1143 *Barlow, Richard Francis Dudley/Sherrin/Williams, William James*, Williams on wills, [9]2008, S. 28.

1144 Siehe S. 147.

3.3.2 *Vertraglicher Ausschluss der family provision*

Interessanter ist damit die Frage, inwieweit ein solcher Vertrag auch bestehende Ansprüche unter dem I (PFD) Act 1975 einschränken kann. Diese Möglichkeit wird vor allem von einigen Stimmen in der rechtswissenschaftlichen Literatur kategorisch abgelehnt.[1145] In der Rechtsprechung wird diesbezüglich analog zu *Hyman* darauf verwiesen, dass ein Vertrag nicht den richterlichen Entscheidungsspielraum einschränken kann.[1146] Dies lässt die Möglichkeit offen, dass ein entsprechender Vertrag zumindest ein Punkt ist, der in einer umfassenden Interessenabwägung zu berücksichtigen sein kann.[1147] Darüber hinaus lässt s 15 (1) I (PFD) Act 1975 eine finale gerichtliche Entscheidung bezüglich *family provision* im Rahmen einer Scheidung zu, welche auch einer zwischen (ehemaligen) Ehepartnern getroffenen vertraglichen Vereinbarung Bindung verleihen kann.[1148]

3.3.3 *Berücksichtigung von Eheverträgen*

Vor allem Eheverträge können einen Anspruch auf *family provision* maßgeblich beeinflussen. Längst schon sind Urteile dazu ergangen, dass eine ehevertragliche Regelung mit einer Regelung für den Todesfall verbunden werden kann.[1149] Solange damit keine grundsätzliche Einschränkung des richterlichen Ermessens verbunden ist, werden diese auch prinzipiell akzeptiert.[1150] Einfachgerichtliche Urteile zu einem vertraglichen Ausschluss von family provision machen jedoch deutlich, dass dieser gerichtlich keine grundsätzliche Bindungswirkung entfaltet.[1151] Jedoch ergingen diese Entscheidungen deutlich vor der grundsätzlichen Anerkennung von Eheverträgen im englischen Recht.[1152]

1145 *Miles*, in: Scherpe (Hrsg.), Marital agreements and private autonomy in comparative perspective, 2012, S. 89, 103; siehe auch *Foskett*, The Foskett on compromise, [8]2015, S. 345 f.

1146 In Re M., Deceased [1968] P. 174.

1147 *Foskett*, The Foskett on compromise, [8]2015, S. 346.

1148 *Foskett*, The Foskett on compromise, [8]2015, S. 347.

1149 *Soulsbury v Soulsbury* [2007] EWCA Civ 969; siehe auch *Zamet v Hyman* [1961] 3 All ER 933.

1150 *Soulsbury v Soulsbury* [2007] EWCA Civ 969.

1151 *Re M., Deceased* [1968] P. 174; *In Re S. Deceased* [1965] P. 165; *Zamet v Hyman* [1961] 3 All ER 933.

1152 *MacLeod v MacLeod* [2010] 1 A.C. 298; *Radmacher v Granatino* [2011] 1 A.C. 534.

Einen Hinweis darauf, dass nunmehr auch eine Einschränkung der *family provision* im Todesfall möglich sein könnte, liefert das Gesetz selbst. Stellt ein Ehepartner einen Antrag unter dem I (PFD) Act 1975, so ist zu berücksichtigen, welche wechselseitigen Ansprüche die Ehepartner im Rahmen eines Scheidungsverfahrens hätten (vgl. s 3 (2)). In den meisten Fällen führt dies zu relativ großzügigen Ansprüchen hinterbliebener Ehegatten, die nicht schlechter stehen sollen als im Fall einer Scheidung.[1153]

Rechtstechnisch führt die Vorschrift jedoch dazu, dass im Erbfall wesentliche Überlegungen zu nachehelichen Ansprüchen angestellt werden.[1154] Spätestens seit 2011 ist der Ehevertrag ein wesentlicher Entscheidungsfaktor im Recht der Scheidungsfolgen.[1155] Es ist damit zu erwarten, dass dem Ehevertrag im Todesfall ein ähnliches Gewicht zukommen wird.[1156] Allerdings mit der Einschränkung, dass unter dem I (PFD) Act 1975 eine abweichende Betrachtung dann gerechtfertigt sein kann, wenn die spezifischen Umstände des Todesfalls (etwa die Bedürfnisse anderer Antragsteller oder Erben) dies nahelegen.[1157] Die grundlegende Maxime bleibt auch in diesem Rahmen, dass der Familienrichter die Möglichkeit hat, von den vertraglichen Vereinbarungen abzuweichen.[1158] Die *Law Commission* hat an dieser Stelle vorgeschlagen, den I (PFD) Act 1975 dahingehend zu ergänzen, dass qualifizierte Eheverträge im Rahmen von *family provision* als ein Faktor in die Bewertung einfließen sollen.[1159]

3.4 Vertragsrecht

3.4.1 Grundsätzliche Skepsis

Das Vertragsrecht in England entwickelte sich zunächst fast ausschließlich als Vehikel des wirtschaftlichen Zusammenlebens.[1160] Die Folge ist eine nicht zu unterschätzende Skepsis, wenn es um Verträge im familiären Kontext geht.[1161] Während in einer Geschäftsbeziehung schlicht vermutet wird, dass die Parteien

1153 Ausführlich S. 184 ff.

1154 *Pearce*, Inheritance Act claims, ^{2}2011, S. 163.

1155 *Radmacher v Granatino* [2011] 1 A.C. 534.

1156 *Pearce*, Inheritance Act claims, ^{2}2011, S. 160; 164.

1157 *Pearce*, Inheritance Act claims, ^{2}2011, S. 167.

1158 *Pearce*, Inheritance Act claims, ^{2}2011, S. 161.

1159 Law Com No 343 Rn. 5.145.

1160 *Atiyah*, An introduction to the law of contract, ^{4}1992, S. 3.

1161 Vgl. Balfour v Balfour [1919] 2 K.B. 571.

einer Vereinbarung Rechtswirksamkeit zukommen lassen wollen,[1162] muss im familiären Kontext diese Intention gesondert nachgewiesen werden.[1163] Zu Beginn des 20. Jahrhunderts war der Gedanke, häusliche Vereinbarungen (*domestic agreements*), also Vereinbarungen, die im Kern die Ausgestaltung des familiären Zusammenlebens betreffen, gerichtlich durchzusetzen, noch ein Novum: *Balfour* war einer der ersten Fälle, in denen die Idee, eine vertragliche Vereinbarung über Unterhaltspflichten zu schließen, überhaupt umgesetzt wurde.[1164]

In diesem Zusammenhang ist zweierlei zu bedenken: Zunächst wurde – anders als in vielen kontinentaleuropäischen Rechtsordnungen – in England eine Vertragsbindung lange Zeit gerade nicht durch den übereinstimmenden Parteiwillen, sondern durch das Aushandeln einer Gegenleistung *consideration* konstruiert.[1165] Zweitens kamen Verträge genuin familiären Inhalts schlicht nicht vor oder wurden zumindest nicht zum Gegenstand einer Gerichtsverhandlung gemacht.[1166] Eine Ausnahme bildete der *trust*, der in vielen Fällen eine privatautonome Gestaltung des Familienvermögens ermöglichte.[1167] Das Ergebnis war daher ein Vertragsrecht, das zwar theoretisch alle Lebensbereiche umfasste, faktisch jedoch fast ausschließlich auf kommerzielle Austauschverträge gerichtet war.[1168]

Seit Ende des 19. Jahrhunderts rückte dann der Parteiwille vermehrt in den Mittelpunkt der rechtswissenschaftlichen Überlegungen.[1169] *Leake* und *Pollock*, zwei Vordenker dieser Rechtsentwicklung, gründeten ihre Überlegungen dabei dezidiert auf Gedanken kontinentaleuropäischer Quellen.[1170] Die auf dem römischen Recht fußende Systematik kontinentaler Rechtssysteme stellte in vielen

1162 *Treitel*, in: Beale (Hrsg.), Chitty on contracts, [30]2008, S. 143, 234.

1163 Balfour v Balfour [1919] 2 K.B. 571, 580 (Lord Adkin).

1164 Balfour v Balfour [1919] 2 K.B. 571, 580 (Lord Adkin); *Hedley*, Oxford Journal of Legal Studies 1985, 391.

1165 *Chen-Wishart*, Oxford University Commonwealth Law Journal 2013, 209.

1166 *Hedley*, Oxford Journal of Legal Studies 1985, 391, 402.

1167 Ausführlich S. 142.

1168 *Hedley*, Oxford Journal of Legal Studies 1985, 391, 402.

1169 *Leake*, The elements of the law of contracts, 1867, S. 9; *Pollock*, Principles of contract, [5]1889, S. 2.

1170 *Leake*, The elements of the law of contracts, 1867, S. 9 (explizit Pothier und den Code Civil bezug nehmend); *Pollock*, Principles of contract, [5]1889, vi (widmet sein gesamtes Werk dem Marburger Rechtsgelehrten Savigny); vgl. auch *Hedley*, Oxford Journal of Legal Studies 1985, 391, 404.

Fällen eine Alternative zu dem unübersichtlichen und teilweise strukturlos gewachsenen Common Law Englands dar.[1171]

Der Parteiwille unter der Überschrift *intention to create legal relations* war dann auch rechtlicher Grundstein für die Möglichkeit vertragsrechtlicher Geltung im privaten Bereich.[1172] Sie stellt allerdings auch die erste (formale) vertragsrechtliche Hürde dar, die zu nehmen ist, soweit ein innerfamiliäres Vertragsverhältnis hergestellt werden soll. Es handelt sich hierbei um eine rechtliche Vermutung, dass bei Vereinbarung in der Familie kein Rechtsbindungswille vorliegt.[1173] Wollen Familienmitglieder dennoch einen Vertrag miteinander schließen, müssen sie ihren Rechtsbindungswillen so deutlich machen, dass die Vermutung widerlegt wird. Im Regelfall bietet sich die Schriftform an.[1174] Dieses Konzept wurde in der modernen Rechtsprechung rezipiert, sodass bis heute bei einem innerfamiliären Vertrag erhöhte (aber nicht unüberwindbare) Beweisanforderungen gelten.[1175]

3.4.2 Eheverträge als Vertrag

Trotzdem, oder vielleicht auch gerade deshalb ist die Einordnung von Eheverträgen als Vertrag im englischen Recht bis heute ein Streitpunkt geblieben. Vor *MacLeod* und *Radmacher* war mangels Geltungswirkung ein Vertragsstatus einer ehelichen Vereinbarung nur schwer zu begründen.[1176] Doch gerade auf die dogmatisch spannende Frage, ob Eheverträge tatsächlich Verträge im Rechtssinn sind, geht der Supreme Court auch in seiner Leitentscheidung nicht ein: Vertragliche Bindung sei für eine Berücksichtigung der Vereinbarung im Rahmen des Scheidungsprozesses kein notwendiges Kriterium.[1177] In der Literatur wird dagegen sehr wohl eine grundsätzliche vertragliche Bindungswirkung

1171 *Cotterrell*, The politics of jurisprudence, ^{2}2011, S. 52.

1172 *Hedley*, Oxford Journal of Legal Studies 1985, 391, 403.

1173 *Stone/Devenney*, The modern law of contract, ^{11}2015, S. 144.

1174 Vgl. *Stone/Devenney*, The modern law of contract, ^{11}2015, S. 143.

1175 Merritt v Merritt [1970] 1 W.L.R. 1211; *Stone/Devenney*, The modern law of contract, ^{11}2015, S. 142.

1176 *Miles*, in: Scherpe (Hrsg.), Marital agreements and private autonomy in comparative perspective, 2012, S. 89, 97.

1177 *Radmacher v Granatino* [2011] 1 A.C. 534, 560. „*That question did not arise in that case* [MacLeod] *any more than in this and does not matter anyway. It is a red herring*".

von Eheverträgen angenommen.[1178] Die *Law Commission* schlägt hierzu eine entsprechende gesetzliche Klarstellung vor.[1179]

3.4.3 *Parteiwille und Richtigkeitsgewähr*

Die Einordnung eines Ehevertrages als Vertrag im rechtstechnischen Sinn hat den Vorteil, dass klare Vorrausetzungen existieren, wann eine Vereinbarung vor Gericht Beachtung finden kann. Gerade in Fällen, in denen es um mögliche Einschränkungen der Willensbildung der Parteien geht, hat das Vertragsrecht Mechanismen entwickelt, die Willensbildung – zusätzlich zu weiteren Kontrollmöglichkeiten – schützen sollen.[1180]

3.4.3.1 *Fehlvorstellungen einer Partei*

Grundsätzlich ist das englische Recht allerdings sehr zurückhaltend, Fehlvorstellungen der Parteien zu berücksichtigen.[1181] Das englische *Common Law* geht im Regelfall davon aus, dass der Vertrag trotz eines Irrtums (*mistake*) weiterhin gültig bleibt. Insbesondere dann, wenn sich nur eine von beiden Vertragsparteien geirrt hat und die andere den Irrtum nicht erkennt, bleibt es bei der Gültigkeit des Vertrages.[1182] Zu einer Nichtigkeit des Vertrages kommt es nur dann, wenn sich beide Vertragsparteien geirrt haben (*common mistake*) [1183] oder die eine Vertragspartei den einseitigen Irrtum (*unilateral mistake*) der anderen Vertragspartei erkennt oder hätte erkennen müssen.[1184]

Ruft ein Vertragspartner die Fehlvorstellung des anderen durch schuldhafte Täuschung (*misrepresentation*) hervor, so entstehen hieraus Schadensersatzansprüche nach Vertragsrecht und nach Deliktsrecht.[1185] Bei einer durch den Vertragspartner verursachten, aber nicht verschuldeten Täuschung (*innocent misrepresentation*) besteht zumindest ein Rücktrittsrecht für den getäuschten

---

1178 *Miles*, in: Scherpe (Hrsg.), Marital agreements and private autonomy in comparative perspective, 2012, S. 89, 98: so etwa das Versprechen ein Testamten zu machen oder das Versprechen ein bestimmtes Stück Land zu übertragen.

1179 Law Com No 343 Rn. 4.29.

1180 Vgl: Law Com No 343 Rn. 6.11.

1181 *Andrews*, Contract law, ^{2}2015, S. 262.

1182 *Beale* (Hrsg.), Chitty on contracts, 2008, S. 431.

1183 *Bell v Lever Bros* [1932] A.C. 161.

1184 *Wimpole Theatre v J J Goodman Ltd* [2012] EWHC 1600 (QB) Rn. 56.

1185 Grundsäztlich *Hedley Byrne v Heller* [1964] A.C. 465. Mittlerweile wurde die Haftung gesetzlich durch s 2 (1) Misrepresentation Act 1967 festgesetzt und erweitert.

Vertragspartner.[1186] Insgesamt lässt sich damit festhalten, dass sich Fehlvorstellungen eines Vertragspartners nur dann auf die Wirksamkeit des Vertrages auswirken, wenn diese dem anderen Vertragspartner in irgendeiner Form zugerechnet werden kann.

3.4.3.2 Duress

Im *Common Law* ist ein Vertrag, der unter Ausnutzung von Zwang zustande gekommen ist, anfechtbar.[1187] Das Konzept umfasste zunächst nur tatsächliche oder angedrohte physische Gewalt gegen eine Person.[1188] Im Laufe der Rechtsentwicklung wurde der Anwendungsbereich auf Gewalt gegen andere Rechtsgüter[1189] und wirtschaftlichen Zwang[1190] ausgedehnt. Nicht erfasst werden können jedoch die sozialen und emotionalen Einflüsse einer Familienkonstellation, die gleichfalls einer Partei einen unfairen Vorteil verschaffen können, und die von den Familiengerichten im Rahmen ihres Entscheidungsspielraums berücksichtigt werden können.[1191]

3.4.3.3 Undue Influence

Neben *duress* im *Common Law* entwickelte sich in *Equity* die Möglichkeit einen Vertrag, der aufgrund unlauterer Einflussnahme zustande gekommen ist, gerichtlich aufzuheben. *Equity* entstand durch die Rechtsprechungsbefugnis des *Lord Chancellor*, die sich mit den Gerichten der *Chancery* zu einem eigenständigen Zweig der Rechtsprechung entwickelte.[1192] Die flexiblen Prinzipien ergänzten das restriktive und unvollständige *Common Law*.[1193]

Als Rechtsinstitut wendet sich *undue influence* dabei ebenso gegen unter Druck entstandene Verträge wie *duress*.[1194] Es gibt allerdings schon in der Konzeption wesentliche Unterschiede. *Undue influence* hat einen sehr weiten Anwendungsbereich und erfasst damit viele Fälle, die unter *duress* nicht erfasst

1186 *Stone/Devenney*, The modern law of contract, [11]2015, S. 292.

1187 *Pao On v Lau Yiu Long* [1979] 3 W.L.R. 435; *The Universe Sentinel* [1983] 1 A.C. 366, 383.

1188 *Peel/Treitel*, Treitel on the law of contract, [13]2011, S. 441.

1189 *Astley and Reynolds* (1731) 2 Barnardiston K. B. 40.

1190 *Pao On v Lau Yiu Long* [1979] 3 W.L.R. 435.

1191 *Miles*, in: Scherpe (Hrsg.), Marital agreements and private autonomy in comparative perspective, 2012, S. 89, 101.

1192 *Slapper/Kelly*, The English legal system, [14]2013, S. 6.

1193 *Huxley-Binns/Martin*, Unlocking the English legal system, [4]2014, S. 6.

1194 *Cartwright*, Unequal bargaining, 1991, S. 170.

sind.[1195] Darüber hinaus ist *undue influence* auch bei Transaktionen anwendbar, die in England nicht dem klassischen Vertragsrecht unterfallen.[1196] Auch qualitativ unterscheiden sich beide Rechtsinstitute. Während *duress* im *Common Law* der geschädigten Vertragspartei ein positives Rechts auf Rückabwicklung einräumt, eröffnet *undue influence* als Rechtsbehelf in *Equity* dem Gericht einen gewissen Ermessensspielraum, der geschädigten Partei zu helfen.[1197] Im Ergebnis kann dabei die beeinträchtigte Vertragspartei regelmäßig die Erfüllung verweigern oder Geleistetes zurückfordern.[1198]

Die genauen Grenzen des Rechtsbehelfes sind schwer zu fassen, da die Gerichtsbarkeit in *Equity* stärker an moralischen Gesichtspunkten orientiert ist [1199]: *"Undue influence is one of the grounds of relief developed by the courts of equity as a court of conscience. The objective is to ensure that the influence of one person over another is not abused."*[1200] Folglich haben sich die Gerichte verschiedentlich einer konkreten Definition verweigert.[1201] Entscheidend ist die Bewertung des Gerichts, ob eine Einflussmöglichkeit während des Vertragsschlusses im Einzelfall durch eine der beiden Vertragsparteien missbraucht wurde.[1202]

Im Wesentlichen lassen sich zwei Fallgruppen ausmachen, in denen *undue influence* angenommen wird. Zunächst liegt *actual undue influence* vor, wenn vor Gericht nachgewiesen wird, dass die andere Vertragspartei tatsächlich auf unlautere Weise auf die andere Partei Einfluss nahm.[1203] Das fast schon offensichtliche Problem ist, dass gerade in vertrauten Beziehungen der Nachweis, dass eine bestimmte Transaktion unlauter beeinflusst wurde, nur schwer zu erbringen ist.[1204] Daher kann nach einer zweiten Fallgruppe *presumed undue influence* angenommen werden, wenn die Beziehung zwischen den Vertragsparteien nahelegt, dass eine Einflussnahme möglich oder wahrscheinlich ist.[1205] Hier wird widerleglich vermutet, dass eine nachteilige Vereinbarung (*a transaction*

1195 *Enonchong*, Duress and undue influence, 2006, S. 83.
1196 Z.B. Schenkungen: *Cartwright*, Unequal bargaining, 1991, S. 171.
1197 *Phang*, Journal of Business Law 1995, 552, 572.
1198 *Stone/Devenney*, The modern law of contract, [11]2015, S. 381.
1199 *Enonchong*, Duress and undue influence, 2006, S. 81.
1200 Lord Nicholas in: *Royal Bank of Scotland v Etridge (No. 2)* [2002] 2 A.C. 773, 795.
1201 *Royal Bank of Scotland v Etridge (No. 2)* [2002] 2 A.C. 773, 816; *Allcard v Skinner* (1887) 36 Ch. D. 145, 183.
1202 *Enonchong*, Duress and undue influence, 2006, S. 82.
1203 *C.I.B.C. Mortgages v Pitt* [1994] 1 A.C. 200.
1204 Law Com No 343 Rn. 5.145.
1205 *Royal Bank of Scotland v Etridge (No. 2)* [2002] 2 A.C. 773, 798.

that „is inexplicable by ordinary motives“) aufgrund unlauterer Einflussnahme zustande kam.[1206] Im familiären Umfeld unterfallen die Beziehung zwischen Eltern und minderjährigen Kindern[1207] und die Beziehung zwischen Vormund und Mündel[1208] sehr eindeutig (bei fortdauerndem Einfluss auch nach Rechtsmündigkeit) dieser Vermutung.

Ehepartner hingegen werden nicht grundsätzlich von der Vermutung erfasst.[1209] Doch auch wenn die Beziehung noch nicht prima facie unter den Verdacht einer unlauteren Beeinflussung fällt, kann der Nachweis erbracht werden, dass die konkrete Ausgestaltung Beziehung einem Partner eine dominante Position gegenüber dem anderen ermöglicht. Auch in einem solchen Fall würde die rechtliche Vermutung zugunsten von *undue influence* bestehen.[1210] Der Vorteil ist auch hier wiederum, dass widerleglich vermutet wird, dass im Kontext der Beziehung geschlossene einseitig nachteilige Verträge das Ergebnis unlauterer Einflussnahme sind.[1211]

Auch Eheverträge wurden in der erstinstanzlichen Rechtsprechung schon an den Maßstäben des *undue influence* gemessen.[1212] Die *Law Commission* spricht in diesem Zusammenhang sogar die Befürchtung aus, dass die gesetzliche Vermutung des *presumed undue influence* genutzt werden könnte, um die mit dem qualifizierten Ehevertrag intendierte Bindungswirkung wieder zu umgehen.[1213]

3.5 Konzeptionen von Privatautonomie in England

Eheverträge und andere Verträge im familiären Umfeld werden im Wesentlichen als Ausdruck der individuellen Parteiautonomie verstanden.[1214] Ihre zunehmende Relevanz wird damit als Indiz gewertet, dass auch das Familienrecht zunehmend durch die Autonomie der Parteien geprägt ist.[1215] Die Missachtung

---

1206 *Birmingham City Council v Forde* [2009] EWHC 12 (QB) Rn. 101-

1207 *Bainbrigge v Browne* (1881) 18 Ch. D. 188

1208 *Hylton v Hylton* (1754) 2 Vesey Senior 547.

1209 *National Westminster Bank Plc. v Morgan* [1985] A.C. 686, 701.

1210 *Lloyds Bank Ltd. v Bundy* [1975] Q.B. 326 (Hier das Vertrauensverhältnis zwischen einem älteren Herrn und einem Bankangestellten).

1211 *Lloyds Bank Ltd. v Bundy* [1975] Q.B. 326.

1212 *N.A. v M.A.* [2006] EWHC 2900 (Fam): Die Entscheidung ist unsauber und legt insbesondere nicht offen, ob undue influence direkt oder nur dem Rechtsgedanken nach zur Anwendung kommt.

1213 Law Com No 343 Rn. 6.28.

1214 *Radmacher v Granatino* [2011] 1 A.C. 534, 564.

1215 *Sanders*, International and Comparative Law Quarterly 2010, 571, 586.

der Parteiautonomie durch die Gerichte wird dabei oft als anachronistisch oder paternalistisch beschrieben.[1216] Es wird vielmehr als Ausdruck von Diversität und Akzeptanz pluraler Familienformen verstanden, dass eine freie Ausgestaltung des Familienverhältnisses möglich ist.[1217]

3.5.1 Klassischer Autonomiebegriff

Ein liberaler, individualistischer Autonomie- und Vertragsbegriff stellt dabei vor allem die Verwirklichung des individuellen Parteiwillens in den Mittelpunkt.[1218] Er entzieht sich damit jeder normativen oder moralischen Bewertung.[1219] Staatliche Einflussnahme auf den Vertragsinhalt durch Gesetzgeber und Richter ist dabei nicht vorgesehen.[1220] Entscheidend ist damit zunächst die negative Ausgestaltung der Privatautonomie als Abwehr von (staatlicher) Intervention.[1221]

Ein solches sehr liberales Vertragsverständnis war in England wesentlich bei der Entstehung des heutigen Vertragskonzeptes.[1222] Im 19. Jahrhundert entwickelte sich in England ein neues konzeptuelles Vertragsverständnis, basierend auf der Vorstellung autonomer und willensgesteuerter Handlungsbefugnisse.[1223] Die individualistisch-liberale Rechtsauffassung spiegelt dabei die grundsätzliche wirtschaftliche, soziale und politische Auffassung des 19. Jahrhunderts wieder.[1224] Die prägenden Vordenker des Zeitalters entwickelten eine Vorstellung des selbstbestimmten Menschen als Leitbild der Gesellschaft. Der Grundsatz staatlicher Nichteinmischung war von *Adam Smith* schon im Vorfeld als wirtschaftliche Theorie entfaltet worden: Der freie Austausch von Arbeit und Gütern galt als Grundmaxime des Wohlstandes, der durch staatliche Restriktionen behindert würde.[1225] *Mill* setzte sich in seinem 1859 erschienen Werk ‚*On Liberty*' mit den Rechten des Individuums in der Gesellschaft auseinander und sah eine staatliche Einmischung nur insoweit gerechtfertigt, als sie notwendig

1216 *Cretney*, Family law in the twentieth century, 2003, S. 413.
1217 *Cretney*, Family law in the twentieth century, 2003, S. 413.
1218 *Gutmann*, Law and Contemporary Problems 2013, 39.
1219 *Gutmann*, Law and Contemporary Problems 2013, 39, 40.
1220 Vgl. *Atiyah*, An introduction to the law of contract, ^{4}1992, S. 9.
1221 *Herring*, in: Röthel (Hrsg.), Verträge in der Unternehmerfamilie, 2014, S. 111, 113.
1222 *Atiyah*, Essays on contract, 1988, S. 121.
1223 *Atiyah*, Essays on contract, 1988, S. 10; vgl: *Hedley*, Oxford Journal of Legal Studies 1985, 391, 404; siehe auch oben S. 201.
1224 *Pound*, Yale Law Journal 1908-9, 454; *Atiyah*, Essays on contract, 1988, S. 11.
1225 *Adam Smith*, Wealth of nations, S. 66.

war, um Schaden von anderen abzuwenden.[1226] Selbstverständlich war die These der Selbstbestimmung immer von Ausführungen zu staatlicher Gewährleistung und Schrankenziehung begleitet.[1227] Die gesellschaftliche Entwicklung in England forderte jedoch die Überwindung antiquierter (staatlicher und wirtschaftlicher) Institutionen.[1228] Ein Vertragsrecht, das die willensgetragene (Vertrags-) Autonomie in den Fokus rückte, war hierzu das ideale Instrument.[1229]

Die Aussage, dass das englische Vertragsrecht in der historischen Perspektive unbeschränkt galt, muss jedoch dahingehend eingeschränkt werden, dass das Vertragsrecht zu diesem Zeitpunkt im Wesentlichen auf den wirtschaftlichen Austauschvertrag ausgerichtet war.[1230] Verträge familiären Inhalts kamen nicht vor, oder wurden von der Rechtsprechung mit äußerster Skepsis betrachtet.[1231] *Equity* als Rechtsgebiet wurde in der Auseinandersetzung mit der Vertragsautonomie sogar weitestgehend ignoriert.[1232] Vertragsfreiheit galt damit nur im Vertragsrecht des *Common Law* als absolutes Rechtsinstitut. Hier lässt sich auch sehr konkret festhalten, dass sich Schutzinstrumente wie *duress* sehr lange nur unzureichend entwickelten.[1233]

Dennoch wurden die teilweise harten und unbefriedigenden Ergebnisse, die ein solches Vertragsrecht produzierte, abgemildert. Der Familienrichter war befugt, den Vertrag zwischen Familienangehörigen schlicht zu ignorieren und durch ein eigenes Urteil zu ersetzen.[1234] Die Gerichte der *Chancery* gewährten darüber hinaus in vielen Fällen Abhilfe nach den Prinzipien von *Equity*. Hier entwickelte sich insbesondere das Konzept von *undue influence* um einer Übervorteilung zwischen Vertragspartnern vorzubeugen.[1235]

1226 *Mill*, On Liberty, 1859, S. 139.

1227 Vgl.: *Schmolke*, Grenzen der Selbstbindung im Privatrecht, 2013, S. 38.

1228 *Pound*, Yale Law Journal 1908-9, 454.

1229 *Pound*, Yale Law Journal 1908-9, 454.

1230 Siehe S. 165.

1231 Siehe S. 165.

1232 *Atiyah*, Essays on contract, 1988, S. 11.

1233 Siehe S. 170.

1234 *Hyman v Hyman* [1929] P. 1.

1235 Siehe S. 170.

3.5.2 *Autonomie neu definiert*

3.5.2.1 *Relational Contract Theory*

Im Kontrast hierzu hat der amerikanische Rechtswissenschaftler *Macneil* eine Vertragstheorie entwickelt, die insbesondere längerfristige Vertragsbeziehungen in den Blick nimmt. Er verwendet in seinen Werken dabei einen recht weiten Vertragsbegriff, der auch rein soziale Austauschbeziehungen umfasst.[1236] Die ‚fiktive' Grundform rechtlichen Vertrages bezeichnet er als *discrete transaction.*[1237] Wesentlich ist, dass es sich hierbei um einmalige, neutrale Austauschverträge handelt.[1238] Er kritisiert, dass die Vertragsbeziehung in der Realität jedoch durch eine Vielzahl sozialer Interaktionen überlagert wird, die zunächst nicht als rechtlich relevant eingestuft werden.[1239]

Verträge, die wesentlich durch die sozialen Beziehungen der Parteien determiniert sind, beschreibt er daher als *relational.*[1240] Auch eine Familienunternehmen oder eine Ehe fällt unter seine Definition eines *relational contract.*[1241] Er ist dabei jedoch nicht auf das familiäre Umfeld beschränkt. Auch langfristige Beziehungen dezidiert wirtschaftlichen Ursprungs, etwa ein Franchise oder eine Arbeitsstellung werden als *relational* qualifiziert.[1242] Entscheidend ist *Macneils* Forderung, dass die sozialen Aspekte der dem Vertrag zugrundeliegenden Beziehung flexibel in die rechtliche Betrachtung einbezogen werden.[1243] Selbst im Kernbereich des englischen Vertragsrechts wurde *Macneils* Theorie jedoch nur bruchstückhaft rezipiert.[1244]

3.5.2.2 *Relational autonomy*

Im englischen Familienrecht firmiert unter der Bezeichnung *relational autonomy* ein Autonomieverständnis, das sich ebenfalls in Abgrenzung zu hergebrachten Ideen entwickelt. Es geht darum, die Rechte und Pflichten einer Person nicht isoliert zu betrachten, sondern das soziale Umfeld dieser Person mit in den Blick

1236 *Macneil,* The new social contract, 1980, S. 4.
1237 *Macneil,* The new social contract, 1980, S. 11.
1238 *Macneil,* The new social contract, 1980, S. 11.
1239 *Macneil,* The new social contract, 1980, S. 11.
1240 *Macneil,* Contracts, 1978, S. 13.
1241 *Macneil,* Contracts, 1978, S. 13.
1242 *Macneil,* Contracts, 1978, S. 13.
1243 *Macneil,* The new social contract, 1980, S. 86
1244 Vgl. *Stone/Devenney,* The modern law of contract, [11]2015, S. 13.

zu nehmen.[1245] Es geht dabei um eine Betonung der wechselseitigen Beziehungen und Abhängigkeiten.[1246] Entscheidend ist hierbei, dass nicht alle (familiären) Pflichten das Ergebnis einer freien Willensentscheidung sind.[1247] Beispiel ist etwa das Eltern-Kind Verhältnis, das (zumindest in der weit überwiegenden Zahl der Fälle) unabhängig vom Willen der Beteiligten entsteht.[1248] Mit einem individualistischen Verständnis von Autonomie kommt es hier zu Widersprüchen.[1249] Konkret fordert insbesondere *Herring* für Eheverträge im englischen Recht eine sehr weitreichende inhaltliche Kontrolle, da sich auch hier die Parteien ihrer wechselseitigen Pflichten nicht ohne weiteres entledigen können.[1250]

3.5.3 Autonomie und Familie

Der Autonomiebegriff im englischen Familienrecht ist grundsätzlich schwer zu fassen. In der Tat öffnete sich das Familienrecht nur sehr langsam für ein Autonomieverständnis im klassischen (individualistischen) Sinn.[1251] Betrachtet man das Verhältnis zwischen Autonomie und Familie jedoch nicht als statische Momentaufnahme, ergibt sich ein differenzierteres Bild. Zeitlich koinzidiert die Entwicklung eines liberalen Vertragsverständnisses mit der absoluten Entgrenzung der Testierfreiheit zum Ende des 19. Jahrhunderts.[1252] Ebenfalls in denselben Zeitabschnitt fällt die Anerkennung von (individuellen) Eigentumsrechten verheirateter Frauen in Abkehr vom klassischen *doctrine of unity*.[1253] Die rechtsgeschäftliche Zuordnung von Vermögensgegenständen zwischen Eheleuten war damit zumindest grundsätzlich denkbar.[1254] Dass auch Unterhaltsvereinbarungen denkbar waren, spiegelt sich in der schon zu diesem Zeitpunkt aufkommenden Rechtspraxis, Trennungsvereinbarungen zu schließen.[1255]

Geändert hat sich diese Grundhaltung erst, nachdem die Ehe nicht mehr als sakrosankt galt, sondern die Scheidungsgründe zunehmend erweitert wurden

1245 *Herring*, in: Röthel (Hrsg.), Verträge in der Unternehmerfamilie, 2014, S. 111, 114.
1246 *Herring*, in: Sclater (Hrsg.), Regulating autonomy, 2009, S. 53, 55.
1247 *Herring*, in: Röthel (Hrsg.), Verträge in der Unternehmerfamilie, 2014, S. 111, 122.
1248 *Herring*, in: Röthel (Hrsg.), Verträge in der Unternehmerfamilie, 2014, S. 111, 122.
1249 *Herring*, in: Röthel (Hrsg.), Verträge in der Unternehmerfamilie, 2014, S. 111, 122.
1250 *Herring*, in: Röthel (Hrsg.), Verträge in der Unternehmerfamilie, 2014, S. 111, 126 f.
1251 *Herring*, in: Röthel (Hrsg.), Verträge in der Unternehmerfamilie, 2014, S. 111, 113.
1252 Vgl. *Kerridge*, in: Anderson/Arroyo i Amayuelas (Hrsg.), The law of succession: testamentary freedom, 2011, S. 129, 145 ausführlich zur Testierfreiheit S 140 ff.
1253 Siehe S 153.
1254 Mittels Trust war eine Vermögenszuordnung schon deutlich früher möglich S. 185.
1255 Siehe S. 159.

und schließlich sogar die verschuldensunabhängige Scheidung eingeführt wurde. *Hyman* ist – als die das Ehevertragsrecht bis heute prägende Grundentscheidung – fast schon ein Musterbeispiel einer Rechtsentwicklung, die mit den Änderungen der Gesellschaft kaum Schritt halten kann: Die Eheleute schlossen im Jahr 1919, nachdem sie ein Fortsetzen der ehelichen Beziehung nicht mehr für erstrebenswert hielten, eine (wirksame) Trennungsvereinbarung, die die wechselseitigen Ansprüche bei zukünftigem Getrenntleben regelte.[1256] Die Unterhaltsansprüche der Ehefrau wurden sogar zusätzlich durch eine Bürgschaft des Bruders des Ehemannes gesichert.[1257] Als schließlich im Jahr 1928 aufgrund des zwischenzeitlich eingeführten Supreme Court Judicature (Consolidation) Act 1925 die Ehe geschieden wurde, stellte die Ehefrau einen Antrag auf nachehelichen Unterhalt unter der neuen gesetzlichen Regelung.[1258] Der *Court of Appeal* gab dem Antrag statt und zementierte damit das bis heute unumstößliche Rechtsgebot, dass der Familienrichter in seiner Entscheidung nicht durch Vertrag eingeschränkt werden darf.[1259]

Zu bedenken ist, dass Scheidungsfolgen in England zunächst nur Unterhaltsansprüche beinhalteten. Rechtstechnisch zumindest waren die Vermögenspositionen der Eheleute getrennt.[1260] Es stellte sich jedoch heraus, dass diese Situation ungerechte Ergebnisse erzeugte. Die meisten Vermögensgegenstände standen ungeachtet der jeweils geleisteten Beiträgen im Alleineigentum des Ehemannes.[1261] Eine sehr progressive Rechtsprechung verschob in der Folge den Verteilungsmaßstab zusehends, bis sie mehr oder weniger zu einem Halbteilungsgrundsatz für eheliches Vermögen gelangte.[1262] In Anlehnung an diese Entwicklung wurden schließlich auch die *family provision* für Ehegatten über Unterhaltsansprüche hinaus auf nacheheliche Teilhabe ausgedehnt.[1263]

Das Ergebnis war mit einem rudimentär ausgeprägten ehelichen Güterstand vergleichbar, bei dem es nach Beendigung der Ehe zu einer Aufteilung der während der Ehe durch einen der Ehepartner erworbenen Vermögensgegenstände kommt.[1264] Gleichzeitig führte die damit zwingende Aufteilung der

1256 *Hyman v Hyman* [1929] P. 1, 2.
1257 *Hyman v Hyman* [1929] P. 1, 2.
1258 *Hyman v Hyman* [1929] P. 1, 2.
1259 *Hyman v Hyman* [1929] P. 1, 49.
1260 Siehe S. 155 f.
1261 *Cretney*, Child and Family Law Quarterly 2003, 403, 408.
1262 *Miller; McFarlane* [2006] UKHL 24; ausführlich oben S. 184 f.
1263 Law Comm No 61 para 26; siehe oben S. 186.
1264 *Cretney*, Child and Family Law Quarterly 2003, 403, 411.

Vermögensgegenstände auch wieder zu einem Bedürfnis, hiervon individuelle Abweichungen zu vereinbaren.[1265] Nach fast einem Jahrhundert entspricht der familiäre Individualismus damit wieder dem Zeitgeist: Mittlerweile sind Eheverträge ein anerkannter Bestandteil des englischen Rechts.[1266] In anderen Fällen werden Auseinandersetzungen um familiäre Pflichten immer öfter auf außergerichtliche Verfahren zu einer einvernehmlichen Einigung verwiesen.[1267] Gerade in Fragen, die den Wesensgehalt der privaten Lebensführung betreffen, besteht ein überdurchschnittliches Interesse daran, dass eigene Vorstellungen berücksichtigt werden.[1268]

3.5.4 Grenzen privatautonomer Entscheidung im familiären Umfeld

Doch diese (neuerliche) Hinwendung zur Privatautonomie im englischen Familienrecht ist eingeschränkt. Eine umfassende Kontrolle ehevertraglicher Vereinbarungen bleibt bestehen.[1269] Es wird dabei deutlich, dass insbesondere Unterhaltspflichten nicht so einfach abdingbar sind.[1270] Auch der Vorschlag der *Law Commission* hält inhaltlich an der Nichtabdingbarkeit von Ansprüchen aufgrund Bedürftigkeit fest.[1271] Ebenso auffallend ist, dass die grundsätzlich nicht abdingbaren *family provision* unterhaltsbasiert sind.[1272] Im Ausnahmefall kann allerdings eine ehevertragliche Vereinbarung den Anspruch auf *family provision* beeinflussen.[1273] Dies betrifft aber, wie der Ehevertrag selbst, eher den Teilhabeaspekt des Anspruchs als tatsächliche unterhaltsrechtliche Verpflichtungen. Zusammengefasst lässt sich festhalten: Familiäre Unterhaltspflichten sind im englischen Recht nur eingeschränkt dispositiv.

3.6 Zusammenfassung

Die Entwicklung des englischen Rechts ist bisweilen durch extreme Rechtspositionen gekennzeichnet. Zeitweise waren familiäre Vermögenspositionen kaum

1265 *Cretney*, Child and Family Law Quarterly 2003, 403, 413.
1266 Siehe S. 159 ff.
1267 *Diduck*, Child and Family Law Quarterly 2016, 133, 134.
1268 *Diduck*, Child and Family Law Quarterly 2016, 133.
1269 Siehe S. 164.
1270 Vgl. auch S. 164.
1271 Law Com No 343 Rn. 5.81.
1272 Siehe S. 165.
1273 Siehe S. 165.

der Verfügungsmacht des Einzelnen zugänglich.[1274] Zu anderen Zeiten war Vermögen einer Person zugeordnet und gleichzeitig bestanden nur minimale Ausgleichsansprüche zwischen Familienangehörigen.[1275] Hinzu kommt der *trust* als immer präsentes Umgehungsinstrument für Vorgaben des Rechts, die allgemein nicht mehr als zeitgemäß angesehen wurden.[1276]

Seit dem Beginn des 20. Jahrhunderts entwickelten sich im Familien- und Erbrecht verstärkt Ausgleichsansprüche nach Billigkeitsgesichtspunkten.[1277] Einzelne Familienmitglieder erhielten Antragsrechte und im Ergebnis entschied ein Familienrichter, in welcher Höhe Ausgleichsansprüche entstanden.[1278] Schwerpunktmäßig handelt es sich hierbei um Ansprüche, die der Sicherung des Unterhalts dienen sollten.[1279] Vor allem für Ehepartner wurden jedoch Teilungsgrundsätze entwickelt. Diese erfüllen in Ansätzen die Funktion eines Güterrechts, da ähnlich der Zugewinngemeinschaft während der Ehe durch einen der Ehepartner erworbene Vermögensgegenstände zwischen den Ehepartnern aufgeteilt werden.[1280]

Eine darüber hinausreichende Frage ist, inwieweit diese Ansprüche oder Antragsrechte durch Vertrag modifizierbar sind. Ein Ehevertrag, der den Verzicht auf Antragsrechte und eine damit einhergehende Einschränkung des richterlichen Entscheidungsspielraums beinhaltet, ist bis heute nicht vollständig möglich. Sind sich die Parteien zu Prozessbeginn einig, so kann im Rahmen einer *consent order* ein verkürztes Verfahren durchgeführt werden.[1281] Schließen die Parteien bei Trennung eine Trennungsvereinbarung, so ist diese grundsätzlich rechtsverbindlich.[1282] Dennoch besteht im Scheidungsverfahren die Möglichkeit, dass davon abweichende Ansprüche durch den Familienrichter zugesprochen werden.[1283] Eheverträge, die sich von Trennungsvereinbarungen dadurch unterscheiden, dass sie schon während der Ehe oder gar vor der Eheschließung geschlossen wurden, sind erst seit

1274 Siehe S. 153.
1275 Siehe S. 154.
1276 Siehe S. 154.
1277 Siehe S. 155 ff.
1278 Siehe S. 155.
1279 Siehe S. 155.
1280 Siehe S. 158.
1281 Siehe S. 159.
1282 Siehe S. 160.
1283 Siehe S. 160.

jüngster Zeit überhaupt rechtlich zulässig.[1284] Aber auch hier bleibt die grundsätzliche Möglichkeit bestehen, dass eine richterliche Überprüfung stattfindet.[1285] Vorschläge für eine Gesetzesänderung sehen mit dem qualifizierten Ehevertrag eine weiterreichende Bindungswirkung vor, aber auch hier bleibt ein Mindestmaß an Kontrolle durch den Richter erhalten.[1286] Ansprüche auf *family provision* sind dagegen grundsätzlich fast nicht verzichtbar.[1287] Eine Ausnahme stellt hier der Ehevertrag dar, der im Rahmen einer umfassenden Abwägung grundsätzlich Berücksichtigung finden kann.[1288]

Stellt man den familiären Vertrag in den Kontext des allgemeinen Vertragsrechts, so lässt sich feststellen, dass auch hier einige Besonderheiten für in der Familie abgeschlossene Verträge gelten. Zunächst müssen Familienmitglieder ihren Rechtsbindungswillen gesondert nachweisen.[1289] Allgemein wird im Vertragsrecht jedoch sehr wenig Rücksicht auf eine fehlerhafte Willensbildung genommen, sodass Fehlvorstellungen nur dann berücksichtigt werden, wenn sie der Vertragspartner zumindest hätte erkennen müssen.[1290] Mit *duress* und *undue influence* finden sich zwei weitere Rechtsinstitute, die die Willensbildung des einzelnen schützen sollen.[1291] Dabei ist *duress* nur ein sehr grober Filter, um durch Zwang erwirkte Verträge zu erfassen.[1292] Insbesondere *undue influence* nimmt auf die Beziehung zwischen den Vertragsparteien Rücksicht. Wird ein Vertragsschluss durch unlautere Einflussnahme erwirkt, so kann die Erfüllung verweigert werden.[1293] Bei Beziehungen, die nahe legen, dass eine solche Einflussnahme möglich ist, muss widerlegt werden, dass die Situation nicht missbraucht wurde.[1294] Damit ist im Näheverhältnis eine gesteigerte Rücksichtnahme auf die Entscheidungsfreiheit der anderen Partei vertragsrechtlich gefordert.

Das Konzept von Privatautonomie in der Familie bewegt sich damit in dem Spannungsrahmen zwischen der Autonomie des Einzelnen und dem Schutz des

---

1284 Siehe S. 160.
1285 Siehe S. 160 ff.
1286 Siehe S. 162.
1287 Siehe S. 165.
1288 Siehe S. 165.
1289 Siehe S. 167.
1290 Siehe S. 169.
1291 Siehe S. 170 ff.
1292 Siehe S. 170.
1293 Siehe S. 170 ff.
1294 Siehe S. 172.

Schwächeren. Der klassische, liberale Autonomiebegriff stellt dabei vor allem den Einzelnen in den Mittelpunkt.[1295] Andere Konzepte verschieben den Fokus auf wechselseitige Abhängigkeiten und das Beziehungsgeflecht, in dem der Vertrag entstanden ist.[1296]

1295 Siehe S. 173.
1296 Siehe S. 175.

Teil C Auswertung

1 Erbrechtliche Teilhabe – eine systemübergreifende Betrachtung

1.1 Erbrechtliche Teilhabe

1.1.1 Begrenzung der Testierfreiheit des Erblassers

Die Ausführungen zu beiden Rechtsordnungen starten mit der Prämisse, dass im Idealfall der Erblasser selbst entscheiden kann, wer an seinem Nachlass beteiligt wird.[1297] Für einen sehr kurzen Zeitraum war die Testierfreiheit als absolute Entscheidungsfreiheit in England auch faktisch und rechtlich gegeben.[1298] Grenzen und Einschränkungen der Testierbefugnis scheinen im Angesicht dieser Prämisse nur insoweit zulässig, als ein erkennbares (staatliches) Bedürfnis besteht, die individuelle Entscheidungsbefugnis einzuschränken. Familiäre Teilhaberechte, sei es ein Pflichtteilsanspruch in Deutschland oder *family provision* in England, werden nach dieser Sichtweise als Grenzen und Restriktionen wahrgenommen.[1299]

Insgesamt lässt sich jedoch festhalten, dass der Schutz familiärer Teilhabe ein wesentlicher Bestandteil des Erbrechts in Deutschland und England ist. Es handelt sich hierbei nicht nur um eine Begrenzung der Testierfreiheit, sondern um einen eigenständigen Grundsatz. Entscheidende Regelungen sind zunächst Pflichtteilsrecht und *family provision*, die explizit den Schutz erbrechtlicher Teilhabe von Familienangehörigen verwirklichen sollen.

Ergänzend finden sich andere Rechtsinstitute, etwa eine Inhaltkontrolle nach § 138 BGB oder die Nichtigkeit eines Testamentes aufgrund von *public policy*, die – wenn auch in sehr unterschiedlichem Maße – herangezogen werden, um eine Testierentscheidung zugunsten eines bestimmten Erben zu korrigieren.[1300]

1.1.2 Unterhalt und Teilhabe

Will man die Zielrichtung erbrechtlicher Teilhabeansprüche von Familienangehörigen genauer konkretisieren, so lassen sich je nach Ausgestaltung

1297 Siehe S. 25 und 121.
1298 Siehe S. 121.
1299 Siehe S. 44 und 132.
1300 Siehe S. 75 und 126.

unterschiedliche Funktionen feststellen. Gerade in der funktionalen Ausgestaltung sind Pflichtteilsrecht und *family provision* sehr unterschiedlich, wobei der deutsche Pflichtteil ein bedarfsunabhängiges Teilhaberecht ist und die englischen *family provision* als bedarfsabhängige Unterhaltsansprüche ausgestaltet sind. Die einseitige Ausrichtung führt dabei jeweils dazu, dass andere funktionale Aspekte hinter der primären Funktion zurücktreten und nur im Einzelfall eine Rolle spielen.

Im Hinblick auf das deutsche Recht wird fast schlagwortartig von innerfamiliärer Solidarität und Schutz der Familie gesprochen.[1301] Der Pflichtteil ist als feste Quote des gesetzlichen Erbrechtes ausgestaltet (§ 2346 BGB) und Pflichtteilsrecht wird in diesem Zusammenhang grundsätzlich als ein nach Art. 14 Abs. 1 BGB in Verbindung mit Art 6 Abs. 1 GG verfassungsrechtlich geschütztes Anrecht auf bedarfsunabhängige Teilhabe verstanden.[1302] Darüber hinaus wird diskutiert, ob der deutsche Pflichtteil eine Unterhaltsfunktion hat.[1303] Der Pflichtteil trägt in einigen Fällen tatsächlich zur Unterhaltssicherung des Pflichtteilsempfängers bei und führt in diesen Fällen auch tatsächlich dazu, dass eine Unterhaltsfunktion durch den Pflichtteil faktisch miterfüllt wird.[1304] Jedoch führt die pauschale Ausgestaltung dazu, dass sich die Unterhaltsfunktion nicht als eigenständiger Aspekt des Pflichtteils abgrenzen lässt und somit hinter der Teilhabefunktion zurücktreten muss.

Anders ist die Situation in England. Hier sind *family provision* ganz eindeutig an die Bedürftigkeit des Antragstellers geknüpft (vgl. s 1 (2) (b) I (PFD) Act 1975). *Family provision* sind damit von vornherein notwendigerweise nur als Unterhaltsanspruch möglich und erfüllen damit primär eine Unterhalts- und Versorgungsfunktion.[1305] Die Ausgestaltung als Unterhaltsanspruch wird gelegentlich als unzureichend kritisiert, weil gerade bei erwachsenen, erwerbsfähigen Kindern oft keine Ansprüche entstehen.[1306] Grundsätzlich kann jedoch auch in solchen Situationen ein Anspruch gerechtfertigt sein.[1307] Ein Beispiel wäre eine durch den Antragsteller zu Lebzeiten des Erblassers erbrachte Arbeits-[1308] oder Pflegeleistung.[1309] Während eine Beteiligung hier moralisch gerechtfertigt

1301 Siehe S. 31.
1302 Siehe S. 31.
1303 Siehe S. 37.
1304 Siehe S. 41.
1305 Siehe S. 134.
1306 Siehe S. 135.
1307 Siehe S. 135.
1308 Siehe S. 135.
1309 Siehe S. 135.

scheint, gibt es einen Anspruch nur, soweit eine Bedürftigkeit des Antragstellers vorliegt.[1310]

1.1.3 Verhältnis zum Güterrecht und zu anderen nachehelichen Ansprüchen

Eine gewisse Sonderfunktion kommt Teilhabeansprüchen von Ehegatten zu, weil nicht in allen Fällen trennscharf zwischen güterrechtlichen und erbrechtlichen Ansprüchen unterschieden wird. Im deutschen Recht kann nach § 1371 Abs. 1 BGB der Zugewinnausgleich im gesetzlichen Güterstand über eine Erhöhung der gesetzlichen Erbquote und des Pflichtteils erfolgen.[1311] Dies ist keine zwingende Vorgabe, da der überlebende Ehegatte auch die Möglichkeit hat, den Zugewinnausgleich zu verlangen. Soweit der Zugewinnausgleich nach § 1371 Abs. 1 BGB erfolgt, kann dem Pflichtteil im Einzelfall auch eine güterrechtliche Funktion zukommen. Diese lässt sich jedoch aufgrund des Ausnahmecharakters des § 1371 Abs. 1 BGB nicht generalisieren.[1312]

Die *family provision* übernehmen dagegen auch die Funktion eines nachehelichen Vermögensausgleichs. Der Umfang des Anspruchs eines Ehegatten richtet sich nach dem Umfang der nachehelichen Ansprüche, die dieser im Rahmen einer Scheidung gehabt hätte.[1313] Hierbei kommt neben Unterhaltsansprüchen auch ein Ausgleich für während der Ehe durch einen Ehepartner erworbene Vermögensgegenstände in Betracht. Dieser funktionale Unterschied zum deutschen Recht kommt auch deshalb zustande, weil das englische Recht keine andere Möglichkeit bietet, einen nachehelichen Vermögensausgleich im Todesfall durchzuführen.[1314] Die *family provision* füllen damit eine Lücke, die durch die Abwesenheit eines explizit geregelten Güterrechts entstanden ist.

1.2 Richterliche Kontrolle vertraglicher Vereinbarungen

1.2.1 Zulässigkeit familien- und erbrechtlicher Vereinbarungen

Das deutsche Familien- und Erbrecht beinhaltet ganz selbstverständlich eine Vielzahl vertraglicher Regelungsinstrumente, mit denen wechselseitige Rechte und Pflichten individuell festgelegt werden können. Im Erbrecht ist es

---

1310 Siehe S. 135.
1311 Siehe S. 33.
1312 Siehe S. 33.
1313 Siehe S. 136.
1314 Siehe S. 156.

insbesondere der Pflichtteilsverzichtsvertrag, der eine inhaltliche Gestaltung über die Grenzen der Testierfreiheit hinaus ermöglicht.[1315] Inhaltlich überprüfbar ist ein solcher Vertrag grundsätzlich im Rahmen einer Sittenwidrigkeitskontrolle nach § 138 BGB. Allerdings handelt es sich hierbei um einen sehr groben Filter, der nur in Einzelfällen zu einer Unwirksamkeit des Vertrages führt.[1316]

Eine im Vergleich zum deutschen Recht grundlegend andere Herangehensweise an Verträge im familiären Umfeld findet sich im englischen Recht. Das englische Vertragsrecht war im Wesentlichen auf den wirtschaftlichen Güteraustausch angelegt, und Verträge, die sich mit wechselseitigen Rechten und Pflichten von Familienmitgliedern befassten, waren lange eher ein Fremdkörper.[1317] Dies führte dazu, dass Vereinbarungen, die die Ausgestaltung des familiären Zusammenlebens regelten, zunächst nur sehr zurückhaltend als vertragliche Vereinbarungen wahrgenommen wurden.[1318] Dies zeigt sich in der Rechtsprechung zu Eheverträgen, die erst verhältnismäßig spät als wirksam erachtet wurden. Vertragliche Vereinbarungen, die sich mit *family provision* befassen, sind bis heute nicht Teil der gängigen Rechtspraxis, im Grundsatz aber zumindest denkbar.[1319] Sehr eindeutig ist in diesem Zusammenhang der bis heute gültige Rechtssatz, dass eine vertragliche Vereinbarung niemals den Entscheidungsspielraum eines Familienrichters einschränken darf.[1320]

Die Zurückhaltung familiäre Verträge nach allgemeinen Regeln des Vertragsrechts zu behandeln muss jedoch im Gesamtkonzept der englischen Rechtsordnung betrachtet werden. Das englische *Common Law* ist sehr zurückhaltend, einen Vertrag wegen Willensmängeln oder anderen, die Vertragsgerechtigkeit betreffenden Fragen, aufzuheben.[1321] Die Zurückhaltung, familiäre Vereinbarungen diesem Vertragsregime zu unterwerfen, lässt sich auch mit dem Umstand erklären, dass diese Konsequenzen im innerfamiliären Umfeld als zu hart empfunden wurden.[1322] Hierdurch lässt sich zunächst erklären, dass sich im Familienrecht erst sehr spät ein Interesse an der vertraglichen Gestaltung im Familien- und Erbrecht entwickelt hat.[1323] Aus der gleichen grundsätzlichen

1315 Siehe S. 46.
1316 Siehe S. 92.
1317 Siehe S. 168.
1318 Siehe S. 168.
1319 Siehe S. 162 und S. 166.
1320 Siehe S. 165.
1321 Siehe S. 170 ff.
1322 Siehe S. 168.
1323 Siehe S. 177.

Notwendigkeit, eine Abmilderung des restriktiven *Common Law* herbeizuführen, entwickelte sich mit den Prinzipien des *undue influence* ein Ausgleichmechanismus in *Equity*, soweit ein Vertrauensverhältnis zwischen zwei Vertragspartnern einen Vertragsschluss beeinflusst hat.[1324]

1.2.2 Eine generelle Inhaltskontrolle statusrechtlicher Verträge

Auch die umfassende Billigkeitskontrolle im heutigen englischen Recht ist damit in erster Linie nicht ein gesonderter Schutz für familiäre Verträge, sondern zunächst eine Reaktion auf den geringen Schutz im allgemeinen Vertragsrecht.[1325] Sie ist damit noch kein Hinweis darauf, dass auch systemübergreifend ein genereller Schutz der familiären Vereinbarung notwendig wird.

Eine ähnliche Skepsis gegenüber Verträgen, die sich mit der Ausgestaltung des familiären Zusammenlebens befassen, gibt es in Deutschland grundsätzlich nicht. Am ehesten wird die Überlegung aufgegriffen, um eine generelle Inhaltskontrolle für statusbezogenen Verträge, also insbesondere Eheverträge und Erb- und Pflichtteilsverzichte, einzuführen.[1326] Dieser Vorschlag, der wesentlich darauf basiert, dass die vom Gesetzgeber typisierend vorgegebene Kernfamilie der Idealzustand ist, muss jedoch daran scheitern, dass eine Unterteilung anhand des Kriteriums der Statusbezogenheit darüber hinwegtäuscht, dass gerade ein Pflichtteilsverzicht in sehr unterschiedlichen Situationen mit unterschiedlichen Zielrichtungen geschlossen wird. Hier eine einheitliche Vertragskategorie mit dem Ehevertrag zu entwickeln, widerspricht dieser Vielseitigkeit.

Dies zeigt gerade auch der Vergleich zum englischen Recht. Hier hat eine vertragliche Vereinbarung zu *family provision* deshalb keine zum deutschen Recht vergleichbare praktische Relevanz, weil durch das Erfordernis der Bedürftigkeit nur ein sehr beschränkter Personenkreis überhaupt einen Anspruch geltend machen kann. Gerade erwachsene Kinder, die in der Lage sind, selbst für ihren Unterhalt zu sorgen, haben in der Regel keinen Anspruch. Das relativiert die grundsätzliche Aussage, dass vertragliche Vereinbarungen im familiären Umfeld in England nicht die gleiche Bindungswirkung haben wie ein Pflichtteilsverzicht.

Damit ergibt sich eine sehr interessante Gegenüberstellung. Die gesetzlichen Vorgaben zum Pflichtteilsrecht sind aufgrund der Ausgestaltung als fester Quote starr und unflexibel, während *family provision* schon in der Ausgestaltung als Ermessensansprüche auf Flexibilität setzen und damit für den Erblasser

1324 Siehe S. 170.
1325 Siehe S. 165.
1326 Siehe S. 108.

weit weniger einschränkend sind. Gleichzeitig besteht jedoch für den Pflichtteil eine nahezu umfassende vertragliche Verzichtbarkeit, während *family provision* nur in Ausnahmefällen durch vertragliche Vereinbarungen beeinflusst werden können.

1.2.3 Schutz des Unterhalts

In jüngerer Zeit wurde in der deutschen Rechtswissenschaft wiederholt die Frage gestellt, ob nicht zumindest in Hinblick auf einzelne Funktionen des Pflichtteils eine erhöhte Schutzbedürftigkeit bestünde und hieran eine Inhaltskontrolle zu knüpfen sei.[1327] Insbesondere in Anknüpfung an eine zumindest teilweise gegebene Unterhaltsfunktion des Pflichtteils sei zu überlegen, inwieweit hier eine erhöhte Schutzbedürftigkeit des Pflichtteilsempfängers gegeben ist.[1328] Als Ansatzpunkte für eine praktische Umsetzung werden eine Übertragung der Kernbereichslehre oder eine entsprechende Anwendung von § 1614 Abs. 1 BGB vorgeschlagen.[1329]

Ein stärkerer Schutz der Unterhaltsfunktion des Pflichtteils scheitert jedoch daran, dass hierfür eine funktionale Ausdifferenzierung des Pflichtteils in der gesetzlichen Grundlage notwendig wäre, anhand derer feststellbar wäre, in welchen Fällen der Pflichtteil im Einzelfall tatsächlich eine Unterhaltsfunktion erfüllt.[1330] Die pauschale Ausgestaltung als bedarfsunabhängige Teilhabe nach derzeitigem Pflichtteilsrecht ermöglicht diese Konkretisierung dagegen nicht.

Diese Wertung wird im Rahmen rechtsvergleichender Betrachtung bestätigt. Bei den *family provision* ist der Unterhaltsbezug explizit in der gesetzlichen Vorlage vorgegeben.[1331] Mit dieser expliziten Ausgestaltung der Unterhaltsfunktion korreliert die weit umfassendere richterliche Befugnis, die erbrechtliche Teilhabe einzelner Angehöriger anzupassen.

1.2.4 Benachteiligung und Verhaltenssteuerung

Doch auch wenn eine Generalisierung der Inhaltskontrolle von Erb- und Pflichtteilsverzichtsverträgen scheitert, findet im deutschen Recht im Einzelfall eine Sittenwidrigkeitskontrolle durch die Gerichte nach § 138 BGB statt.

1327 Siehe S. 104.
1328 Siehe S. 104.
1329 Siehe S. 105.
1330 Siehe S. 106.
1331 Siehe S. 114.

Die Kontrollbedürftigkeit eines Vertrages ist jedoch mit der Frage gekoppelt, inwieweit der Verzichtende einen messbaren Nachteil erleidet.[1332] An dieser Stelle wird noch einmal deutlich, dass der Pflichtteilsverzicht nur im Einzelfall Gegenstand einer Inhaltskontrolle sein kann. Da ein Pflichtteil in sehr unterschiedlichen Konstellationen anfallen kann, lässt sich nicht generell feststellen, ob und in welchem Umfang der Verlust des Pflichtteils im Einzelfall einen Nachteil für den Verzichtenden darstellt.[1333] Dies gilt umso mehr, weil der genaue Wert des Pflichtteils erst zum Zeitpunkt des Erbfalls feststeht. Bis dahin besteht ein grundsätzliches Risiko, dass der Pflichtteil an Wert verliert.[1334]

Im erbrechtlichen Kontext kann nach deutschem Recht eine Benachteiligung des Verzichtenden im Einzelfall allerdings dann gegeben sein, wenn der Erblasser durch eine bedingte Abfindung Einfluss auf die zukünftige Lebensplanung des Verzichtenden nimmt.[1335] Hier ist die Benachteiligung des Verzichtenden in der Machtposition des Erblassers zu sehen, die es ermöglichte, einseitige Bedingungen zu diktieren. Dies gilt für Testamente, die sittenwidrig sind, soweit der Erblasser mittels Potestativbedingung auf die Lebensführung des Erben Einfluss nehmen möchte.[1336] Der gleiche Maßstab muss auch für Pflichtteilsverzichtsverträge gelten.

Hierbei handelt es sich jedoch nur um eine sehr spezifische Fallgruppe.[1337] Es empfiehlt sich daher nicht, die im Einzelfall notwendige Sittenwidrigkeitskontrolle weiter zu verallgemeinern. Im englischen Recht hat sich gezeigt, dass das der Sittenwidrigkeitskontrolle ähnliche Rechtsinstitut der *public policy* spürbar an Bedeutung verloren hat, als mit den *family provision* ein gesetzlicher Ausgleichsmechanismus geschaffen wurde.[1338] Auch dieser Vergleich legt nahe, einzelne Fallgruppen nicht zum grundlegenden Rechtsprinzip zu erheben.

1.2.5 Vereinbarungen zwischen Ehepartnern

Sehr deutlich wird die Verknüpfung zwischen funktionaler Ausgestaltung und Schutzrahmen bei zwischen Ehepartnern geschlossenen Pflichtteilsverzichtsverträgen. In England stehen einem Ehegatten im Rahmen der *family provision*

1332 Siehe S. 115.
1333 Siehe S. 114.
1334 Siehe S. 116.
1335 Siehe S. 117.
1336 Siehe S. 75.
1337 Siehe S. 119.
1338 Siehe S. 129.

dieselben Ansprüche zu, die auch im Rahmen einer Scheidung gegeben sind, weil die *family provision* im Kern auch die Teilhabe an während der Ehe erworbenem Vermögen regeln.[1339]

In Deutschland wird diese Frage schwerpunktmäßig im ehelichen Güterrecht gelöst. Damit ist auch der Pflichtteilsverzicht im Regelfall nicht nach denselben Kriterien zu bewerten wie ein Ehevertrag.[1340] Eine Ausnahme hierzu sind Fälle, in denen die Ehegatten selbst den Pflichtteilsverzicht zum Teil einer einheitlichen ehelichen Vermögensplanung gemacht haben. Hier können Ehevertrag und Pflichtteilsverzicht im Rahmen einer Gesamtbetrachtung gewertet werden. Diese Gesamtbetrachtung wird allerdings, anders als im englischen Recht, nicht von der gesetzlichen Ausgestaltung des Pflichtteilsrechtes vorausgesetzt. Damit lässt sich auch hier kein genereller Bewertungsmaßstab für alle Pflichtteilsverzichtsverträge ableiten.

1.3 Ein Autonomie getragenes Familienkonzept

In den letzten Jahrzehnten hat sich das Familienkonzept in Deutschland und England stark gewandelt. Es ist zu einer zunehmenden Anerkennung von gleichgeschlechtlichen Partnerschaften gekommen, nichteheliche Kinder wurden als gleichberechtigte Mitglieder einer Familie anerkannt und auch das Zusammenleben in nicht rechtlich formalisierten Beziehungen wurde gesellschaftlich akzeptiert.[1341] Damit erhält jeder Einzelne die Möglichkeit, Familie und Familienleben für sich selbst zu definieren. Der gesetzliche Rahmen, der grundsätzlich dem Schutz des Einzelnen dienen soll, muss diese autonome Entscheidung respektieren. Damit rücken ganz automatisch Regelungskonzepte in den Fokus, die eine privatautonome Gestaltung durch die Parteien zulassen.

Entscheidend für ein gesetzliches Erbrecht ist zunächst der familiäre Status einer bestimmten Person. In Deutschland setzt sich die Statusbezogenheit der gesetzlichen Erbfolge im Pflichtteilsrecht für Kinder, Ehe- oder Lebenspartner und Eltern fort.[1342] Durch die Einführung der nichtehelichen Lebensgemeinschaft und schließlich durch die Öffnung der Ehe für gleichgeschlechtliche Paare, erfolgte eine Erweiterung des rechtlichen Familienbegriffs.[1343] Infolgedessen konnten auch gleichgeschlechtliche Partner gesetzliche Erb- und

1339 Siehe S. 137.
1340 Siehe S. 106.
1341 Siehe S. 57.
1342 Siehe S. 59.
1343 Siehe S. 59.

Pflichtteilsansprüche erlangen.[1344] Will ein Erblasser eine Person, die rechtlich nicht zu seiner Familie gehört, gleich einem Familienmitglied am Nachlass beteiligen, so muss er dies mittels Testament gesondert festlegen.[1345]

Etwas unschärfer ist die gesetzliche Situation dagegen in England. Hier erhalten Kinder und Ehe- oder Lebenspartner zwar ein Antragsrecht. Darüber hinaus können mit den *family provision* auch nichteheliche Lebenspartner und Stief- und Pflegekinder berücksichtigt werden.[1346] Damit ist schon die gesetzliche Grundlage sehr viel flexibler, wenn es darum geht, unterschiedliche Familienformen in den Blick zu nehmen. Gleichzeitig bringt dies die zusätzliche Herausforderung mit sich, dass eine rechtlich verbindliche Definition gefunden werden muss, um festzulegen, wem als nichtehelichem Lebenspartner oder als Stiefkind ein Antragsrecht auf *family provision* zukommt. Als nichtehelicher Lebenspartner im Rahmen des I(PFD) Act 1975 gilt, wer als Ehemann und Ehefrau oder als gleichgeschlechtliche Partner über einen Zeitraum von zwei Jahren mit dem Erblasser unmittelbar vor dessen Tod zusammenlebt.[1347] Ein nicht mit dem Erblasser verwandtes Kind ist dann antragsberechtigt, wenn es im Rahmen einer Ehe- oder Lebenspartnerschaft vom Erblasser als Kind seiner Familie behandelt wurde.[1348]

Dabei ist jedoch im Blick zu behalten, dass *family provision* Ermessensentscheidungen eines Richters sind, bei denen der familienrechtliche Status alleine noch keinen festen Anspruch gewährt.[1349] Hinzu kommt, dass ein Anspruch zwingend voraussetzt, dass der Antragsteller darlegen kann, dass er bedürftig ist und daher einen Anspruch benötigt, um seinen Unterhalt zu bestreiten. Damit erhält nach der Rechtslage in England niemand einen feststehenden Anspruch. Vielmehr gibt das Gesetz lediglich vor, welche Personen oder Personengruppen im Rahmen einer Interessenabwägung zu berücksichtigen sind.

Gesetzliche Vorgaben zu familiären Teilhaberechten bewegen sich immer in einem Spannungsbogen zwischen dem Schutz familiärer Rechtspositionen und der Autonomie, Familie zu gestalten. Während zum einen immer wieder vorgetragen wird, dass das Schutzniveau für einen Pflichtteilsempfänger zu erhöhen ist, wird von anderen gleichzeitig eine Flexibilisierung der bestehenden Regeln

1344 Siehe S. 59.
1345 Siehe S. 62.
1346 Siehe S. 138.
1347 Siehe S. 140.
1348 Siehe S. 139.
1349 Siehe S. 140.

gefordert.[1350] Bisweilen treten in diesem Zusammenhang auch schlicht ökonomische Überlegungen in den Vordergrund. Gelegentlich ist ein Nachlass als zusammenhängende Vermögensmasse wesentlich mehr wert als die Summe der Teile, und es ist erstrebenswert, dies bei der Aufteilung zu berücksichtigen.[1351] Schutz der Familie ist damit ein mehrseitiges Konzept: Es muss die schwächere Partei vor einem übermäßigen Gebrauch der Privatautonomie geschützt werden. Gleichzeitig muss die grundsätzliche autonome Entscheidung der jeweiligen Familie ebenso ermöglicht und respektiert werden.

Die Frage, inwieweit nichtformalisierte Familienformen, insbesondere nichteheliche Lebenspartner oder Stiefkinder mit eigenen Ansprüchen in das Erbrecht aufgenommen werden sollen, ist jedoch nicht allein eine erbrechtliche Frage. Dies zeigt sich zunächst daran, dass in Deutschland Lebenspartner und gleichgeschlechtliche Ehepartner erst dann im Erbrecht Berücksichtigung fanden, als auch ein familienrechtlicher Status für diese Beziehungen geschaffen wurde.[1352] Letztendlich zeigt das auch der Vergleich zu den *family provision* im englischen Recht. Auch hier sind die Regelungen für nichteheliche Partner und Stiefkinder keine erbrechtlichen Sonderregelungen, sondern Konzepte, die im Vorfeld durch andere Rechtsinstitute entwickelt wurden.[1353] Im Ergebnis ist erbrechtliche Teilhabe grundsätzlich davon abhängig, dass sich eine Beziehung familienrechtlich abgrenzen lässt. Damit ist ein singulär erbrechtlicher Anspruch nicht angezeigt.

2 Möglichkeiten und Grenzen einer weiteren Rechtsentwicklung in Deutschland

Es lässt sich jedoch eine grundsätzliche Tendenz in beiden Rechtsordnungen erkennen, dass vertragliche Vereinbarung und richterliche Kontrolle zwei wesentliche Bestandteile eines autonomiegetragenen Familienkonzeptes sind. Das deutsche Pflichtteilsrecht hat in seiner jetzigen Ausgestaltung eine lange und bewährte Tradition.[1354] Anpassungen der gesetzlichen Grundlage sollten daher nur mit äußerster Vorsicht vorgenommen werden. Dabei ist auch zu bedenken, dass verfassungsrechtlich dem Schutz des Erbrechts und der Familie in Deutschland ein stärkerer Stellenwert zukommt, der auch die beitragsunabhängige

1350 Siehe S. 60.
1351 Umfassende Betrachtung der Problematik am Beispiel der Unternehmensnachfolge siehe oben S. 61 ff.
1352 Siehe S: 59.
1353 Siehe S. 137.
1354 Siehe S. 28 ff.

Beteiligung des Kindes am Erbe seiner Eltern umfasst.[1355] Dieser kann auch durch eine legislative Ausgestaltung nicht vollständig unterlaufen werden.

Es hat sich im Verlauf der Arbeit wiederholt gezeigt, dass ein wesentlicher Faktor, an dem eine umfassende Inhaltskontrolle bei Pflichtteilsverzichtsverträgen scheitert, die fehlende funktionale Ausdifferenzierung des Pflichtteilsrechtes ist.[1356] Diese Wertung wird auch durch eine rechtsvergleichende Betrachtung bestätigt. Bei den *family provision* ist der Unterhaltsbezug explizit in der gesetzlichen Vorlage vorgegeben.[1357] Soll dem Unterhalt im Rahmen des Pflichtteils eine ähnliche Bedeutung zukommen, so müsste dies hier ebenfalls durch die gesetzliche Ausformung geschehen.

Hier lässt sich ansetzen, um im Rahmen einer gesetzlichen Weiterentwicklung eine bessere Ausdifferenzierung vorzunehmen. Das wäre dann möglich, wenn der Unterhaltsaspekt des Pflichtteilsrechtes in der gesetzlichen Grundlage verankert wird. Eine stärkere Ausprägung der Unterhaltsfunktion ist nur durch eine Änderung der gesetzlichen Grundlage des deutschen Pflichtteilsrechtes möglich.

Dies könnte zunächst dadurch geschehen, dass der Pflichtteil der vertraglichen Disposition durch die Parteien entzogen würde, soweit der Erblasser zum Zeitpunkt des Erbfalls gegenüber dem Pflichtteilsberechtigten eine konkrete Unterhaltspflicht hatte. Das Ergebnis wäre eine allgemeine Stärkung der Unterhaltsfunktion der erbrechtlichen Beteiligung in Deutschland.

Soll dies widerspruchsfrei in das deutsche Erbrecht integriert werden, wäre eine weitere notwendige Konsequenz, dass eine unterhaltsrelevante Nachlassbeteiligung einer privatautonomen Regelung generell nicht zugänglich wäre und insbesondere auch die Gestaltungsmöglichkeit, die das Behindertentestament derzeit bietet, eingeschränkt würde. Anderenfalls ließe sich eine besondere Bedeutung des Unterhalts im erbrechtlichen Kontext nicht rechtfertigen, denn die Frage, ob eine unterhaltsrechtliche Bedürftigkeit im Erbrecht von Relevanz ist, kann an dieser Stelle nur einheitlich beantwortet werden.[1358]

Es zeigt sich damit, dass eine generelle Begrenzung des Pflichtteilsverzichts zum Schutz des Verzichtenden nur mit einer grundsätzlichen Änderung der dem Erb- und Pflichtteilsrecht zugrundeliegenden Wertung möglich ist.

1355 Siehe S. 31.
1356 Siehe S. 103.
1357 Siehe S. 135 ff.
1358 Siehe S. 103.

Zusammenfassung in Thesen

Bei der Zusammenfassung der einzelnen Teilaspekte der Arbeit ergeben sich zum Verständnis erbrechtlicher Teilhabe folgende Ergebnisse:

1. Erbrechtliche Teilhabe naher Familienangehöriger ist ein notwendiger Bestandteil des Erbrechtes in Deutschland und England (Teil A: 1.3; Teil B: 2).
2. Erbrechtliche Teilhaberechte können dabei sowohl als Unterhaltsansprüche (Teil B: 2.2) als auch als bedarfsunabhängige Teilhaberechte ausgestaltet sein (Teil A: 1.3.5)). Dies hängt von der gesetzlichen Grundlage ab. Das deutsche Recht stellt mit dem Pflichtteil auf eine bedarfsunabhängige Teilhabe ab (Teil A: 1.3.5)). Das englische Recht nimmt dagegen den Unterhalt in den Blick (Teil B: 2.2). Eine Unterhaltsfunktion ist im deutschen Recht allenfalls latent vorhanden (Teil A: 1.3.6)).
3. Erbrechtlicher Teilhabe kommt eine familienschützende Funktion zu (Teil A: 1.3.4)). In Deutschland verwirklicht der Pflichtteil damit auch den verfassungsrechtlichen Schutz der Familie nach Art. 6 Abs. 1 GG (Teil A: 1.3.4)). Der Pflichtteil ist darüber hinaus auch in Art. 14 Abs. 2 GG als Ausprägung der familiären Bindung des Erbrechtes verortet (Teil A: 1.3). Auch den englischen *family provision* kommt eine inhärente Schutzfunktion zugunsten naher Angehöriger zu (Teil B: 3.5.4)). Dies kommt auch darin zum Ausdruck, dass *family provision* grundsätzlich nicht dispositiv sind (Teil B: 3.3.2)).
4. Erbrecht und damit erbrechtliche Teilhabe sind in beiden Rechtsordnungen statusgebunden (Teil A: 1.2)). Allerdings zeigt das englische Recht, dass es möglich ist, ergänzende Lösungen zu finden, die erbrechtliche Teilhabe jenseits des familienrechtlichen Status gesetzlich normieren (Teil B: 2.2.3)). Dies ermöglicht es für die zunehmende Vielfalt der Familienformen rechtliche Lösungen zu finden. Auch der deutsche Gesetzgeber muss sich grundsätzlich mit dieser Frage befassen. Hierbei handelt es sich jedoch im Kern um eine Problemstellung des Familienrechts, die mit rein erbrechtlichen Konzepten nicht zu lösen ist.
5. Das Familienbild in England und Deutschland unterliegt zunehmend der Ausgestaltung durch die Beteiligten (Teil A: 3). Die individuelle Entscheidung für eine bestimmte Familienform muss dabei auch bei der rechtlichen Bewertung der erbrechtlichen Vermögensplanung respektiert werden. Ein Testament oder Pflichtteilsverzicht ist daher nicht schon deshalb unwirksam, weil hierbei von gesetzlichen Vorgaben abgewichen wird, die an der ehelichen Familie orientiert sind.

6. Erbrechtliche Teilhabe muss flexibel auf individuelle Familienverhältnisse eingehen können. Das deutsche Erbrecht erreicht diese Flexibilität insbesondere auch mit dem Pflichtteilsverzicht (Teil A: 2). Der Vertrag ist damit in Deutschland ein wesentliches Instrument der Ausgestaltung der erbrechtlichen Vermögensnachfolge (Teil A: 5.3).
   Die *family provision* sind einer vertraglichen Lösung dagegen nicht vollständig zugänglich. Flexibilität wird dann aber durch einen Ermessensspielraum des entscheidenden Richters erzielt (Teil B: 2.2.3)).
7. Vertragliche Gestaltung findet dann ihre Grenze, wenn erbrechtlich Teilhabe ihre familienschützende Funktion nicht mehr ausüben kann. Im deutschen Recht findet jedoch keine systematisierte Kontrolle von Pflichtteilsverzichtsverträgen statt, sodass eine Bewertung im Einzelfall erfolgen muss. (Teil A: 5).
8. Eine Übertragung der Kernbereichslehre auf den Pflichtteilsverzicht ist nicht möglich (Teil A: 4.2). Anders als das Scheidungsfolgenrecht erlaubt der Pflichtteil keine funktionale Ausdifferenzierung, und kann damit auch nicht in ein Stufenverhältnis eingeordnet werden.
   Eine Gesamtbetrachtung von Ehevertrag und Pflichtteilsverzicht ist allenfalls im Ausnahmefall sinnvoll, wenn die Ehepartner selbst beide Verträge im Rahmen einer einheitlichen Vermögensplanung geschlossen haben (Teil A: 4.2.2)).
9. Ebenso wenig lässt sich eine generelle Inhaltskontrolle für Eheverträge und Erb- und Pflichtteilsverzichtsverträge als statusgebundene Verträge begründen. (Teil A: 4.3). Das eheliche Verhältnis und die Eltern-Kind Beziehung sind so unterschiedlich, dass eine Vereinheitlichung nicht sachdienlich ist.
   Auch der Umstand, dass Verträge über familiäre Verpflichtungen im englischen Recht eine grundsätzliche Sonderstellung einnehmen, lässt sich auf das deutschen Recht nicht übertragen (Teil B: 3). Die Sonderregelungen des englischen Rechts sind vor allem eine Reaktion auf den ansonsten nur teilweise entwickelten Parteischutz des *Common Law* (Teil B: 3.4.3.3).
10. Der Pflichtteilsverzicht ist ein aleatorisches Rechtsgeschäft. Daher lässt sich ein wirtschaftlicher Verlust nur im Ausnahmefall konkret feststellen. Allein aus den Umständen, dass eine Abfindung nicht in Bezug auf das Vermögen des Erblassers berechnet wurde, oder dass sich die Vermögenlage bis zum Erbfall erheblich verändert hat, lässt sich daher noch nicht schlussfolgern, dass der Verzichtende einen unzumutbaren Nachteil erleidet. (Teil A: 5.5).
11. Eine Unwirksamkeit kann sich dann ergeben, wenn der Erblasser seine Vermögensposition nutzt, um in die Lebensplanung des Pflichtteilsberechtigten

einzugreifen (Teil A: 4.5.5). Hier sind die gleichen Maßstäbe anzuwenden, die für die Sittenwidrigkeitskontrolle von Testamenten entwickelt wurden.

12. Um Schutzlücken im deutschen Recht zu schließen, sollte eine Unterhaltsfunktion in der gesetzlichen Grundlage des Pflichtteilsrechts verankert werden (Teil C: 2). Ein Pflichtteilsverzicht soll einen Pflichtteil nicht ausschließen können, soweit der Erblasser gegenüber dem Verzichtenden zum Zeitpunkt des Erbfalls unterhaltspflichtig war.

Literaturverzeichnis

Aldinger, Lorenz, Die Übertragbarkeit der Inhaltskontrolle von Eheverträgen auf Pflichtteilsverzichtsverträge, Hamburg 2012.

Andrews, Neil, Contract law, 2. Aufl., Cambridge 2015.

Atiyah, Patrick Selim, Essays on contract, Oxford 1988.

—, An introduction to the law of contract, 4. Aufl., Oxford 1992.

Babusiaux, Ulrike, Wege zur Rechtsgeschichte - römisches Erbrecht, Köln 2015.

Barlow, Richard Francis Dudley/Sherrin, Christopher Henry/Williams, William James, Williams on wills, 9. Aufl., London 2008.

Bauer, Andreas, Die innere Rechtfertigung des Pflichtteilsrechts - Eine rechtsgeschichtliche, rechtsvergleichende und soziologische Betrachtung, Bielefeld 2008.

Beckert, Jens, Familiäre Solidarität und die Pluralität moderner Lebensformen, in: Röthel, Anne (Hrsg.), Reformfragen des Pflichtteilsrechts, Köln 2007, S. 1–21.

Bengel, Manfred, Gestaltung letztwilliger Verfügungen bei Vorhandensein behinderter Abkömmlinge - Zugleich eine Anmerkung zum BGH-Urteil v. 20.10.1993, IV ZR 231/92, ZEV 1994, S. 29–31.

—, Die gerichtliche Kontrolle von Pflichtteilsverzichten, ZEV 2006, S. 192–197.

Bergschneider, Ludwig, Anmerkung zu BGH, Urteil vom 12.01.2005 - XII 238/03 = BGH FamRZ 2005, 691, FamRZ 2005, S. 693–694.

Böhm, Monika, Dynamische Grundrechtsdogmatik von Ehe und Familie?, in: Biaggini, Giovanni/Ehrenzeller, Bernhard u.a. (Hrsg.), Zukunftsgestaltung durch Öffentliches Recht - Referate und Diskussionen auf der Tagung der Vereinigung der Deutschen Staatsrechtslehrer in Greifswald vom 2. bis 5. Oktober 2013, Berlin [u.a.] 2014, S. 211–255.

Bongartz, Josef, Noterben, Noterbrecht - in Cordes, Albrecht u.a. (Hrsg.) Handwörterbuch zur deutschen Rechtsgeschichte (HRG) - digitale Ausgabe, 2. Aufl., 2004 ff, www.HRGdigital.de/HRG.noterben_noterbrecht (geprüft am 29.07.2017).

Braun, Alexandra, Will-substitutes in England and Wales, in: Braun, Alexandra/Röthel, Anne (Hrsg.), Passing wealth on death - Will-substitutes in comparative perspective, S. 51–77.

Bresslauer, W., Freedom of testation - The Inheritance (Family Provision) Bill – The Bill and private international law, Modern Law Review 1938, S. 306–307.

Brox, Hans/Walker, Wolf-Dietrich, Erbrecht, 28. Aufl., München 2018.

Bruns, Gutachten über die Frage, ob und wie weit die Testierfreiheit mit Rücksicht auf eine Pflichtteilsberechtigung beschränkt werden soll?, in: Verhandlungen des 14. Deutschen Juristentages, Berlin 1878, S. 72–112.

Budzikiewicz, Christine, Die letztwillige Verfügung als Mittel postmortaler Verhaltenssteuerung – Zur Beschränkung der Testierfreiheit durch zwingendes Gesellschaftsrecht, AcP 209 (2009), S. 354–397.

Burns, Fiona, The changing pattern of total intestacy distribution between spouses and children in Australia and England, UNSW Law Journal 2013, S. 470–513.

Bydlinski, Franz, System und Prinzipien des Privatrechts, Wien 1996.

Calvo Caravaca, Alfonso-Luis/Davì, Angelo/Mansel, Heinz-Peter (Hrsg.), The EU succession regulation – a commentary, Cambridge 2016.

Canaris, Claus-Wilhelm, Verfassungs- und europarechtliche Aspekte der Vertragsfreiheit in der Privatrechtsgesellschaft, FS Lerche, S. 876–891.

—, Grundrechte und Privatrecht, AcP 184 (1984), S. 201–246.

—, Wandlungen des Schuldvertragsrechts, AcP 200 (2000), S. 273–364.

Cartwright, John, Unequal bargaining – A study of vitiating factors in the formation of contracts, Oxford 1991.

Chen-Wishart, Mindy, In defence of consideration, Oxford University Commonwealth Law Journal 2013, S. 209–238.

Coester-Waltjen, Dagmar, Inhaltskontrolle von Verträgen außerhalb des AGBG, AcP 190 (1990), S. 1–33.

Collins, Lawrence/Dicey, Albert Venn, The conflict of laws, 14. Aufl., London 2006.

Cook, Elizabeth, Testamentary freedom in England and Wales, in: Zimmermann, Reinhard (Hrsg.), Freedom of testation - Testierfreiheit, Tübingen 2012, S. 125–141.

Cotterrell, Roger, The politics of jurisprudence – a critical introduction to legal philosophy, 2. Aufl., Oxford 2011.

Cretney, Stephen Michael, Succession – discretion or whim, freedom of choice or caprice?, Oxford Journal of Legal Studies, S. 299–302.

—, Reform of intestacy – the best we can do?, Quarterly Law Review 1995, S. 77–99.

—, Family law in the twentieth century – A history, Oxford 2003.

—, The family and the law – status or contract?, Child and Family Law Quarterly 2003, S. 403–416.

Croon-Gestefeld, Johanna, Anmerkung zu BGH FamRZ 2016, 214 = Urteil vom 07.07.2015, Az. X ZR 59/13, FamRZ 2016, S. 217.

Dainow, Joseph, Restricted testation in New Zealand, Australia and Canada, Michigan Law Review 1938, S. 1107–1130.

—, Limitations on the testamentary freedom in England, Cornell Law Quarterly 1940, S. 337–360.

Damm, Reinhard, Kontrolle von Vertragsgerechtigkeit durch Rechtsfolgenbestimmung, JZ 1986, S. 913–968.

Damrau, Jürgen, Der Erbverzicht als Mittel zweckmäßiger Vorsorge für den Todesfall, Bielefeld 1966.

Dauner-Lieb, Barbara, Pflichtteilsrecht und Pflichtteilsentziehung auf dem Prüfstand, FF 2001, S. 78–82.

—, Reichweite und Grenzen der Privatautonomie im Ehevertragsrecht - Zugleich Anmerkung und Fragen zum Urteil des BVerfG vom 06.02.2001 - 1 BvR 12/92, AcP 201 (2001), S. 295–332.

—, Richterliche Überprüfung von Eheverträgen nach dem Urteil des BGH v. 11.02.3004 - XXII ZR 265/02, FF 2004, S. 65–69.

Dauner-Lieb, Barbara/Grziwotz, Herbert (Hrsg.), Pflichtteilsrecht - Handkommentar, 2. Aufl., Baden-Baden 2016 (zit. NK-Pflichtteilsrecht/*Bearbeiter*).

Dauner-Lieb, Barbara/Sanders, Anne, Grenzen güterrechtlicher Vereinbarungen im Lichte der Rechtsprechung des BVerfG und des BGH, FPR 2005, S. 141–146.

Dickhuth-Harrach, Hans-Jürgen von, Gemeinschaftliches Testament oder Erbvertrag?, FS Otte 2005, S. 55–100.

Diduck, Alison, Autonomy and family justice, Child and Family Law Quarterly 2016, S. 133–150.

Dixon, Martin, Modern land law, 7. Aufl., Abingdon, 2010.

Dutta, Anatol, Warum Erbrecht? - Das Vermögensrecht des Generationenwechsels in funktionaler Betrachtung,

—, Grenzen der Vertragsfreiheit im Pflichtteilsrecht, AcP 209 (2009), S. 760–806.

—, Entwicklung des Pflichtteilsrechts in Europa, FamRZ 2011, S. 1829–1904.

Eichenhofer, Eberhard, Das Behindertentestament oder: Sozialhilfe für Vermögende, JZ 1999, S. 226–233.

Enonchong, Nelson, Duress and undue influence, London 2006.

Erman Bürgerliches Gesetzbuch, 16. Aufl., Münster 2020 (zit. Erman/*Bearbeiter*).

Flume, Werner, Rechtsgeschäft und Privatautonomie, FS 100 Jahre DJT 1960, S. 135–238.

—, Allgemeiner Teil des Bürgerlichen Rechts – Das Rechtsgeschäft, 4. Aufl., Berlin 1992.

Foskett, David, The Foskett on compromise, 8. Aufl., London 2015.

Frank, Katharina, Eheverträge als effektives Gestaltungsinstrument – Die Grenzen der Privatautonomie im englischen und deutschen Sachrecht sowie im europäischen Zivilverfahrens- und Kollisionsrecht, Frankfurt am Main 2015.

Frank, Rainer/Helms, Tobias, Erbrecht, 7. Aufl., München 2018.

Fratcher, William F., Uses of uses, Missouri Law Review 34 (1969), S. 39.

Frimston, Richard, Inheritance (Provision for Family and Dependants) Act 1975, the EU Succession Regulation and the Inheritance and Trustees' Powers Bill, Private Client Business 2013, S. 192–195.

George, Rob, Family finances and the corporate veil: Prest v Petrol, Family Law 2013, S. 991–995.

Gierke, Otto von, Der Entwurf eines bürgerlichen Gesetzbuchs und das deutsche Recht, Leipzig 1889.

Goebel, Joachim, Eheschließungsfreiheit und erbrechtliche Potestativbedingungen, FamRZ 1997, S. 656–662.

—, Testierfreiheit als Persönlichkeitsrecht – Zugleich ein Beitrag zur Dogmatik des allgemeinen Persönlichkeitsrechts, Berlin 2004.

—, Testierfreiheit und Ehegattenschutz – Zum Schutz der Vermögensinteressen und der Persönlichkeitsrechte des überlebenden Ehegatten vor und durch Verfügungen von Todes wegen, Berlin 2004.

Gold, Joseph, Freedom of testation - The Inheritance (Family Provision) Bill – social and legal consequences of the Bill, Modern Law Review 1938, S. 296–302.

Griffin, Ben, Class, gender, and liberalism in Parliament, 1868-1882 – the case of the Married Women's Property Acts, The Historical Journal 46 (2003), S. 59–87.

Große-Wilde, Franz/Ouart, Peter (Hrsg.), Deutscher Erbrechtskommentar, 2. Aufl., Köln 2010 (zit. Große-Wilde/Ouart/*Bearbeiter*).

Grunewald, Barbara, Anmerkung zu BGH, Urteil vom 07.07.2015-X ZR 59/13, ZErb 2016, S. 121–122.

Grziwotz, Herbert, Form und Formeln – Vorüberlegung zu einer Neudefinition des Vertrages, FS Schippel 1996, S. 9–33.

—, Eheverträge, in: Brambring, Günter (Hrsg.), Beck'sches Notar-Handbuch, 6. Aufl., München 2015.

Gsell, Beate/Krüger, Wolfgang/Lorenz, Stephan/Reymann, Christoph (Hrsg.), beck-online.GROSSKOMMENTAR, München 2021 (zit. BeckOGK/*Bearbeiter*).

Gutmann, Thomas, Freiwilligkeit als Rechtsbegriff, München 2001.

—, Der Erbe und seine Freiheit, NJW 2004, S. 2347–2349.

—, Some preliminary remarks on a liberal theory of contract, Law and Contemporary Problems 2013, S. 39–55.

Haas, Ulrich, Ist das Pflichtteilsrecht verfassungswidrig?, ZEV 2000, S. 249–260.

Habersack, Mathias/Giglio, Francesco, Sittenwidrigkeit der Bürgschaft wegen krasser finanzieller Überforderung des Bürgen? – Eine rechtsvergleichende und europarechtliche Skizze, WM 2001, S. 1100–1106.

Hale, Brenda, Equality and autonomy in family law, Journal of Social Welfare and Family Law 2011, S. 3–14.

Harper, Mark/Frankle, Brett, An English practitioner's view on pre-nuptial, post-nuptial and separation agreements, in: Scherpe, Jens (Hrsg.), Marital agreements and private autonomy in comparative perspective, Oxford 2012, S. 122–143.

Häsemeyer, Ludwig, Abhängigkeit erbrechtlicher Verträge von Verkehrsgeschäften, Göttingen 1966.

—, Zur Anwendung des § 139 BGB auf Erbverträge – (Bemerkung zu dem Urteil des BGH vom 20.05.1966 - VZR 214/64 FamRZ 1966, 445), FamRZ 1967, S. 30–33.

Hau, Wolfgang/Poseck, Roman (Hrsg.), Beck'scher Online-Kommentar BGB – Edition: 56, Stand: 01.11.2020 (zit. BeckOK/*Bearbeiter*).

Hedley, Steven, Keeping contract in its place - Balfour v Balfour and the enforceability of informal agreements, Oxford Journal of Legal Studies 1985, S. 391–415.

Hegel, Georg Wilhelm Friedrich, Grundlinien der Philosophie des Rechts – oder Naturrecht und Staatswissenschaft im Grundbegriffe, 3. Aufl., Stuttgart 1952.

Heidel, Thomas/Hüßtege, Rainer/Mansel, Heinz-Peter/Noack, Ulrich (Hrsg.), Nomoskommentar BGB – Band 1: Allgemeiner Teil, EGBGB, 3. Aufl., Baden-Baden 2016 (zit. NK-BGB/*Bearbeiter*).

Heinzmann, Friedrich, Der Auflagenvollziehungsanspruch nach § 2194 BGB als Grundlage der unselbständigen Stiftung von Todes wegen, BWNotZ 2012, S. 97 - 103.

Helms, Tobias, Testierfreiheit und ihre Grenzen im deutschen österreichischem und schweizerischen Recht, in: Zimmermann, Reinhard (Hrsg.), Freedom of testation - Testierfreiheit, Tübingen 2012, S. 1–24.

Herring, Jonathan, Relational autonomy and rape, in: Sclater, Shelley Day (Hrsg.), Regulating autonomy – Sex, reproduction and family, Oxford, Portland 2009, S. 53–71.

—, Relational autonomy and family law, in: Röthel, Anne (Hrsg.), Verträge in der Unternehmerfamilie – Privatautonomie in Nähebeziehungen, Tübingen 2014, S. 111–131.

—, Family law, Harlow 2015.

Hill, Jonathan/Ní Shúilleabháin, Máire, Clarkson & Hill's conflict of laws, 5. Aufl., Oxford 2016.

Hillgruber, Christian, Grundrechtsschutz im Vertragsrecht, AcP 190 (1990), S. 69–86.

Hofer, Sibylle, Freiheit ohne Grenzen? – Privatrechtstheoretische Diskussionen im 19. Jahrhundert, Tübingen 2001.

Hoffmeyer, Falk, Unternehmen und Nachfolgeplanung, Hamburg 2005.

Höfling, Wolfram, Vertragsfreiheit – Eine grundrechtsdogmatische Studie, Heidelberg 1991.

Huxley-Binns, Rebecca/Martin, Jacqueline, Unlocking the English legal system, 4. Aufl. 2014.

Isensee, Josef, Inhaltskontrolle des Bundesverfassungsgerichtes über Verfügungen von Todes wegen – zum "Hohenzollern-Beschluss" des BVerfG, DNotZ 2004, S. 754–766.

—, Privatautonomie: Freiheit zur Diskriminierung? Verfassungsrechtliche Vorgaben, in: Repgen, Tilman/Lobinger, Thomas u.a. (Hrsg.), Vertragsfreiheit und Diskriminierung, Berlin 2007, S. 239–274.

Jakobs, Horst Heinrich/Schubert, Werner (Hrsg.), Die Beratung des Bürgerlichen Gesetzbuchs – Erbrecht - 2. Teilband, Berlin 1987.

— (Hrsg.), Die Beratungen des Bürgerlichen Gesetzbuchs – Familienrecht - 2. Teilband, Berlin 1989.

Jauernig Bürgerliches Gesetzbuch, 18. Aufl., München 2021 (zit. Jauernig/*Bearbeiter*).

Kahn-Freund, O., Freedom of testation - The Inheritance (Family Provision Bill – The Bill compared with the Continental System, Modern Law Review 1938, S. 304–306.

Kalss, Susanne/Probst, Stephan, Familienunternehmen – Gesellschafts- und zivilrechtliche Fragen, Wien 2013.

Kant, Immanuel, Beantwortung der Frage: Was ist Aufklärung?, Berlinische Monatsschrift 1798, S. 481–494.

Kanzleiter, Rainer, Anmerkung zu BGH Urteil vom 07.07.2015 - X ZR 59/13, NotBZ, S. 186.

Kapfer, Anja, Gerichtliche Inhaltskontrolle von Erb- und Pflichtteilsverträgen? – zugleich Anmerkung zum Urteil des OLG München vom 25.01.2006, 15 U 4751/04, MittBayNot 2006, S. 385–390.

Kay, Rosemarie/Suprinovĉ, Olga, Unternehmensnachfolge in Deutschland 2014 bis 2018 – Daten und Fakten Nr. 11, Bonn 2013.

Keim, Christopher, Anmerkung zu BGH, Urteil vom 07.07.2015 - X ZR 59/13, ZEV 2016, S. 94–95.

Kerridge, Roger, Intestate succession in England and Wales, in: Reid, Kenneth/ Waal, Marius de/Zimmermann, Reinhard (Hrsg.), Intestate succession, S. 323–348.

—, A view from England, Edinburgh Law Review 14 (2010), S. 323–327.

—, Freedom of testation in England and Wales, in: Anderson, Miriam/Arroyo i Amayuelas, Esther (Hrsg.), The law of succession: testamentary freedom – European perspectives, Groningen 2011, S. 129–151.

Kerridge, Roger/Parry, David Hughes, Parry & Kerridge, The law of succession, 12. Aufl., London 2008.

Keuk, Brigitte, Der Erblasserwille post testamentum – Zur Unzulässigkeit der testamentarischen Potestativbedingung, FamRZ 1972, S. 9–16.

Kipp, Theodor/Coning, Helmut, Erbrecht, 14. Aufl., Tübingen 1990.

Kirchhof, Paul, Der Vertrag als Ausdruck grundrechtlicher Freiheit, FS Ulmer 2003.

—, Erwerbsstreben und Maß des Rechts, in: Isensee, Josef/Kirchhof, Paul (Hrsg.), Handbuch des Staatsrechts der Bundesrepublik Deutschland – Band VIII: Grundrechte, 3. Aufl., Heidelberg 2010, S. 3–61.

Kroppenberg, Inge, „Wer lebt, hat Recht" – Lebzeitiges Rechtsdenken als Fremdkörper in der Inhaltskontrolle von Verfügungen von Todes wegen, DNotZ 2006, S. 86–105.

—, Anmerkung zu OLG München, Urteil vom 16.07.2007 - 21 U 1836/07, ZEV 2007, S. 583–584.

—, Privatautonomie von Todes wegen – Verfassungs- und zivilrechtliche Grundlagen der Testierfreiheit im Vergleich zur Vertragsfreiheit unter Lebenden, Tübingen 2008.

—, Pflichtteilsrecht, in: Basedow, Jürgen/Hopt, Klaus/Zimmerman, Reinhard (Hrsg.), Handwörterbuch des Europäischen Privatrechts, Tübingen 2009, S. 1156–1160.

Kuchinke, Kurt/Lange, Heinrich, Erbrecht – Ein Lehrbuch, 5. Aufl., München 2001.

Kühle, Ulrich, Die gerichtliche Überprüfung von Erb- und Pflichtteilsverzichtsverträgen im Spiegel ehevertraglicher Inhaltskontrolle, Frankfurt am Main 2011.

Lange, Knut Werner, Die Möglichkeit zur Privilegierung unternehmerischen Vermögens im Pflichtteilsrecht unter besonderer Berücksichtigung des § 2312 BGB, in: Röthel, Anne (Hrsg.), Reformfragen des Pflichtteilsrechts, Köln 2007, S. 57–71.

—, Erbrecht – Lehrbuch für Studium und Praxis, München 2011.

—, Der Pflichtteilsverzicht zwischen privatautonomer Gestaltung und gerichtlicher Inhaltskontrolle, ErbR 2017, S. 397–403.

Lawson, Frederick Henry, Some Paradoxes of Legal History, American Journal of Comparative Law 15 (1966-1967), S. 101–108.

Leake, Stephen Martin, The elements of the law of contracts, London 1867.

Leipold, Dieter, Anmerkung zu OLG Hamm, Beschluss vom 16.07.2009 - 15 Wx 85/09, ZEV 2009, S. 472–473.

—, Wandlungen in den Grundlagen des Erbrechts, AcP 180 (1980), S. 160–211.

—, Testierfreiheit und Sittenwidrigkeit in der Rechtsprechung des Bundesgerichtshofes, FG 50 Jahre BGH Band I 2000, S. 1011–1045.

—, Ist unser Erbrecht noch zeitgemäß? – Gedankensplitter zu einem großen Thema, JZ 2010, S. 802–811.

Litzenburger, Wolfgang, Das Bedürftigentestament – Erbfolgegestaltung zu Gunsten von Langzeitarbeitslosen (Hartz-IV-Empfängern), ZEV 2009, S. 278–281.

Lobinger, Charles Sumner, Ther Common Law's indebedtness to Rome, American Bar Association Journal 11 (1925), S. 265–269.

Löhnig, Martin, Schenkweise zugewendeter Erbverzicht – Entscheidungsbesprechung BGH, Urteil vom 07.07.2015 - X ZR 59/13, JA 2016, S. 302–303.

Macneil, Ian Roderick, Contracts – exchange, transactions and relations, Mineola 1978.

—, The new social contract – an inquiry into modern contractual relations, New Haven 1980.

Martiny, Dieter, Empfiehlt es sich, die rechtliche Ordnung finanzieller Solidarität zwischen Verwandten in den Bereichen des Unterhaltsrechts, des Pflichtteilsrechts, des Sozialhilferechts und des Sozialversicherungsrechts neu zu gestalten? – Gutachten A, in: Verhandlungen des 64. Deutschen Juristentages, München 2002, S. A 11-118.

Maunz, Theodor; Dürig, Günter (Begr.) Grundgesetz – 92. Ergänzungslieferung: Rechtsstand: August 2020 (zit. Maunz/Dürig/*Bearbeiter*).

Mayson, Stephen/French, Derek/Ryan, Christopher, Mayson, French & Ryan on company law, 30. Aufl., Oxford 2014.

Meyersburg, Gutachten über die Frage: Ob und in wie weit die Testierfreiheit mit Rücksicht auf eine Pflichtteilsberechtigung eingeschränkt werden soll?, in: Verhandlungen des 14. Deutschen Juristentages, Berlin 1878, S. 50–71.

Miles, Joanna, Marital agreements and private autonomy in England and Wales, in: Scherpe, Jens (Hrsg.), Marital agreements and private autonomy in comparative perspective, Oxford 2012, S. 89–121.

Mill, John Stuart, On Liberty, London 1859.

Miller, Gareth, Family provision on death – the internnational dimension, International and Comparative Law Quarterly 1990, S. 261–287.

Morley, Jeremy, Pre-nuptial agreements – the world view, International Family Law 2006, S. 196–204.

Motive zu dem Entwurfe eines Bürgerlichen Gesetzbuches für das Deutsche Reich - Band I - Allgemeiner Teil, Berlin 1888.

Motive zu dem Entwurfe eines Bürgerlichen Gesetzbuches für das Deutsche Reich - Band IV - Familienrecht, Berlin 1888 (zit. Motive IV/*Bearbeiter*).

Motive zu dem Entwurfe eines Bürgerlichen Gesetzbuches für das Deutsche Reich - Band V - Erbrecht, Berlin 1888 (zit. Motive V/*Bearbeiter*).

Münch, Christof, Infiziert der Ehevertrag erbrechtliche Verzichte oder Verfügungen?, ZEV 2008, S. 571–578.

Münchener Kommentar zum Bürgerlichen Gesetzbuch – Band 1: Allgemeiner Teil, §§ 1-240, ProstG, AGG, 8. Aufl. 2018.

- Band 2: Schuldrecht - Allgemeiner Teil I, §§ 241-310 BGB, 8. Aufl., München 2019.
- Band 3: Schuldrecht - Allgemeiner Teil II, §§ 311-432 BGB, 8. Aufl., München 2019.
- Band 10: Familienrecht II. §§ 1589-1921, SGB VIII, 8. Aufl., München 2020.
- Band 11: Erbrecht §§ 1922-2385, §§ 27-35 BeurkG, 8. Aufl., München 2020.
- Band 12: Internationales Privatrecht I, 8. Aufl. 2020 (zit. MünchKomm/*Bearbeiter*).

Münchener Kommentar zum Handelsgesetzbuch – Band 2: Handelsgesellschaften und stille Gesellschaft §§ 105-160, 4. Aufl., München 2016 (zit. MünchKomm/*Bearbeiter*).

Muscheler, Karlheinz, Erbrecht, Tübingen 2010.

Musilak, Hans-Joachim, Zur Bindung an den Erbvertrag und zu den rechtlichen Möglichkeiten einseitiger Änderungen, ZEV 2007, S. 245–249.

Neuner, Jörg/Wolf, Manfred, Allgemeiner Teil des bürgerlichen Rechts, 12. Aufl., München 2020.

Obergfell, Inés, Hindernis Pflichtteil? – Zur Legitimation des Pflichtteilsrechts und den Grenzen der vorweggenommenen Erbfolge, in: Hager, Johannes (Hrsg.), Vorweggenommene Vermögensübertragung unter Ausschluss von Pflichtteilsansprüchen, Baden-Baden 2013, S. 9–33.

Oertmann, Paul, Die Geschäftsgrundlage – Ein neuer Rechtsbegriff, Leipzig 1921.

Osterloh-Konrad, Christine, Unternehmensnachfolge und Pflichtteilsrecht, in: Beck, Karin/Osterloh-Konrad, Christine (Hrsg.), Unternehmensnachfolge, Heidelberg 2009, S. 39–67.

Otte, Gerhard, Das Pflichtteilsrecht - Verfassungsrechtsprechung und Rechtspolitik, AcP 202 (2002), S. 317–362.

Ouazzani, Somaya, Prenuptial agreements - the implication of gender, International Family Law 2013, S. 421–425.

Paal, Boris, Sittenwidrigkeit im Erbrecht, JZ 2005, S. 436–444.

Palandt Bürgerliches Gesetzbuch, 79. Aufl., München 2020 (zit. Palandt/*Bearbeiter*).

Pearce, Nasreen, Inheritance Act claims, 2. Aufl., London 2011.

Peart, Nicola, The direction of the Family Protection Act 1955, New Zealand Recent Law Review 1994, S. 193–217.

Peel, Edwin/Treitel, Guenter Heinz, Treitel on the law of contract, 13. Aufl., London 2011.

Penner, James/Padfield, Nicola, The law of trusts, 7. Aufl., Oxford/New York 2010.

Peuckert, Rüdiger, Familienformen im sozialen Wandel, 8. Aufl., Wiesbaden 2012.

Phang, Andrew, Undue influence methodology, sources and linkages, Journal of Business Law 1995, S. 552–574.

Pintens, Walter, Grundgedanken und Perspektiven einer Europäisierung des Familien- und Erbrechts - Teil 2, FamRZ 2003, S. 417–425.

Planck, Gottlieb, Bürgerliches Gesetzbuch nebst Einführungsgesetz, 3. Aufl., Berlin 1908.

—, Begründung des Entwurfs eines Familienrechts für das Deutsche Reich – Berlin, 1880, in: Schubert, Werner (Hrsg.), Die Vorlagen der Redaktoren für die erste Kommission zur Ausarbeitung des Entwurfs eines Bürgerlichen Gesetzbuches, Berlin 1984.

Pollock, Frederick, Principles of contract – a treatise on the general principles concerning the validity of agreements in the law of England, 5. Aufl., London 1889.

Pound, Rosco, Liberty of contract, Yale Law Journal 1908-9, S. 454–487.

Proff, Maximilian, Die Abfindungsvereinbarung bei Erb- und/oder Pflichtteilsverzichten - eine Schenkung, NJW 2016, S. 539–542.

Prütting, Hanns/Wegen, Gerhard/Weinreich, Gerd (Hrsg.), BGB – Kommentar, 15. Aufl., Köln 2020 (zit. Prütting/Wegen/Weinreich/*Bearbeiter*).

Raiser, Ludwig, Vertragsrecht heute, JZ 1958, S. 1–8.

—, Das Recht der allgemeinen Geschäftsbedingungen, Bad Homburg 1961.

Reid, Dot, From the cradle to the grave: politics, families and inheritance law, Edinburgh Law Review 12 (2008), S. 391–417.

Reiff, Peter, Vorweggenommene Erbfolge und Pflichtteilsergänzung, NJW 1992, S. 2857–2865.

Ross, Sidney, Inheritance Act claims - Law and practice, 3. Aufl., London 2011.

Röthel, Anne, Pflichtteil und Stiftungen – Generationengerechtigkeit versus Gemeinwohl, ZEV 2006, S. 8–12.

—, Familienerbrecht versus Testierfreiheit - Das Pflichtteilsentziehungsrecht auf dem Prüfstand des Bundesverfassungsgerichts, ZEV 2005, S. 277–283.

—, Solidaritätskonzept und Statusorientierung des Erbrechts, in: Lipp, Volker/Röthel, Anne/Windel, Peter (Hrsg.), Familienrechtlicher Status und Solidarität, Tübingen 2008, S. 85–129.

—, Ist unser Erbrecht noch zeitgemäß? – Gutachten A, in: Verhandlungen des 68. Deutschen Juristentages, Berlin 2010, S. A 9-112.

—, Testierfreiheit und Testiermacht, AcP 210 (2010), S. 32–66.

—, Familie und Vermögen im Erbrecht, JZ 2011, S. 222–226.

—, Law of succession and testamentary freedom in Germany, in: Anderson, Miriam/Arroyo i Amayuelas, Esther (Hrsg.), The law of succession: testamentary freedom - European perspectives, Groningen 2011, S. 157–166.

—, Familiäre Vermögensteilhabe im Englischen Recht, RabelsZ 2012, S. 131–160.

—, Umgehung des Pflichtteilsrechts, AcP 212 (2012), S. 157–201.

—, Verzicht auf den Kindespflichtteil: Plädoyer für mehr Wachsamkeit, NJW 2012, S. 337-341.

—, Inhaltskontrolle im Erbrecht, in: Limmer, Peter (Hrsg.), Gestaltungspraxis und Inhaltskontrolle, Bonn 2014, S. 49–68.

—, Verträge in der Unternehmerfamilie, in: dies. (Hrsg.), Verträge in der Unternehmerfamilie – Privatautonomie in Nähebeziehungen, Tübingen 2014, S. 9–78.

Sanders, Anne, Statischer Vertrag und dynamische Vertragsbeziehung – Wirksamkeits- und Ausübungskontrolle von Gesellschafts- und Eheverträgen, Bielefeld 2008.

—, Private autonomy and marital property agreements, International and Comparative Law Quarterly 2010, S. 571–603.

Savigny, Friedrich Carl von, System des heutigen römischen Rechts – Band III, Berlin 1840.

Schaul-Yoder, Richard, British Inheritance Legislation – Discretionary Distribution at Death, Boston College International and Comparative Law Review 8 (1985), S. 205–234.

Schmidt, Karsten, Pflichtteil und Unternehmensnachfolge – Rechtspolitische Überlegungen im Schnittfeld von Erbrecht und Unternehmensrecht, in: Röthel, Anne (Hrsg.), Reformfragen des Pflichtteilsrechts, Köln 2007, S. 37–56.

Schmidt-Rimpler, Walter, Grundfragen der Erneuerung des Vertragsrechts, AcP 147 (1941), S. 130–197.

—, Zum Vertragsproblem, FS Raiser 1974, S. 3–26.

Schmitt, Gottfried von, Begründung des Entwurfs eines Rechtes der Erbfolge für das Deutsche Reich und des Entwurfs eines Einführungsgesetzes – Berlin, 1879, in: Schubert, Werner (Hrsg.), Die Vorlagen der Redaktoren für die erste Kommission zur Ausarbeitung des Entwurfs eines Bürgerlichen Gesetzbuches, Berlin 1984.

—, Entwurf eines Rechtes der Erbfolge für das Deutsche Reich nebst dem Entwurf eines Einführungsgesetzes, in: Schubert, Werner (Hrsg.), Die Vorlagen der Redaktoren für die erste Kommission zur Ausarbeitung des Entwurfs eines Bürgerlichen Gesetzbuches, Berlin 1984.

Schmoeckel, Mathias/Rückert, Joachim/Zimmermann, Reinhard (Hrsg.), Historisch-Kritischer Kommentar zum BGB – 1. Allgemeiner Teil, §§ 1 - 240, Tübingen 2003 (zit. HKK-BGB/*Bearbeiter*).

Schmolke, Klaus Ulrich, Grenzen der Selbstbindung im Privatrecht – Rechtspaternalismus und Verhaltensökonomik im Familien-, Gesellschafts- und Verbraucherrecht, Tübingen 2013.

Schnabl, Daniel/Hamelmann, Uwe, Das Ende der Sittenwidrigkeit sog. Geliebtentestamente?, Jura 2009, S. 161–165.

Schotten, Günther, Das Kausalgeschäft zum Erbverzicht, DNotZ 1998, S. 163–177.

Schröder, Rainer, Abschaffung oder Reform des Erbrechts – Die Begründung einer Entscheidung des BGB-Gesetzgebers im Kontext, sozialer, ökonomischer und philosophischer Zeitströmungen, Ebelsbach 1981.

Schwerdtner, Peter, Das Persönlichkeitsrecht in der deutschen Zivilrechtsordnung – Offene Probleme einer juristischen Entdeckung, Bielefeld 1976.

Scott, Timothy, Trusts in the Family Division in England und Wales, International Family Law 2010, S. 259–261.

Sherrin, Christopher/Bonehill, Roger, The law and practice of intestate succession, 3. Aufl., London 2004.

Slapper, Gary/Kelly, David, The English legal system, 14. Aufl., London 2013.

Sloan, Brian, The concept of coupledom in succession law, Cambridge Law Journal 2011, S. 623–648.

—, Informal carers and private law, Oxford 2013.

Smith, Adam, Wealth of nations – Bearbeitung als e-Book, http://search.ebscohost.com/login.aspx?direct=true&db=nlebk&AN=2008591&site=ehost-live&ebv=EB&ppid=pp_COVER (geprüft am 24.08.2017).

Soergel Bürgerliches Gesetzbuch – Band 22: Erbrecht 2, 13. Aufl., Stuttgart 2003.

– Band 23: Erbrecht 3, 13. Aufl., Stuttgart 2002 (zit. Soergel/*Bearbeiter*).

Sparks, Peter, The 1925 property legislation – curtaining off the antecedents, Statute Law Review 1988, S. 146–159.

Spring, Eileen, The settlement of land in nineteenth-century England, American Journal of Legal History 1964, S. 209–223.

Stamm, Isabell, Unternehmerfamilien – Über den Einfluss des Unternehmens auf Lebenslauf, Generationenbeziehungen und soziale Identität, Opladen 2013.

Staudingers Kommentar zum Bürgerlichen Gesetzbuch – Buch 1: Allgemeiner Teil, §§ 134-138, ProstG (Allgemeiner Teil 4a - Gesetzliches Verbot und Sittenwidrigkeit), 16. Aufl. 2017.

– Buch 5: Erbrecht, §§ 2064-2196 (Testament 1), 16. Aufl. 2019.

– Buch 5: Erbrecht, §§ 2303 - 2345 (Pflichtteil, Erbunwürdigkeit), 15. Aufl., Berlin 2015.

– Buch 5: Erbrecht, §§ 2346 - 2385 (Erbverzicht, Erbschein, Erbschaftskauf), 16. Aufl., Berlin 2016 (zit. Staudinger/*Bearbeiter*).

Stone, Richard/Devenney, James, The modern law of contract, 11. Aufl., London 2015.

Strätz, Hans-Wolfgang, Rechtspolitische Gesichtspunkte des gesetzlichen Erbrechts und Pflichtteilsrechts nach 100 Jahren BGB, FamRZ 1998, S. 1553–1567.

Streßig, Christiane, Pflichtteilsergänzungsanspruch bezogen auf eine Abfindung für einen Erbverzicht, ErbR 2016, S. 1–6.

Szydlik, Marc, Lebenslange Solidarität – Generationenbeziehungen zwischen erwachsenen Kindern und Eltern, Opladen 2000.

Theiss, Wolfram/Boger, Michael, Möglichkeiten der Vorbeugung gegen Ansprüche aus §§ BGB § 2325, BGB § 2329 BGB wegen Abfindungen für Erb- bzw. Pflichtteilsverzichte, ZEV 2006, S. 143–146.

Thomas, Meryl, "The longer you look at a [will], the more abstract it becomes…" - construction and secret trusts: Rawstron and Pearce v Freud, Trust Law International 2014, S. 157–162.

Treitel, Guenter Heinz, Formation of Contract – The Agreement, in: Beale, H. G. (Hrsg.), Chitty on contracts, 30. Aufl., London 2008, S. 143–251.

Trulsen, Marion, Pflichtteilsrecht und englische family provision um Vergleich, Tübingen 2004.

Wachter, Thomas, Inhaltskontrolle bei Pflichtteilsverzichtsverträgen?, ZErb 2004, S. 238–246.

—, Inhaltskontrolle bei Pflichtteilsverzichtsverträgen?, ZErb 2004, S. 306–317.

Wagner, Stephan, Die Sittenwidrigkeit von Angehörigenbürgschaften nach Einführung der Restschuldbefreiung und Kodifizierung der c.i.c., NJW 2005, S. 2956–2959.

Warren, Joseph, Interpretation of wills – recent developments, Current Legal Thought 1936, S. 633–641.

Wellenhofer, Marina, Unentgeltlichkeit einer Zuwendung bei Verbindung mit Erbverzicht – Entscheidungsbesprechung BGH, Urt. v. 07.07.2015 - X ZR 59/13, NJW 2016, 324, JuS 2016, S. 464–466.

Weller, Marc-Philippe, Die Vertragstreue – Vertragsbindung – Naturalerfüllungsgrundsatz – Leistungstreue, Tübingen 2009.

Werner, Jochen, Kontrolle familiärer Schuldverträge im englischen Recht, in: Röthel, Anne (Hrsg.), Verträge in der Unternehmerfamilie – Privatautonomie in Nähebeziehungen, Tübingen 2014, S. 133–177.

Wertenbruch, Johannes, BGB Allgemeiner Teil, 4. Aufl., München 2017.

Whitty, Nial, From rules to discretion – changes in the fabric of Scots private law, Edinburgh Law Review 7 (2003), S. 285–339.

Wieacker, Franz, Das Sozialmodell der klassischen Privatrechtsgesetzbücher, in: ders. (Hrsg.), Industriegesellschaft und Privatrechtsordnung, Frankfurt am Main 1974, S. 9–35.

—, Privatrechtsgeschichte der Neuzeit – Unter besonderer Berücksichtigung der deutschen Entwicklung, Göttingen 2016.

Windscheid, Bernhard, Lehrbuch des Pandektenrechts, 5. Aufl., Stuttgart 1879.

Wolff, Lorenz, Pflichtteilsrecht - Forced Heirship - Family Provision – Österreich - Louisiana - Schweiz - England und Wales, Frankfurt am Main 2011.

Zimmer, Maximilian, Anmerkung zum Urteil BGH NJW 2009, 1143, NJW 2009, S. 1146–1147.

—, Störungen beim Erb- und Pflichtteilsrecht, NJW 2017, S. 513.

Zimmermann, Reinhard, Compulsory heirship in Roman Law, in: Reid, Kenneth/Waal, Marius de/Zimmermann, Reinhard (Hrsg.), Exploring the law of succession, Edinburgh 2007, S. 25–48.

—, Erbfolge gegen das Testament im Römischen Recht - Formelles und materielles Noterbrecht im Spannungsfeld von Testierfreiheit und familiärer Solidarität, in: Röthel, Anne (Hrsg.), Reformfragen des Pflichtteilsrechts, Köln 2007.

Zöllner, Wolfgang, Reglungsspielräume im Schuldvertragsrecht, AcP 196 (1996), S. 1–36.

www.ingramcontent.com/pod-product-compliance
Ingram Content Group UK Ltd.
Pitfield, Milton Keynes, MK11 3LW, UK
UKHW021937290926
8980IPUK00016B/1675

9 783631 840429